科学家学术成长资料采集工程

国科学院院士传记丛书

愿天下无甲肝

江森传

陈崎嵘◎著

33 年 于浙江江山

1951 年 考入国立上海医学院

1957 年 进入中国医学科学院工作

1978 年 进入浙江省医学科学院工作

1986 年 研制出甲肝 H_2 株减毒活疫苗

1991 年 当选中国科学院学部委员

1993 年 获国家发明二等奖

老科学家学术成长资料采集工程丛书

中国科学院院士传记丛书

愿天下无甲肝

毛江森传

陈崎嵘◎著

中国科学技术出版社
上海交通大学出版社

图书在版编目（CIP）数据

愿天下无甲肝：毛江森传 / 陈崎嵘著 . -- 北京：
中国科学技术出版社，2020.9
（老科学家学术成长资料采集工程丛书. 中国科学院
院士传记丛书）
ISBN 978-7-5046-8794-4

Ⅰ. ①愿… Ⅱ. ①陈… Ⅲ. ①毛江森 - 传记 Ⅳ.
① K826.2

中国版本图书馆 CIP 数据核字（2020）第 176123 号

责任编辑	韩　颖
责任校对	焦　宁
责任印制	李晓霖
版式设计	中文天地

出　　版	中国科学技术出版社　上海交通大学出版社
发　　行	中国科学技术出版社有限公司发行部
地　　址	北京市海淀区中关村南大街 16 号
邮　　编	100081
发行电话	010-62173865
传　　真	010-62173081
网　　址	http：//www.cspbooks.com.cn

开　　本	787mm × 1092mm　1/16
字　　数	230 千字
印　　张	14.75
彩　　插	2
版　　次	2020 年 9 月第 1 版
印　　次	2020 年 9 月第 1 次印刷
印　　刷	北京华联印刷有限公司
书　　号	ISBN 978-7-5046-8794-4 / K · 280
定　　价	78.00 元

老科学家学术成长资料采集工程
领导小组专家委员会

老科学家学术成长资料采集工程
丛书组织机构

老科学家学术成长资料采集工程简介

老科学家学术成长资料采集工程（以下简称“采集工程”）是根据国务院领导同志的指示精神，由国家科教领导小组于2010年正式启动，中国科协牵头，联合中组部、教育部、科技部、工信部、财政部、文化部、国资委、解放军总政治部、中国科学院、中国工程院、国家自然科学基金委员会等11部委共同实施的一项抢救性工程，旨在通过实物采集、口述访谈、录音录像等方法，把反映老科学家学术成长历程的关键事件、重要节点、师承关系等各方面的资料保存下来，为深入研究科技人才成长规律，宣传优秀科技人物提供第一手资料和原始素材。

采集工程是一项开创性工作。为确保采集工作规范科学，启动之初即成立了由中国科协主要领导任组长、12个部委分管领导任成员的领导小组，负责采集工程的宏观指导和重要政策措施制定，同时成立领导小组专家委员会负责采集原则确定、采集名单审定和学术咨询，委托科学史学者承担学术指导与组织工作，建立专门的馆藏基地确保采集资料的永久性收藏和提供使用，并研究制定了《采集工作流程》《采集工作规范》等一系列基础文件，作为采集人员的工作指南。截至2016年6月，已启动400多位老科学家的学术成长资料采集工作，获得手稿、书信等实物原件资料73968件，数字化资料178326件，视频资料4037小时，音频资料4963小时，具有重要的史料价值。

采集工程的成果目前主要有三种体现形式，一是建设“中国科学家博物馆网络版”，提供学术研究和弘扬科学精神、宣传科学家之用；二是编辑制作科学家专题资料片系列，以视频形式播出；三是研究撰写客观反映老科学家学术成长经历的研究报告，以学术传记的形式，与中国科学院、中国工程院联合出版。随着采集工程的不断拓展和深入，将有更多形式的采集成果问世，为社会公众了解老科学家的感人事迹，探索科技人才成长规律，研究中国科技事业的发展历程提供客观翔实的史料支撑。

总序一

中国科学技术协会主席　韩启德

老科学家是共和国建设的重要参与者，也是新中国科技发展历史的亲历者和见证者，他们的学术成长历程生动反映了近现代中国科技事业与科技教育的进展，本身就是新中国科技发展历史的重要组成部分。针对近年来老科学家相继辞世、学术成长资料大量散失的突出问题，中国科协于2009年向国务院提出抢救老科学家学术成长资料的建议，受到国务院领导同志的高度重视和充分肯定，并明确责成中国科协牵头，联合相关部门共同组织实施。根据国务院批复的《老科学家学术成长资料采集工程实施方案》，中国科协联合中组部、教育部、科技部、工业和信息化部、财政部、文化部、国资委、解放军总政治部、中国科学院、中国工程院、国家自然科学基金委员会等11部委共同组成领导小组，从2010年开始组织实施老科学家学术成长资料采集工程。

老科学家学术成长资料采集是一项系统工程，通过文献与口述资料的搜集和整理、录音录像、实物采集等形式，把反映老科学家求学历程、师承关系、科研活动、学术成就等学术成长中关键节点和重要事件的口述资料、实物资料和音像资料完整系统地保存下来，对于充实新中国科技发展的历史文献，理清我国科技界学术传承脉络，探索我国科技发展规律和科技人才成长规律，弘扬我国科技工作者求真务实、无私奉献的精神，在全社会营造爱科学、学科学、用科学的良好氛围，是一件很有意义的事情。采集工程把重点放在年龄在80岁以上、学术成长经历丰富的两院院士，以及虽然不是两院院士、但在我国科技事业发展中作出突出贡献的老科技工作者，充分体现了党和国家对老科学家的关心和爱护。

自2010年启动实施以来，采集工程以对历史负责、对国家负责、对科技事业负责的精神，开展了一系列工作，获得大量反映老科学家学术成长历程的文字资料、实物资料和音视频资料，其中有一些资料具有很高的史料价值和学术价值，弥足珍贵。

以传记丛书的形式把采集工程的成果展现给社会公众，是采集工程的目标之一，也是社会各界的共同期待。在我看来，这些传记丛书大都是在充分挖掘档案和书信等各种文献资料、与口述访谈相互印证校核、严密考证的基础之上形成的，内中还有许多很有价值的照片、手稿影印件等珍贵图片，基本做到了图文并茂，语言生动，既体现了历史的鲜活，又立体化地刻画了人物，较好地实现了真实性、专业性、可读性的有机统一。通过这套传记丛书，学者能够获得更加丰富扎实的文献依据，公众能够更加系统深入地了解老一辈科学家的成就、贡献、经历和品格，青少年可以更真实地了解科学家、了解科技活动，进而充分激发对科学家职业的浓厚兴趣。

借此机会，向所有接受采集的老科学家及其亲属朋友，向参与采集工程的工作人员和单位，表示衷心感谢。真诚希望这套丛书能够得到学术界的认可和读者的喜爱，希望采集工程能够得到更广泛的关注和支持。我期待并相信，随着时间的流逝，采集工程的成果将以更加丰富多样的形式呈现给社会公众，采集工程的意义也将越来越彰显于天下。

是为序。

总序二

中国科学院院长　白春礼

由国家科教领导小组直接启动，中国科学技术协会和中国科学院等12个部门和单位共同组织实施的老科学家学术成长资料采集工程，是国务院交办的一项重要任务，也是中国科技界的一件大事。值此采集工程传记丛书出版之际，我向采集工程的顺利实施表示热烈祝贺，向参与采集工程的老科学家和工作人员表示衷心感谢！

按照国务院批准实施的《老科学家学术成长资料采集工程实施方案》，开展这一工作的主要目的就是要通过录音录像、实物采集等多种方式，把反映老科学家学术成长历史的重要资料保存下来，丰富新中国科技发展的历史资料，推动形成新中国的学术传统，激发科技工作者的创新热情和创造活力，在全社会营造爱科学、学科学、用科学的良好氛围。通过实施采集工程，系统搜集、整理反映这些老科学家学术成长历程的关键事件、重要节点、学术传承关系等的各类文献、实物和音视频资料，并结合不同时期的社会发展和国际相关学科领域的发展背景加以梳理和研究，不仅有利于深入了解新中国科学发展的进程特别是老科学家所在学科的发展脉络，而且有利于发现老科学家成长成才中的关键人物、关键事件、关键因素，探索和把握高层次人才培养规律和创新人才成长规律，更有利于理清我国科技界学术传承脉络，深入了解我国科学传统的形成过程，在全社会范围内宣传弘扬老科学家的科学思想、卓越贡献和高尚品质，推动社会主义科学文化和创新文化建设。从这个意义上说，采集工程不仅是一项文化工程，更是一项严肃认真的学术建设工作。

中国科学院是科技事业的国家队，也是凝聚和团结广大院士的大家庭。早在 1955 年，中国科学院选举产生了第一批学部委员，1993 年国务院决定中国科学院学部委员改称中国科学院院士。半个多世纪以来，从学部委员到院士，经历了一个艰难的制度化进程，在我国科学事业发展史上书写了浓墨重彩的一笔。在目前已接受采集的老科学家中，有很大一部分即是上个世纪 80、90 年代当选的中国科学院学部委员、院士，其中既有学科领域的奠基人和开拓者，也有作出过重大科学成就的著名科学家，更有毕生在专门学科领域默默耕耘的一流学者。作为声誉卓著的学术带头人，他们以发展科技、服务国家、造福人民为己任，求真务实、开拓创新，为我国经济建设、社会发展、科技进步和国家安全作出了重要贡献；作为杰出的科学教育家，他们着力培养、大力提携青年人才，在弘扬科学精神、倡树科学理念方面书写了可歌可泣的光辉篇章。他们的学术成就和成长经历既是新中国科技发展的一个缩影，也是国家和社会的宝贵财富。通过采集工程为老科学家树碑立传，不仅对老科学家们的成就和贡献是一份肯定和安慰，也使我们多年的夙愿得偿！

鲁迅说过，“跨过那站着的前人”。过去的辉煌历史是老一辈科学家铸就的，新的历史篇章需要我们来谱写。衷心希望广大科技工作者能够通过“采集工程”的这套老科学家传记丛书和院士丛书等类似著作，深入具体地了解和学习老一辈科学家学术成长历程中的感人事迹和优秀品质；继承和弘扬老一辈科学家求真务实、勇于创新的科学精神，不畏艰险、勇攀高峰的探索精神，团结协作、淡泊名利的团队精神，报效祖国、服务社会的奉献精神，在推动科技发展和创新型国家建设的广阔道路上取得更辉煌的成绩。

总序三

中国工程院院长　周　济

由中国科协联合相关部门共同组织实施的老科学家学术成长资料采集工程，是一项经国务院批准开展的弘扬老一辈科技专家崇高精神、加强科学道德建设的重要工作，也是我国科技界的共同责任。中国工程院作为采集工程领导小组的成员单位，能够直接参与此项工作，深感责任重大、意义非凡。

在新的历史时期，科学技术作为第一生产力，已经日益成为经济社会发展的主要驱动力。科技工作者作为先进生产力的开拓者和先进文化的传播者，在推动科学技术进步和科技事业发展方面发挥着关键的决定的作用。

新中国成立以来，特别是改革开放30多年来，我们国家的工程科技取得了伟大的历史性成就，为祖国的现代化事业作出了巨大的历史性贡献。两弹一星、三峡工程、高速铁路、载人航天、杂交水稻、载人深潜、超级计算机……一项项重大工程为社会主义事业的蓬勃发展和祖国富强书写了浓墨重彩的篇章。

这些伟大的重大工程成就，凝聚和倾注了以钱学森、朱光亚、周光召、侯祥麟、袁隆平等为代表的一代又一代科技专家们的心血和智慧。他们克服重重困难，攻克无数技术难关，潜心开展科技研究，致力推动创新发展，为实现我国工程科技水平大幅提升和国家综合实力显著增强作出了杰出贡献。他们热爱祖国，忠于人民，自觉把个人事业融入到国家建设大局之中，为实现国家富强而不断奋斗；他们求真务实，勇于创新，用科技为中华民族的伟大复兴铸就了辉煌；他们治学严谨，鞠躬尽瘁，具有崇高的科学精神和科学道德，是我们后代学习的楷模。科学家们的一生是一本珍贵的教科书，他们坚定的理想信念和淡泊名利的崇高品格是中华民族自强不息精神的宝贵财富，永远值得后人铭记和敬仰。

通过实施采集工程，把反映老科学家学术成长经历的重要文字资料、实物资料和音像资料保存下来，把他们卓越的技术成就和可贵的精神品质记录下来，并编辑出版他们的学术传记，对于进一步宣传他们为我国科技发展和民族进步作出的不朽功勋，引导青年科技工作者学习继承他们的可贵精神和优秀品质，不断攀登世界科技高峰，推动在全社会弘扬科学精神，营造爱科学、讲科学、学科学、用科学的良好氛围，无疑有着十分重要的意义。

中国工程院是我国工程科技界的最高荣誉性、咨询性学术机构，集中了一大批成就卓著、德高望重的老科技专家。以各种形式把他们的学术成长经历留存下来，为后人提供启迪，为社会提供借鉴，为共和国的科技发展留下一份珍贵资料。这是我们的愿望和责任，也是科技界和全社会的共同期待。

周济

毛江森

2019 年，采集小组采访毛江森及其夫人张淑雅

2019 年，采集小组赴甘肃采访毛江森曾经的同事

序

从大概念看，作为长期工作在医院眼科临床一线的我，与毛江森院士同属医卫界，其核心职责是救死扶伤。毛江森院士是我人生中的良师益友，更是我心目中所景仰的科学家、病毒学家、中国科学院院士。躬逢其盛，我曾见证他一生中辉煌和荣耀的时刻——成功研制甲肝减毒活疫苗并实现产业化、开启国内技术入股先河。此次，应邀为他入选老科学家学术成长资料采集工程的传记写序，与有荣焉！

科学家是在世界上获得普遍尊重、具有极高声望的身份。一生奋斗在病毒学领域并为控制中国甲型肝炎传染病作出重要贡献的毛江森院士，是浙江医卫界的泰斗，中国医学科学史早已留下了他的名字。诚如本传记后记所言，为科学家立传、为人民画像，是一项立足时代、意义深远的科技文化工程。毛江森院士其人其事，如同其他优秀科学家一样，值得我们及我们的后人学习和礼敬。

这部传记全面记叙了毛江森院士的成长经历、学术生涯、科学成就和社会贡献，生动记录了他孜孜以求科学探索、经年累月潜心钻研、电光火石灵感乍现、熊熊燃烧智慧火焰的一个个重要环节，立体展现了他身上所特有的爱国爱民、追求真理、开拓创新、独立思考、严谨务实、谦和低调等精神品格。

本传记主笔陈崎嵘先生以其敬业精神和专业水准，在言必有据的信息采集后，对毛江森院士的科研工作作了精当而形象的解读，最大限度地真实再现了科学家成长史。同时，他遵从采集工作要求，避免其他传记出现的不自觉的煽情倾向，以文学描绘科学，以细节展现人性，从而打开人文科学传记的全新视角，给我们提供了一种引人入胜的阅读体验。

阅读本传记，一段段难忘岁月、一个个历史事件扑面而来。毛江森院士那鲜明的性格特征和形象风采跃然眼前，使我对毛江森院士的认识更为全面、深刻和丰满。在欲罢不能的阅读过程中，我不止一次地感叹老一辈科学家身上那种源源不断迸发出的精神原动力，敬佩他们那种似乎是与生俱来的睿智与谦和。窃以为，本传记不仅是毛江森院士个人的学术成长史，而且是我国病毒学在20世纪发轫、发展的生动缩影。

或许，有不少人连一本科学家传记都没有读过，但我仍要真诚而热切地向广大读者推荐本传记，希望有更多的人阅读本传记，了解毛江森院士。

对广大读者而言，人生就是一本大书。人们从阅读本传记中，或可借鉴生活阅历、启迪人生感悟；或可提升科学素养、养成科学思维；或可从更高的站位思考：怎样不虚度一生，为中国乃至世界做一些有益的事?

这，大概是我们对毛江森院士最好的礼敬方式!

浙江省科协主席 [signature]

2020年5月15日

目 录

图片目录

导言

病毒是个独特而神秘的存在。它因其上亿年的古老繁衍和近现代的暴发流行，让人闻之色变。病毒学就是以病毒作为研究对象，通过病毒学与分子生物学之间的相互渗透和融合而形成的一门新兴学科。

瑞典病理学家韩森（Folke Henschen）曾说过：“人类的历史即其疾病的历史”。对病毒的认识、研究、遏制、降服，在一定程度上决定着人类社会的前途与命运。对于其价值和意义，怎么评价都不会过分。

本文传主毛江森院士，就是一位终生与病毒打交道，并研制出甲型肝炎减毒活疫苗，为我国乃至世界消灭甲型肝炎作出杰出贡献的科学家、病毒学家。

怎样描写科学与科学家？著名科普作家克莱夫·汤普森（Clive Thompson）[①]曾说过，“孩子们觉得科学枯燥的原因之一是，很多老师将其呈现为死记硬背的一堆事实。其实，科学不是关于事实本身，而是寻求事实的过程，是科学方法。是我们在无知的迷惑丛林中疾驰的过程，是动态的、有争议的、有合作的、有竞争的过程中，会有片刻间出现的狂喜和长年累月烦琐的工作”。

---

① 克莱夫·汤普森（Clive Thompson）：美国《纽约时报》《连线》等专栏作家、记者。代表作有中译本《云端大脑时代》等。

这段话给我们以极大启迪。为科学家立传，罗列一些科学研究成果，当然必要；但仅有这些，远远不够。作为传记，必须透过这些事实本身刻画出探索、攀登的过程，包括无数的曲折与瞬间的狂喜，包括长年累月、默默无闻、不为人知、繁杂琐碎的工作，还包括经历过的无数次失败乃至沮丧。简言之，要有故事、人物、精神，要写出科学家的内心世界。

按照采集丛书编写工作要求，遵循传记特点，我们把传主置于中国社会巨大变迁的大环境中去观照，把传主学术成长经历嵌入到中国乃至世界病毒学、甲肝防治的大坐标系中去分析。得益于天时地利人和，毛江森从一个山村农民的儿子蝶变为我国杰出的病毒学家；从一介幼稚书生成长为浙江省医学科学院院长，党的十四大、十五大代表；从身无积蓄的院士华丽转身为坐拥千万身价的“知本家”。由此，毛江森成为改革开放时代标杆性人物，成为中国科学界的一个传奇。

电影《甘地传》[①] 开头即说：“一个人的一生，不可能用一个故事说完。无法逐年逐月地叙述，无法巨细靡遗地全拍出来，也无法把与他一生中有关的人、事、物逐一拍摄出来。只能忠实记录其精髓，设法了解一个人的内心世界。”对此，我们深以为然。

本传记共分八章。第一章：文弱书生的求学之路，写传主从家乡小学到杭州高级中学、再到上医的学习生涯；第二章：撬开病毒王国的大门，写传主初入病毒学领域后的研究活动和成果及其在政治运动初期的选择。第三章：“社会大学”的得与失，写传主下放甘肃 8 年的艰苦经历及救死扶伤、治病救人的故事与见闻；第四章：沿着正确的跑道起飞，写传主立下消灭甲肝宏愿，并开展观察分离甲肝病毒的经过；第五章：众里寻他千百度，写传主及团队探索建立具有中国特色甲肝病毒动物模型、寻找确定甲肝 H_2 病毒株的艰难历程；第六章：攀登光辉的顶点，写传主及团队开展甲肝疫苗人体试验，进而在学校推广使用，并获得卫生部鉴定通过、开始中试生产的全过程；第七章：让疫苗走向千家万户，写传主及团队在各方支持下开展疫苗工厂化生产，并进行企业改制、产品提质，经历风波曲折考

① 英文片名 Gandhi，为英国导演理查德·阿滕伯勒（Richard Attenborough）执导的传记电影，反映了印度圣雄·甘地的一生。

验，最终走向世界的发展道路；第八章：院士的情怀与乡愁，写传主的爱国情、母校情、故乡情、西北情，描绘传主与国家、与人民、与故乡的情感脉络。

我们竭尽全力，试图通过以上描写记录下毛江森院士生平业绩的精髓，还原毛江森院士的科学思维与执着态度，展示毛江森院士作为一名科学家广博而丰富的内心世界。如果没有臻于化境，那是我们的能力、才气和努力不够；如果能对阅读者有所裨益，进而能对中国医学科学史略有补遗，我们则深感欣慰。

第一章
文弱书生的求学之路

小山村里的多病少年

空中俯瞰浙闽赣三省交汇处的江山县，只见绝壁千峰的仙霞岭余脉逶迤而来，怀玉山支脉盘亘西北，丘陵起伏，古道绵延。

从江山县城出发，往西南走上 20 多千米，有一片丘陵地带，其间坐落着一个秀美而闭塞的小山村——贺仓。小村散落在山坳间一块高地上，仅靠一条弯曲而狭窄的田塍路与外界保持联系。全村五百来人，家家比邻而居，七成以上都姓毛。村人们互道：祖先本是一家，血脉原来相近。

1933 年 1 月 10 日，毛江森出生在该村一个小院落内。[①] 这是一个有着许多年份的旧院落，粉墙黛瓦已显斑驳陆离。小院进门处是徽派建筑中那种常见的石库门，门额上写有“紫气东来”字样。全家 3 间楼屋，1 间朝南，2 间朝东，形成一个 L 形。小院落里居住着 3 户人家，传出新生儿哭

① 《走近毛江森》编委会:《走近毛江森》。杭州：浙江科学技术出版社，2019 年，第 76 页。

图 1–1　毛江森老屋现貌（2018 年）

声的是其中一家。

消息不胫而走，很快传遍全村。毛甲美、朱双英夫妻俩平时与乡里乡亲关系相处不错，村民们听说毛家生了个儿子，都当作自家喜事，纷纷上门祝贺。乡邻的祝贺让孩子的父母很受用、很开心。夫妻俩开始酝酿给新生儿取名。

父亲毛甲美在村里属大家庭成员，幼时念过两年私塾。兄弟分家时，分得 5 亩水田，一直务农。毛甲美虽读书不多，却写得一手漂亮的毛笔字。母亲朱双英在农村妇女中更显出挑。朱双英出身于当地大户人家，其父是宗氏族长，思想比较开明，在村里颇有威望。朱双英从小聪敏能干，深得其父厚爱。江山地区受楚文化影响明显，农村重男轻女的思想极其严重。没有女孩子上学读书的传统，女人也从不下田劳动，只是料理家务；农忙季节，偶尔帮着男人们翻晒一些稻谷柴草。但朱双英父亲破例送女儿上学，读至小学毕业[①]。这在当地极为罕见，朱双英也因此被乡亲们称作“女秀才”，

① 《走近毛江森》编委会:《走近毛江森》。杭州：浙江科学技术出版社，2019 年，第 76 页。

有胆有识又能干。

图 1–2　毛江森母亲朱双英（1993 年摄于杭州家中）

给儿子取个什么名字好呢？夫妻俩颇费踌躇。毛氏宗族取名字按惯例是依据辈分排序。根据宗族辈分，这个新生儿属于“维”字辈。那“维”字后面选个什么字呢？父母希望儿子耕读传家，将来做个有文化、有出息的读书人，不必继续脸朝黄土背朝天。于是，夫妻俩选中了一个“书”字，给儿子取名“维书”①。

小维书出生那年，正值国难当头、山河破碎，内忧外患、民生凋敝。彼时蒋介石政权坚持“攘外必先安内”方针，调集国民党军队张辉瓒部等 12 个师外加 3 个旅兵力，向中央苏维埃地区展开“围剿”。双方激战于赣江、龙冈一带，离小维书家所在地江山县并不远，猛烈的枪炮声似乎依稀可闻。

自然，尚在襁褓中的小维书还不谙世事。但生在动乱年代，小维书童年生活一开始就罩上了厚厚的阴影，恍若旧时胶片上一层洗滤不去的灰暗底色。

不知是因为遗传还是环境影响，婴幼儿时期的小维书矮小、瘦弱、多病，疟疾、皮肤病、尿道炎、麻疹、天花……几十种病生了个遍。小山村封闭落后，村民只是偶尔去古老而破旧的清湖镇上买回一些生活必需的食盐和种田所用的石灰，村里根本见不到医生和药物。小维书生了那么多的病，没有吃过一片药、打过一次针，只能死捱硬抗。

父亲听老人们说，清晨抱着孩子在村里转，可以治好疟疾。于是，父亲每天早早起床，抱着小维书从东家串到西家、从村口转到村尾。转了很

---

①《走近毛江森》编委会:《走近毛江森》。杭州：浙江科学技术出版社，2019 年，第 76–77 页。

多天，转得大汗淋漓、双腿发酸，自然一点儿效果也没有。

母亲听村里人说，肥肉加红糖可以治疗孩子的皮肤病，就千方百计烧煮“糖肉”，然后逼着小维书吃下。直吃得小维书恶心呕吐，病情却丝毫不见好转。

别人家小孩生麻疹，一般七八天就会痊愈。而小维书一发麻疹，似乎就生了根，居然病了四十多天。四十多个日日夜夜，小维书就没有上过床，只要一上床，小维书就大哭大闹。母亲没有办法，只好把他放进摇篮里，自己则坐在摇篮边上，整日整夜地陪伴着。一边用手轻轻摇晃着摇篮，一边嘴里念念有词地祝祷着。

农村缺医少药，却有一些算命先生经常上门转悠。小维书父母深为儿子身体担忧，就想到给他算个命，看看有何妙方可用。一位算命先生听了小维书的生辰八字后，摇头晃脑，说了一通谁也听不懂的天干地支、阴阳五行之类，然后告诉小维书父母：这孩子命中缺木、根本不固，需要用木来补。建议将小孩名字由“毛维书”改为“毛樟森”[①]。增加四木，其体必强。另外，要寄拜村口大樟树为“干爹”，祈求它的保佑。父母信以为真，一一照办。从此，幼儿毛维书变成了幼儿毛樟森，而且有了一位不会说话的“干爹”——一棵大樟树。

上述种种生活细节，自然是毛江森逐渐长大懂事后，断断续续从父母那里听来的。

名字改了，但身体并未如算命先生预言的那般好转。小樟森还是三天两头生病，病恹恹地活着。

不过，与同龄相比，小樟森却显得早慧而聪颖，非常懂事听话，深得大人喜爱。

家庭和家族给予小樟森的教育是“爱”与“善”[②]。小樟森家境仅仅是勉强糊口，但凡有乞丐到家乞讨，母亲总是先让小樟森把守在门口的黄狗摁住，她担心黄狗欺生，咬了乞丐。然后，走进灶间，盛出一碗满满的米饭，和颜悦色地递给乞丐。

---

① 《走近毛江森》编委会:《走近毛江森》。杭州：浙江科学技术出版社，2019 年，第 3 页。

② 毛江森访谈，2017 年 5 月 17 日，杭州。资料存于采集工程数据库。

过年时，小樟森随父母去外公和堂外公家拜年，经常得到那些外公、姑姑、婶娘的表扬。他们非常喜欢小樟森，还会郑重其事地烧出一桌好菜招待他。看到他个子小、爬不上桌椅，便亲昵地把小樟森抱上去坐好。这些平等待人的细微之处给年幼的小樟森留下了极其深刻的印象，也使后来毛江森回忆时每每热泪盈眶。

彼时，农村底层基本上还是由宗法体制管理。每年正月初一，毛氏宗族的人，不论男女老幼，都要早早起来，做好庚饭，穿上新衣服，恭恭敬敬地列队，到宗祠里祭拜列祖列宗。那种庄严肃穆的仪式、那种对祖先膜拜的虔诚，在小樟森的幼小心灵中刻下了深深的烙印。他接受了这些宗族文化熏陶，懂得要尊敬长辈、尊重历史。他感觉到，他们现在虽然穷，但家族身份不穷。由此激励了他的自信、自尊、自重、自律，不负祖先荣光，遂成为日后毛江森的精神支柱之一①。

转眼，小樟森五岁半了。具有慧眼的母亲看出了儿子的与众不同之处，决计让儿子提前上学读书。

小学是由村里毛氏族长操办起来的。族长是位辈分较高的老人，生得身材魁梧、面相和善，在村里极具威望，一应大小事务均由他说了算。前几年，因找不到合适人选，学校关门停学。那一年，族长好不容易寻觅到一位理想的教书先生，宗祠小学才重新开门招生。这也许是毛江森冥冥之中的幸运。

学校就设在毛氏“孝忠祠堂”内。村里人似乎为了表示尊崇，把这个祠堂称作“上众屋”。上众屋四周是雪面山、石家弄山、开坞山等。天朗气清之日，站在学校门口，还可以望见远处的江郎山。

开学前，父亲带着小樟森拜见表情严肃的周先生，央求周先生收下尚不到学龄的儿子。周先生一听说小樟森尚不足 6 周岁，本想拒绝。但稍一注目，发现这小孩聪明伶俐，甚有书缘，便改变了初始想法。转而弯下腰询问小樟森：“你会数数字吗？请从 1 数到 10。”① 小樟森自信地点点头，然后不慌不忙地开始数起来：“1，2，3，……，100”。周先生禁不住连连点

---

① 《走近毛江森》编委会：《走近毛江森》。杭州：浙江科学技术出版社，2019 年，第 77 页。

头，破例收下了这位小同学。

进了学校，小樟森就像鱼儿回到海洋，找到了自由游弋的感觉。他的学习兴趣被充分激发出来，他的聪慧有了表现舞台。

这所宗族小学是“新式学堂”，教授现代课程。老师就周先生一人，开设两个班级，共 20 多名学生。两个班级同处一室，轮流上课。周先生穿着一袭蓝布长衫，学问不错，为人严厉。

在学校，周先生教小樟森学算术、背诵《朱子家训》，给小樟森讲述屈原、岳飞的故事，告诉他从小好好学习、孝敬父母、尊敬师长。

周先生还特别介绍了江山当地一位名人毛彦文①。这是一位奇女子，比小樟森大一辈。她很早就走出高山深沟，到杭州上学。后来，她又漂洋过海，去美国留学。归国后，成为国民政府第二任总理熊希龄的夫人，在北京香山创办现代慈幼院。大山里的一个女孩子能有如此大的抱负，能做出那么一番轰轰烈烈的事业，真是了不起！从此，毛彦文成为他心底里江山人的一个榜样。

母亲对小樟森管教极严。小樟森每天放学回家，母亲总是先让他背诵完当天新上的课文，才允许吃饭。有空时，还让他跟着父亲去自家田畈上学着插种蚕豆。

第一学期期末算术考试，小樟森得了全班第一名。那天，周先生手里拿着一叠试卷，把全班同学集合到操场上，突然叫道：“毛樟森，你出来！”

“叫我？难道我犯了什么错？”小樟森心下嘀咕。周先生带着嘉许的口吻说：“全班算术考试，你第一名。喏，这些就是考试卷子，你代表我发给同学们！”

让他发试卷？小樟森一时有点反应不过来，感觉受宠若惊。他的确没有思想准备，心底像有只兔子在扑腾扑腾地跳。他回过神来，走向周先生，接过试卷，然后转身小心翼翼地将试卷逐一发给全班同学。卷子上有

① 毛彦文（1898-1999），浙江江山人，曾保送入杭州女子师范，后以浙江省第一名的成绩进入北京女子高等师范学校，从南京金陵女子大学英语系毕业，获美国密西根大学教育学硕士，后任复旦大学、暨南大学教授。曾开办北平香山慈幼院并任院长。

些同学的名字他还认不全、叫不出，有的叫得结结巴巴，小脸涨得通红通红。

但小樟森还是明显感觉到同学们投来的一道道羡慕目光，幼小的心灵涌起一种自信与满足：我虽然个子矮小，坐在第一排第一位，但在学习上，我不输于任何人！直到晚年，毛江森回忆起自己第一次考试和分发试卷的情景，仍感觉历历在目①。他坦言，这个第一次对于他后来一直保持学习成绩的优异非常重要，尤其是对于帮助他克服畏惧心理、树立人生自信非常重要。可以说，后来的所有一切都是在这一张试卷上长出来的！

正因为有了这样一种自信和底气，他感觉自己的名字“毛樟森”笔画繁多，也没有什么深刻含义。在一次考试时，他自作主张地改名为“毛江森”②，即江山之森林。

在年复一年的读书生活中，小江森慢慢长大，一晃到了10岁。此时，父亲开始跟着别人学做清油、水缸生意，把小店开到离贺仓村七八千米的清湖镇上，日出夜归，赚钱糊口，家境逐渐好转。小江森于是跟随父亲，进入清湖高小读书。

清湖是个古镇，已有3600余年历史，很早声名远播，其出名甚至早于江山县城。从福建、江西奔腾而来的江水，在此地形成宽阔的河面，傍镇流过。沿河两岸，坐落着一个个古码头，可以想见当年水运的繁华。此时属于沦陷区的清湖镇因日寇占领，繁华不再，生意一落千丈。但古时留下的商行店铺、深宅大院、雕梁画栋仍在，非一般村落所能比拟。

小江森就读的清湖高小在镇东南一块叫花田埂的平地上，紧挨着一个小山坡。学校建有两栋平屋，每栋六七间房子，总共可以容纳十来个班级。学校门口有一条小路通往镇里，路左边是个池塘，整年清水粼粼；路右边是块农田，一年四季变换着颜色。学校周边排列着毛氏、张氏祠堂。最有趣的是学校附近的普明寺，里面塑着各种菩萨，寺外搭着一个大戏台。镇上偶尔会请戏班子来唱唱越剧或婺剧，平常空着，供小江森和同学们玩耍。同学们玩累了，就势倒在宽宽的台角睡上一会儿。

---

① 毛江森访谈，2017年5月17日，杭州。资料存于采集工程数据库。

② 同①。

小江森学习成绩在全班始终名列前茅。在家族和亲戚眼里，他成为天分高、很聪敏、会读书、能写字的人物，受到姑姑们、伯母们的喜欢和褒奖。但令人烦恼的是，小江森身体还是那么瘦弱，一直摆脱不了疾病的阴影。

一次，小江森在清湖小学上课时感觉全身乏力、昏昏欲睡。下课后，他独自一人回到学生寝室休息。心里想着，以往也有这样的情况，也许躺一躺就好啦。谁知过了一会儿，病情似乎转重，开始头疼发热，难受至极，懵里懵懂、半醒半睡地躺了两天两夜，差点忘记时辰了。等到第二天夜里，正在小江森感觉十分难受和绝望时，学生寝室的木门突然“嘎”的一声被人推开，进来两个熟悉的身影。小江森借着昏黄的青油灯光一看，进来的不正是自己日思夜盼的父母么？原来，小江森父母接到学校通知，连夜赶来了。

父亲挑着一对箩筐，站在学生寝室狭小的空地中，妈妈赶紧上前用手摸了摸小江森的额头。小江森心头一酸，忍不住哭出声来。他既为自己不争气的身体而伤心，更为父母的至爱所感动。

“不哭，不哭，病很快就会好的！”母亲劝慰着病痛中的小江森，迅疾抱起他放入箩筐中。父亲一声不吭地挑起箩筐，箩筐另一头压着一块沉甸甸的石头。父亲挑着小江森和石头快步朝贺仓村方向奔走。母亲一步不离地跟着，用手扶着箩筐绳，以尽量减少箩筐的晃动。坐在箩筐内的小江森感觉自己像在荡秋千。一会儿，竟迷迷糊糊地睡着了。

七八千米的路，父母足足走了两个钟头，到家时已是后半夜。

这一次，小江森病得很重，连续两个多月茶饭不思、神思倦怠，一天到晚躺在床上，经常无聊地用小手摩挲着竹席，眼睁睁地盯着楼板发呆。母亲寝食难安，昼夜照顾。

一天清晨，母亲带着满脸愁容，端着一小碗粥来到小江森床边，既焦急又心疼。她一边流着眼泪，一边望着小江森说：“江森啊，你怎么还不好？你的病我替你生好啦！你赶快好起来吧，好起来去上学！”[①] 母亲的眼泪吧嗒、吧嗒地掉落在小江森躺着的竹席上，也掉进了小江森的心里。小江森深信，如果这个世界上真有所谓的生病替代机制，母亲一定会毫不犹

---

① 毛江森访谈，2017 年 5 月 17 日，杭州。资料存于采集工程数据库。

豫地替代他的。毛江森记住了这个终生难忘的场景，记住了宽广无边、无私无我的母爱。这，成为他后来爱患者、爱人类的精神来源。

在小江森家里，还有两个小患者，那就是小江森的姐姐和弟弟。姐姐比小江森略大些，担负着护送小江森上学的任务。她患的是哮喘病，非常严重。有时走在上学路上，哮喘病发作起来，呛得面红耳赤、青筋毕露、上气不接下气。看着被病痛折磨的姐姐，小江森心里十分难过。而弟弟因病夭折的悲惨场景，小江森更是刻骨铭心。一岁半的弟弟不幸罹患破伤风，时不时痉挛抽搐、呼天抢地。家中没有钱，农村没有药，一家人眼睁睁地看着可怜的他一步步走向死亡。最后那个晚上，屋外斜风细雨，室内油灯如豆，昏黄的光线勾勒出父母悲痛绝望的脸庞。小江森内心充满恐惧与不安，蜷缩在不远处的被窝中。蓦然，小江森只见濒临死亡的弟弟在一阵猛烈痉挛后，朝着油灯方向“噗”地吐出最后一口气。刚巧，此时一股冷风从破漏的窗户处吹进来，同弟弟的那口气汇合。那根正在飘忽不定燃烧的灯芯兀然熄灭，四周顿时陷入一片黑暗。在可怕的寂静中，小江森只听见母亲那一声撕心裂肺的呼喊：“儿子——啊！”。[①]

弟弟亡故、姐姐病痛、自身病体，幼小的毛江森比一般同龄人更早更切身更深刻地领悟到了医和药的含义与价值。于是，这一切都转化为他走上医学科研道路后内心强大的驱动力。

在学习上，小江森似乎有某种天分。他不输于任何人，几乎什么课都喜欢，而且门门成绩优秀。但他唯独害怕上体育课，老师带着同学们跑步、做操、打球，偶尔有点技巧活动。他体弱、胆怯，总觉得自己体力跟不上、技能不过关。有次上体育课，练习跳高。体育老师因陋就简，把学校操场上半截坍塌的围墙作为逾越的高度。那围墙并不高，许多同学纵身一跃轻松而过。轮到小江森时，他不甘示弱、跃跃欲试。结果，头撞到墙角上，顿时血流如注。这一下，一道上课的同学被吓坏了，老师赶紧带他去医院消毒包扎。血，是止住了，但额头上却从此留下疤痕，直到现在还依稀可辨[②]。

① 《走近毛江森》编委会:《走近毛江森》。杭州：浙江科学技术出版社，2019 年，第 81 页。

② 《走近毛江森》编委会:《走近毛江森》。杭州：浙江科学技术出版社，2019 年，第 80 页。

最怕的还有体育考试。小江森怕体育成绩不达标，怕同学们讥笑他。但他内心又很顽强，不肯服输。临近高小毕业，学校体育考试项目为抛篮球：体育老师在操场一端画上一条白线，作为考试者的站位。然后，在六七米远处再画上一条白线，作为抛掷界线，篮球超过白线即可。那些身强力壮的同学双手一投，篮球就呼啦啦地飞起来，轻松越线。有同学甚至只用一只手抛，篮球也可冲出界线。篮球递到小江森手中，顿时变成千钧重鼎。他一次次憋住劲，用尽吃奶力气试图将篮球抛过那条白线，但篮球总是在跟前打转，怎么也越不过那条要命的界线。

不久，小江森拿到体育考试成绩单，见上面挂着“红灯”，禁不住眼泪吧嗒、吧嗒地往下掉。按照学校规定，体育不及格就不能升级，也就不能毕业。他惴惴不安地回到家里，将自己体育考试不及格的坏消息告知父母。父母并没有责怪儿子，只是马上跑到学校，找到熟悉的老师说明情况、申诉理由，恳求学校网开一面。

其实，老师们都非常喜欢勤学上进的小江森，也正在为他惋惜。小江森父母的恳请打动了老师，他们转而向校长求情，认为毛江森各门功课不错，体育不及格是因为体力。非不为也，是不能也！即使留级几年，体育考试也不会合格。小学校长爱才心切，破例同意毛江森及格升级、准予毕业。

1945 年秋，全国抗战胜利，但毛江森一家的生活仍然贫困如昨。此时已在江山县城上初中的毛江森依旧过着清贫的学生生活。他与同学们一起挤住在一个名叫“江西会馆”的破楼里。寝室内，臭虫、跳蚤、蚊子肆无忌惮地袭击他。

学校规定，学生伙食自理。每当开学，毛江森就带上一大袋大米、干菜作为一学期的伙食。学校请了一位食堂师傅，协助同学们烧饭，但不提供柴火，同学们只得利用劳动课去附近山上砍柴。大家把砍下来的树枝打成捆、叠成担，然后挑回学校。这些活对于那些人高马大的同学而言，自然不算什么。但对于矮小体弱的毛江森，就成了沉重的负担甚至是痛苦。砍柴时，他力气不够，那些树枝老赖着不肯离开主干。担子压在他稚嫩的肩上，一会儿就磨出红红的印痕。挑担走弯道，更是腿肚子发抖，踉踉跄跄，好几次差点跌下悬崖。

这些，成为毛江森学生生活中痛苦的回忆，直到晚年时说起这些，他似乎还有点后怕①。

即便如此，当年就读江山县立初中的毛江森还是咬紧牙关，坚持学习，并以优异成绩毕业。

少年毛江森的目光，开始眺望远方。

杭高，奠定人生的基石

少年负笈出乡关。毛江森的目光锁定在杭高。

杭高面向全国招生，高材生如过江之鲫，进杭高全凭真才实学。江山县考生经常“剃光头”，历史上江山籍考生考入杭高的也屈指可数。

图 1-3　在省立杭州高级中学求学时期的毛江森（1949 年）

毛江森与杭高结缘，也并非一帆风顺。

1948 年 7 月，毛江森从江山中学初中部毕业。到哪里读高中、读什么样的学校，成了班上同学间热烈议论的话题。大多数同学都顺理成章地选择留在江山中学继续读高中，而毛江森却希望找到一所拔尖的学校。他大着胆子报考了杭高，结果没有考中。作为过渡，毛江森考取了杭州私立新群高级中学②，并借住在杭州大姨家。

但毛江森身在曹营心在汉，并没有放弃读杭高的雄心。他硬着头皮在新群中学读了一学期，总觉得不解渴，便再也无心读下去了。他坚定地告诉父母：非杭高不读。通情达理的父母非常理解儿子的高远志向，宁可自己节衣缩食、含辛茹苦，也要帮助儿子实现心愿。

---

① 《走近毛江森》编委会:《走近毛江森》。杭州：浙江科学技术出版社，2019 年，第 82 页。

② 经人事档案考证并与本人核实，毛江森于江山中学毕业后，先考入杭州私立新群高级中学学习，半年后因病休学，1949 年年初考入杭州高级中学春季班。

说来或许真是冥冥之中上天眷顾，1949 年年初，杭高一改惯例，招收一届春季生。正是这个春季班给毛江森和后来成为世界卫生组织副总干事的胡庆澧[①]创造了一个实现杭高梦的机会。他俩同时以优异成绩考上了这所心仪已久的江南名校。

毛江森是那年江山县考取杭高的唯一一人，几乎相当于古人的“中举”。父母和毛氏家族都非常高兴，族长还特意送了贺礼。随后，父亲雇了一只船，将粮食、干菜及一应生活用品运送到杭州。毛江森则坐火车奔向杭州。

彼时，火车还处在燃煤机时代，车速之慢，现代人很难想象。“老爷火车”一清早从江山县城开出，一路哐当、哐当响着，向杭州进发。毛江森内心却充满着考取杭高后的喜悦之情。一路上，他毫无倦意，一直趴在车窗边观看。火车在萧山站稍作休息后再次启动，向钱塘江前行。

若干天后，毛江森和胡庆澧已站在贡院前街 5 号[②]杭高校门口。

正式开学那天，学校在礼堂里举行隆重的开学典礼。身材魁梧、前额开阔的方豪[③]校长站在台上讲话。方豪身着一套黑呢中山装，戴着一副高度近视的金边眼镜，脸色红润，笑容谦和，语速疾快，抑扬顿挫。他追溯杭高历史，介绍杭高名人，对新生进行勉励。毛江森这才搞清楚，杭高由清末浙江贡院演变而来，前身为浙江省立第一中学。1923 年因顺应新学体制，与浙江第一师范学校合并而成。校史上有著名的“木瓜之役”“一师风潮”，一大批名师大家与杭高结缘，一大批杭高学生闻名海内外。杭高校园环境之美，人文景观之丰富，师资阵容之强大，教育设施之齐备，生源质量之优良，当属浙江中学之冠，与上海中学、苏州中学、扬州中学并称江南四大名校。方豪校长介绍完这些，显得慷慨激昂、脸色凝重。毛江森和同学们听得热血沸腾，深感自己幸运和荣幸。

自此，毛江森的杭高学习生活翻开了第一页。

---

① 胡庆澧（1932–），上海交大医学院（原上海第二医学院）附属瑞金医院终身教授，世界卫生组织前副总干事。

② 1981 年街道改造后称凤起路。

③ 方豪（1894–1955），浙江金华人，毕业于国立北京大学法学院政治系，五四运动学生领袖之一。后主要从事教育工作，在安徽、浙江等地担任过多所名校校长。

那是一个特殊的时间节点，中国历史在这个节点上发生了翻天覆地的变化。长江两岸战云密布，百万雄师渡江之役即将打响。人们置身于杭高校园内，似可隐隐听见从长江北岸传来的枪炮声、呼喊声。

也许因为方豪校长的开明与默许，中共地下党组织在杭高力量很强、工作成效显著，学生进步社团十分活跃，参与人数众多。师生们几乎是半公开地做着迎接解放的各种准备，大家在校园里公开演唱革命歌曲、传看进步书刊、吹军号召集学生活动。

性格内敛、斯文沉静的毛江森只是埋头念书，没有参加学生社团，也很少参与集体活动，极少与人交往。但毫无疑问，杭高这种革命的进步的政治氛围自然而然熏陶并影响着毛江森。

5 月 3 日，杭州实现和平解放。那段时间，杭高师生们拥上杭州街头，迎接解放军进城。师生们还把杭高布置得十分喜庆热烈。平时不怎么喜欢热闹的毛江森，此时也参与其间，显得十分开心和兴奋。

杭高，被时代洪流推涌着前行，新设了政治常识课和劳作课。学校十分注重对学生的思想教育与品德养成，强调天下兴亡匹夫有责的使命感。一些进步师生进行游行宣传，激情的口号声回荡在校园内外，课内课外教唱革命歌曲。当时，学生们最喜欢唱的是《毕业歌》："同学们，大家起来，担负起天下的兴亡……"，这相当于后来的流行歌曲。这歌常常唱得学生们热血沸腾。这种使命感深深植入杭高学生的心坎里，成为一种精神永动机。从杭高毕业的大多数人都能为国家、为民族兢兢业业、努力奋斗，在自己所在的领域作出不俗成绩。

杭高老师灌输给学生的另一个理念即"独立精神"。杭高老校长蒋梦麟①有段名言：

> 本个人固有之特性，具独立不移之精神。其蕴也如白玉，其发也如春日。具清楚之头脑，担当万斤肩仔之气概。能发明新理而传布之。勇往直前，活泼不拘。居于一社会中，能使社会进步。而此特

---

① 蒋梦麟（1886–1964），浙江余姚人。美国哥伦比亚大学教育学博士，长期担任北京大学校长，1929 年 5 月至 1930 年 6 月兼任浙江省立高级中学（商科）校长。

性，此精神，即所谓进化社会的人格也。以此为目的之教育，即所谓进化社会的人格教育也。

当年，未脱稚气的毛江森未必能全面深刻地理解老师所说的“独立精神”，但随着他日后科研实践的深入、人生阅历的丰富，他对“独立精神”的理解越来越深刻、越来越全面，也越来越具有哲理性。毛江森在晚年接受采访时，曾对“独立精神”作过一番精辟解读。独立精神，是杭高强调和倡导的。大家不要只是从政治上片面解读独立精神，以为提倡独立精神是在提倡思想上的异端。其实，独立精神在自然科学领域极端重要。所谓独立精神，既是一种可贵的精神品质，更是一种非常重要的思想方法。它要求人们独立思考，不要偏听偏信。独立精神在科技创新中是很重要的思维方法。如果没有独立精神，都是跟着前人跑、跟着别人跑，没有自己独立的观点，怎么创新？诚哉斯言！这是毛江森对自己学术人生的总结，也是对科研规律的深刻认知。这个思想源头，即来自于杭高。

受环境熏陶和师友影响，毛江森思想上积极要求进步，靠拢党团组织。他就着学生宿舍微弱的灯光，手不释卷地看完了苏联作家亚历山大·奥斯托洛夫斯基的长篇小说《钢铁是怎样炼成的》。他为书中英雄人物保尔·柯察金激动得夜不能寐，感觉自己的世界观、人生观发生了深刻改变，彻底放下了家庭“出身不好”的思想包袱。毛江森向学校青年团组织提出了入团申请，1950 年 12 月，他成为中国新民主主义青年团团员。

一段时间，杭高响应政府关于开展生产自救的号召，成立了学生自助自救组织，开展半工半读。新任杭高校长裘颂兰先生在杭州近郊中村找到了一块原为蚕种场桑树林的闲置土地，组织学生开垦种植，收获后作为辅助粮食。

那日，天下着蒙蒙细雨，毛江森戴着斗笠、穿着不太合身的蓑衣跟着同学们长途跋涉去中村。入村后，师生们都住在老百姓家里，半天上山种植白薯，半天在老百姓家里读书。一周劳动下来，毛江森被学校评为劳动模范。那一幕幕，给毛江森留下了终生难忘的记忆。

半工半读之后，学校逐步恢复了教学常态。小个子毛江森仍像过去一样，坐在教室第一排第一位。当年杭高开设的课程有政治常识、国文、英文、算学、历史、地理、生物、化学、音乐、图书、体育等。毛江森各门功课都不错，尤其算学是毛江森的强项。算学老师潘守诚[①]是个数学通，教课特别好，毛江森学得也很好。潘老师经常进行算学测试，差不多一两个星期就一次且出题方式蛮特别。每次考试都要出11道题目，其中10道题属于普通题，第11道题属于疑难题，难度相当于后来流行的奥林匹克数学题。潘老师判分方式也不一般：如果班上没有人做出第11道题，本次测试满分标准是100分；如果有同学做出这道题，测试满分标准则变成110分，每道题得分即以此类推[②]。

那是一次次紧张而有趣的测试。测试完毕，潘老师会当众改卷，同学们以老师为中心围成一圈。正如潘老师所预料的，班上绝大多数同学只能答对9题或10题。当潘老师批改出第11题时，大家就会惊喊起来："这是谁呀？居然11题全对！"潘老师故意先把测试卷上的名字盖住，然后迅疾移开，让大家看清测试卷上的名字。毛江森。又是他呀！这家伙！真不简单！此时，同学们的目光齐刷刷地投向站在边上的毛江森，那目光夹杂着羡慕和嫉妒。毛江森会感觉浑身不自在，往往率先跑开。待跑到校园角落处，他才偷偷一笑，算是犒赏一下自己。

课业之余，毛江森最喜欢去的地方是学校图书馆。他喜欢安静地坐着，如饥似渴地汲取着。偶尔，他会在校园里转一转，在贡院碑林处待上一会儿。碑林在校园西北角，是一处寂静所在。那里矗立着十几块黑黝黝的石碑，有明代嘉靖年间的，有清朝康熙年间的，还有乾隆皇帝的御诗碑，上面记述了浙江贡院变迁兴废的历史。毛江森趁着夕阳余晖，一个字一个字地辨认着，透过这些文字所包含的科举历史和贡院往事，了解到当年的盛况与艰难：三年一次"秋闱"，成千上万的考生挤在贡院斗室中，以博取功名。

杭高学生伙食并不好，常常是一碗黄豆芽，对于正处于青春发育期的

---

① 《走近毛江森》中第85页记载数学教师是崔东伯。现根据几位同班同学回忆，数学任课教师应是潘守诚。

② 毛江森访谈，2017年5月17日，杭州。资料存于采集工程数据库。

毛江森，这些养分显然不够。在杭高学习生活了一段时间，毛江森身体依然故我，走在高高大大的同学中间，免不了有点自惭形秽。他渴望着长高、长大。

一个机遇，不期而至。某天，一位好心的老师给毛江森送来一瓶鱼肝油。老师告诉他，抗战胜利后，美国援华救济总署送给中国一批救援物资，现在才分到学校，其中有几瓶鱼肝油。这位老师见毛江森发育迟、个子小，听说鱼肝油有助于发育，就特意把它要来送给他试试。直到耄耋之年，毛江森还清晰记得那瓶鱼肝油：瓶子不大，恍如当下茅台酒瓶一般，外面是黄褐色包装，里面装满金黄色颗粒。那真是一瓶神奇的鱼肝油。吃完那瓶鱼肝油后，毛江森只觉得身体“蹭蹭蹭”地往上长，半夜躺在床上，似乎都可以听见自己脊骨和关节生长的声音。

一年后，毛江森长高了五六厘米。按照他自己的说法，一下子变得像个“人样”啦。自然，毛江森由此一辈子记住了那瓶鱼肝油，更记住了浓浓的师恩。

1950 年 10 月，抗美援朝战争爆发。一连几年，国家号召广大青年学生提前参军参干。杭高学生自然热烈响应、踊跃报名，全校有 307 名学子投笔从戎，人数为全省学校最多。在热潮裹挟下，毛江森也报了名。那一年，部队招收海军，对身高没有特殊要求。

毛江森写信把这个想法告诉了父母。父母一听就急啦！在他们看来，好铁不打钉，好男不当兵。更何况，毛江森是家族里唯一的男孩，担负着延续香火的重任。子弹不长眼，如果有个万一，整个家族该怎么办？当然，父母也知道用这套封建思想说服不了已接受文明教育的儿子。他们找到了另外一个更充分的理由——他身体那么瘦小，体力严重不济，部队训练打仗，他根本吃不消，还是好好读书吧。

毛江森觉得父母说得也在理，但自己都已递交了要求当兵的报告，还能撤回吗？正在毛江森犹豫之际，发生了一件令他意想不到的事。一天夜里，毛江森已回到大姨家，正在温习功课。门外，突然响起轻轻的叩击声。这么晚了，会是谁呀？大姨疑惑地把门打开，见进来一位文质彬彬的读书人。毛江森一看，这不是教他们物理课的沈廷华老师嘛。

沈廷华老师的物理课是杭高的一张名片。沈老师能把抽象玄幻的物理世界讲得五彩缤纷、极具吸引力，同学们听得兴趣盎然、几近痴迷，毛江森便是他的忠实听众。按照后来的说法，叫作骨灰级粉丝。

完全没有思想准备的毛江森面对突然出现在眼前的沈老师，一时惊呆了。

沈廷华前来是劝毛江森不要去当兵的。在他看来，每个人情况不一样，毛江森不适合当军人，而适宜上大学，适宜读物理。把书读好了，照样可以为国家作贡献。[①] 透过沈廷华那副高度近视的眼镜，毛江森看到一道道爱才惜才的目光。那目光像一股清泉，汩汩地流入他的心田，滋润着拔节生长的希望。以至多年以后，毛江森还记得当时沈老师的眼神。

老师和母亲这些话像一盏指路明灯，照亮了毛江森前行的道路，坚定了他考大学的决心。

毛江森所在的高三班是个春季班，按照原先高考规定，需再有半年才能毕业。但新中国成立后，恢复性生产全面铺开，国家急需大量人才。1951 年 7 月，学校经过研究，破例同意高三春季班学生以同等学力参加高考。

老师们把这个好消息告诉了同学们。毛江森与大家一样，既兴奋又担忧。相比较，他们毕竟少读了半年书啊！

在紧张的复习迎考中，毛江森思考着自己即将报考的专业。他喜欢数学和物理，想着沈廷华老师的嘱托，酝酿着报考物理专业。他把这个想法透露给远在江山老家的父母。

考试前夕，母亲居然千里迢迢从家乡赶到杭高，劝阻儿子报考物理专业。母亲看着逐渐长大成人的儿子，看着儿子一张张优秀的成绩报告单，眼里满是喜悦之情。但她以长辈的经验和母亲的情怀劝告儿子："你从小体弱多病，把你带大真的不容易，你还是念医吧。"

母亲的一句提示，对毛江森而言犹如醍醐灌顶。他想到自己从小到大病痛缠身，闯过一道道鬼门关，还想起因病夭折的弟弟以及还在被哮喘病

① 毛江森访谈，2017 年 5 月 17 日，杭州。资料存于采集工程数据库。

折磨着的姐姐，想到家乡人患的种种疾病，似乎看到人们都在等待着他去疗救。毛江森爽快地答应母亲，毅然决然地选择了医学。第二天，他便与胡庆澧相约一道赶到报名地点浙江大学校园。现场挤满了前来报考的青年学生。

在场指导填表的是一位浙大女生，她温和地询问毛江森："同学，你填报什么学校呀？"

坦率地说，对择校，毛江森当时不是太懂，也没有想定。好在那位女生态度不错，毛江森就咨询她："我想报考医学专业，不知哪个学校好？"

那位女生不假思索地回答说："全国最好的医学专业当然是协和医学院。但协和医学院今年因故不招生，今年最好的要数上海医学院啦！"①

"那我们就报考上海医学院！"毛江森与胡庆澧一对视，立马决定报考上海医学院。更巧的是，两人在择校志愿栏中从上到下填报的全部是上海医学院。似乎，唯此校不考。可谓心有灵犀一点通，书生所见竟相同。

浙大那位女生接过他俩的表格，稍稍浏览一下，略带疑虑地提醒道："两位同学只填报一所上海医学院，万一这所学校不录取，你们不是要落空了吗？"

毛江森和胡庆澧几乎异口同声地回答："读就要读最好的学校！"少年气盛，踌躇满志，一副胜券在握的模样。那位浙大女生似乎也被他俩这股豪气所感染，禁不住微笑着点了点头。

考试完毕，毛江森每天往对面一家酱油店里跑。那家酱油店老板有份《浙江日报》，毛江森知道高考录取名单会在报纸上刊登出来。一天，终于等到了那份盼望已久的《浙江日报》。他按捺住狂跳的心，开始从密密麻麻的铅字中寻找自己的名字。"王才良、康格非、盛定中……袁丽芳、闻玉梅……陈鸿均、毛江森……"找到了！找到了！是的，没错，是他！毛江森真的被上海医学院录取了。同时被录取的还有他的同窗好友胡庆澧。

① 胡庆澧访谈，2019年3月15日，上海。资料存于采集工程数据库。

黄浦江畔的风云岁月

1951 年 9 月，毛江森生活日历揭开新的一页。

报到那天，下着蒙蒙细雨。毛江森一早从大姨家出发，先到同学胡庆澧处会合。彼此一打量，发现竟然“撞衫”：两人都穿着一身黑布学生装，禁不住笑出声来。随后，两人手里提着铺盖，坐上一辆三轮车，兴奋地赶到杭州城站，跳上绿皮火车，前往地处枫林桥的上海医学院报到。

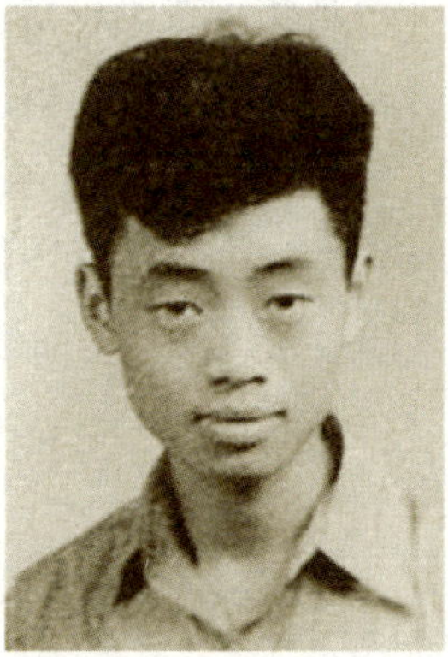

图 1-4　在上海医学院求学时期的毛江森（1951 年）

黄浦江畔有条闻名海内外的马路，叫肇嘉浜路。路址原是一条黄浦江引水河，呈东西走向，作为内河航运而用。新中国成立前，肇嘉浜河是法租界与华界的分界线，是上海繁华的区域之一。肇嘉浜河上有座桥，叫枫林桥。后来因枫林桥名气越来越大，人们就干脆用枫林桥来指代这一带地区。

毛江森和胡庆澧就读的上海医学院就位于枫林桥附近、肇嘉浜河南侧。学校面积不大，主体建筑是建成于 20 世纪 30 年代的两幢中西合璧的姊妹楼，十分雅致和精致。白石栏杆、朱红漆柱、金黄色琉璃瓦歇山顶、屋脊兽吻，还有檐下架上的彩绘画案，浓彩重墨，颇具中国皇家宫殿气派。楼内结构和设施呈西方医学建筑风格，中间三层回廊，楼梯盘旋而上，教室分列两边。在周边低矮的建筑和众多棚户区中，这两幢建筑鹤立鸡群，分外引人瞩目。还有形成鲜明对照的是，上海同学穿衣打扮的时尚洋派与外地同学尤其是毛江森衣服鞋子的破旧土气。

上海医学院 1951 级医科专业共录取新生 163 名。女生较少，享受“特殊”照顾，住到校外一幢小楼里。男生全部住进一幢老旧的“工字楼”内，毛江森与胡庆澧、张悟澄等十来名同学被安排住进一间宿舍，宿舍号码是 214，空间比较宽敞。

开学第一课《医学概论》在学院大礼堂举行，由老院长朱恒璧[①]亲自开讲。[②]新生们早早来到大礼堂静候，充满了期待。没有陪同人员，没有过场客套，朱老先生一个人走上台来，开门见山、直奔主题。他满含深情，回忆了上海医学院首任院长颜福庆。颜福庆是中国西医学界真正的泰斗，是获得美国耶鲁大学医学院博士学位的第一位亚洲人。学成回国后，曾在协和医学院任职，深感外国人把持校务的屈辱，便立志创办一所中国人的医学院。颜老热切联络医学同道，广邀社会各界知名人士，终于于1927年7月创办了上海医学院的前身国立中山大学第四医学院。这是中国人自己创办的第一所国立医学院。

在简单的历史交代后，朱老转入正题。

> 他引经据典、滔滔不绝，从中国最早的医学典籍《黄帝内经》的“上工治未病”讲起。春秋战国时期，神医扁鹊首倡中医“望闻问切”之法，往往药到病除，民间誉其能起死回生。一次，魏文王问扁鹊家中兄弟三人谁的医术最高。扁鹊不假思索地回答，他大哥医术最高、二哥为次，他是最差一位。人们对此十分不解，以为扁鹊谦虚。扁鹊解释道，人们只知其一，不知其二。大哥是在人们尚未觉察到身体有病时就为人医治，所以大家对他不甚了解；二哥是在人们开始发病时，为人医治，人们对他了解也不多；扁鹊则是在患者病情非常严重时才给患者开刀用药，故人们认为他能够起死回生、妙手回春。

朱老讲完这个典故，深情地说：“做医生的最大愿望是天下没有患者！希望同学们今后成为真正高明的医生，医人于未病。”

然后，朱老转到西医，罗列了一批西医鼻祖，介绍上医实行的“公

---

① 朱恒璧（1890–1987），江苏阜宁人，药理学家。曾任湘雅医学院、协和医学院教师，上海医学院院长、教授，浙江医学院、浙江医科大学教授、药学系主任。曾参与创建中华医学会并任总干事。

② 毛江森访谈，2017年5月30日，杭州。资料存于采集工程数据库。

医制”[1]。

医生受雇于政府，服务于百姓。由著名教育家黄炎培作词的上医校歌曰“人生意义何在乎？为人群服务。服务价值何在乎？在人群灭除病苦。”这是上医创办人颜福庆的理念，也是上医人尊奉的圭臬。上医从创办之日起就这样。许多教授、医生放弃个人开业获得高额酬薪的机会，心甘情愿为患者服务。上医妇产科医院院长就是一个例证。她德高望重、医技精湛。早些时候开有私人诊所，每接生一人，能得一根金条。但她甘愿放弃这样优渥的待遇，应聘到上医，每年仅拿几百块钱工薪。去世前还立下遗嘱，把自己所有财产捐赠给上医……

朱老自豪地告诉台下的新生：

上医集聚了全国最好的一批医学专家教授，仅一级教授就有16人之多，仅次于北大，领先于国内医学界。你们今天开始学医，但首先要学习做人、爱人。医生是一种非常特殊的行业，你们面对的是患者，需要有极大的同情心和爱心。对患者有没有爱心，是能不能成为一个好医生的关键。

他对同学们的希望就是：爱人，爱患者，爱重患者，爱病危的人。

这是医学第一课，也是人生一大课。听完这一课，毛江森豁然开朗，由衷觉得医学很神圣，由衷觉得自己学医选对了。到上医，更是考对啦！

眼下的毛江森，犹如海绵吸水般汲取新知识、新学问。上医是一所学习风气十分浓厚的医学院校，老师课堂严谨授课，学生学习非常刻苦。晚上自习，同学们习惯于到学校图书馆，抢占图书馆里有限的座位就成为同

① 公医制：民国时期一种医疗制度，是指医务人员的训练、任用完全由国家统制办理，医药学生统一由国家所办的医学教育机构训练，毕业后终身为国家服务，不许私自开业。此制度于20世纪20、30年代初步成型，并对当时医学教育产生了一定影响。

学们晚饭后的头等大事。毛江森的绝招就是一个字“早”：早早去等候图书馆开门。只要图书馆管理员打开锁，毛江森就像条小鱼一样“哧溜”冲进图书馆，泅泳于知识的海洋。

时间一长，毛江森越来越明显感到上医不仅教授学生以专业和知识，而且以老师的高尚品德和人格魅力言传身教、感染影响学生，帮助学生逐渐领悟何以为人、何以为医、何以治学，并渐渐明白了医乃仁术、德为医本。

上学期间，有几件事给毛江森留下了刻骨铭心的印象。

开始分班学习时，毛江森选择了内科学。内科学由一级教授林兆耆[①]授课。林教授的课业精湛自然、无可挑剔，同学们一下子都喜欢上了内科学。课余，林教授带着学生们去华山医院查病房，毛江森也在其中。那时正值隆冬季节，室外滴水成冰。病房是平房结构，虽说装着一只小煤炉，但热量有限。理着平头、戴着圆框眼镜的林教授和大家一起静静地听完患者叙述，同学们以为林教授会开始给患者做腹部检查了。但接下来的一幕，让毛江森他们怎么也想不到。只见林教授将自己的双手翻来覆去地搓呀搓呀、搓呀搓，搓了许久，大概觉得手掌已暖和了，才小心翼翼地掀开盖在患者身上的被子，开始仔细检查。边查边问患者他的手冷不冷、能不能受得了。毛江森当时心里想：这可是一名一级教授呀，这么对待患者，自己能做到么？[②]

泌尿外科课程由一级教授熊汝成[③]授课。按照学校惯例，熊教授也带着同学们巡查病房。一次，师生们来到中山医院二楼病房区。有位患者听说是一级教授来查房问病，显得十分兴奋。一兴奋，话就多，恨不得把来龙去脉说个遍，翻来覆去说着车轱辘话，没完没了。过了好久，毛江森觉得自己腿都站酸了，忍不住想挪个位置，放松一下腿脚。但他一抬头，只见站在病床前的熊教授高大的身躯微微前倾，十几分钟内居然纹丝不动，

---

① 林兆耆（1907–1992），上海人。内科学家、消化病专家、医学教育家，中国消化病科学奠基人之一。曾任上海医学院教授、附属中山医院院长。

② 毛江森访谈，2017年5月30日，杭州。资料存于采集工程数据库。

③ 熊汝成（1908–1995），湖北蕲春人，外科学教授，博士生导师，我国著名泌尿外科专家、医学教育家、中国泌尿外科事业奠基人之一。

认真倾听着患者那絮絮叨叨的叙述，没有插话，没有打断，没有露出丝毫厌烦的脸色。直到患者说完、露出满意的微笑，他才开始检查。那种耐心、认真、细致让毛江森心生愧意，而他的双目像相机一样牢牢地定格住这一镜头。①

后来，年轻的夏镇夷②教授为学生们教授精神病学。开始时，毛江森对精神病学兴趣不大。课上，夏镇夷教授以其渊博知识详细介绍了精神病学，并讲述精神病病因不清、预防无策、治疗无方的窘境。当时，治疗精神病的唯一方法是“电休克法”。夏镇夷运用他丰富的临床实践，以极大的同情心向同学们描述精神患者接受“电休克法”治疗时那种痛不欲生的感觉。这种感同身受般的形容把毛江森深深震撼了，他由此感到世界上最痛苦的病不是肿瘤、也不是心脏病，而是精神病，因为患者已不知自我。他甚至想，如果今后分配他从事这个领域，他一定要做个优秀的精神病医生。

毛江森就在这样良好的校风、名师的教育熏陶下逐渐成长成熟起来。他对新中国、对共产党有着天然的感恩之心。不是新中国，没有共产党，毛江森就翻不了身、上不了大学。他学习上努力勤奋、成绩优良，渴望用新知识充实自己，将来为新社会贡献力量；政治上充满热忱，积极要求进步，自觉向党组织靠拢。大二时，他加入了中国共产党，并担任上医团委组织部副部长，成为学生中的“半脱产”政工干部，开始拿工资。

彼时，毛江森的政治前途似乎一片光明，仿如初夏的阳光。但美好而平静的生活没过多久，一个个政治运动接踵而来。不久，“胡风反党集团事件”传达至上医，毛江森开始怀疑自己的判断：胡风不就是文艺观点不同吗？怎么变成反党集团了？他日思夜想、扪心自问，感觉自己的思想认识严重跟不上趟，自己也不是做政工干部的材料。他决心从貌似颇有前途的政工岗位上急流勇退，回到自己心爱的医学专业上。于是，他向学校提交

---

① 毛江森访谈，2017 年 5 月 30 日，杭州。资料存于采集工程数据库。

② 夏镇夷（1915–2004），浙江桐乡人，精神病学专家。历任上海第一医学院教授、中华医学会神经精神科学会主任委员、卫生部医学科学委员会委员、世界卫生组织精神卫生专家咨询团成员。

报告，要求不再担任“半脱产”政工干部，回到班级当个普通学生。学校不仅同意他插入学生班级，同时考虑到毛江森毕竟从事过几年学生工作，还让他担任学生年级的党支部副书记。

祸兮福所倚，福兮祸所伏。失之东隅，收之桑榆。没有想到的是，辞职转学、留级插班反倒给毛江森送来了爱情。

毛江森恋爱了！恋爱的对象是毛江森同班同学张淑雅。他与张淑雅不是一见钟情，也不是“一见到你，天空的星星全部落在我的头上”的那种热恋。他们是在漫长的学习和交往中逐步加温加热的爱恋。毛江森认为张淑雅端庄文静、诚实热情。张淑雅也不以貌取人、不喜欢花言巧语，她认为毛江森人品可靠、聪敏朴实、好学上进。彼此就这么简单，就这么坦诚。

本来，两人会波澜不惊地谈完恋爱，毕业后结婚成家。但张淑雅觉得自己还不够进步，开始积极要求入党。大学生入党是件大事，学校自然要搞外调。外调同志出去几天后，学生年级党支部书记李林找到毛江森，并告诉他张淑雅是名基督教徒，父亲是反动军官。按照当时的“政治标准”，不开除张淑雅学籍已算不错，根本不可能考虑她入党。李林知道毛江森与张淑雅的“特殊关系”，还不忘“提醒”毛江森慎重选择。

对于张淑雅的家庭和个人经历，毛江森其实是了解的、也是清楚的。她父亲是黄埔毕业生，曾担任过国民党军队下级军官，后因霍乱去世。当时，张淑雅才 6 岁。她母亲为生活计，到当地一所教会学校教书，赚钱补贴家用。到了上学年龄，母亲因无钱供女儿上学，只好把她送进免费的教会学校念书。耳濡目染，张淑雅慢慢喜欢上了教堂那种静穆的氛围。初三时，她在老师的劝说下，在懵里懵懂之间加入了教会。新中国成立后，因为上医上学免费，张淑雅才有机会读大学。① 她内心对共产党、对新中国感恩戴德，还积极要求加入党组织。这样的人，怎么会反党呢？她过去信教是因生活所迫，只是寻求一种心理安抚而已。看看她平时对老师、对同学的那份诚意，对自己的那份诚心，毛江森认定张淑雅是个极端诚实的

① 张淑雅访谈，2017 年 7 月 11 日，杭州。资料存于采集工程数据库。

人、是值得自己爱的好女人。自己已下决心不走仕途了，谅必也影响不到哪里去。即使真有影响，就让它影响去吧！

拿定主意，毛江森找了个机会向张淑雅和盘托出自己的看法和想法，获得了张淑雅的热烈回应。

同时，毛江森也“抗拒”了一些好心人的劝说和警告，不为所动，继续与张淑雅保持着恋人关系。学校见他俩态度明朗，一时竟也无可奈何。之后，居然网开一面，同意他俩一道毕业分配。工作后，毛江森办的第一件大事就是与张淑雅结婚成家，安营扎寨。

图 1–5　毛江森与张淑雅结婚照（摄于 1957 年）

后来的事实证明，毛江森的选择正确且具远见。张淑雅成为毛江森事业和工作上的坚强后盾，成为家庭生活的顶梁柱，成为他遭受挫折时的避风港。在毛江森最艰难、最痛苦甚至灰心绝望时，张淑雅以一个妻子所能具有的善心、坚韧和辛苦，相濡以沫，给毛江森以支持与分担。他从内心由衷感激张淑雅、依赖张淑雅，越到晚年越是如此。每当人们给毛江森拍照时，他总爱把张淑雅紧紧拉扯到身边，唯恐镜头照不到她。

光阴似箭，日月如梭。六年的上医学习生活即将走近尾声。此时，一场波及全国的“反右”运动铺天盖地而来，上医自然也被波及，校园内贴满了大幅运动标语和批判师生的大字报。5 月，毛江森所在班级同学陆续从各地医院实习回校，等待分配。但此时社会上“反右”运动的狂风暴雨十分猛烈，一些同学返校后心里惴惴不安。

毛江森感到自己这个学生党支部副书记有责任向上医党委如实反映情况，避免误伤。他找到学生党支部书记李林，谈了自己的想法。李林是位带薪进修的女干部，也是个老革命，新四军出身，经历过枪林弹雨，见多识广，为人处世颇有主见。两人一拍即合，找到上医党委副书记李静一。李静一也是位女同志，早在中学期间就参加革命活动，后长期从事妇女运动，是个资格蛮老的革命干部。她十分尊重并注意团结知识分子，对青年学生既严格要求、又亲切关怀。毛江森和李林向李静一说明情况——这一年，他们这届同学都分散在各家医院实习，早出晚归，没有写大字报，没有发现反党言论，建议不在这一届学生中开展“反右”运动。李静一只是耐心地听着，当场并没有表态。后来上医党委通知决定不在他们这届学生中揪斗“右派”，解散回家。毛江森和同学们如释重负，一场政治风波由此化解。全年级学生悉数毕业、走向社会，成为各行各业的栋梁之才。

这事，让毛江森既得意、又惶恐。得意的是，中国少了 10 名“右派”、多了 10 名为老百姓服务的医生。惶恐则发生在毛江森分配到北京工作后，看到和听到不少因讲公道话而被错划为“右派”的事例，不禁为自己和李林向上医党委“求情”一事而后怕。假如此事搁在其他地方，自己就是一个活脱脱的“右派分子”。如果那样，他日后的生活轨迹得全部改写。他由此更加感佩上医党委能在政治高压下坚持实事求是精神，一如既往地保

图 1–6　毛江森与上海医学院 51 级校友聚会照片

护和关爱学生。[1]

这是毛江森在上医的最后一课。这一课，使他终生难忘。

也正因为如此，毛江森向学校提出希望离开上医、离开上海，去迎接新的风雨、开始别样的人生。

上医没有让毛江森的希望落空。

① 毛江森访谈，2017 年 5 月 30 日，杭州。资料存于采集工程数据库。

第二章 撬开病毒王国的大门

与名师为伍

单说是上医满足了毛江森的愿望，恐怕也不够实事求是。客观上，新中国第一个五年计划即将顺利完成，各行各业百端待举。尤其是首都北京一大批新工程上马、一个个新机构开设，敞开胸怀迎接来自四面八方的建设人才、科研人才。

毛江森仅是其中一员。当时，中国医学科学院刚刚组建，急需专业研究人员。来得早不如赶得巧，好机会让毛江森赶上了。他被分配到中国医学科学院病毒学系，从事病毒学研究。

服从分配是毛江森那一代人的组织原则和自觉意识，他毫不犹豫地到病毒系报到。但不久，他发觉自己来对了地、但走错了门。他的理想是当一名救死扶伤的医生，救治如自己少儿时代一样的患者，尤其对精神病、儿科等兴趣浓厚，甚至憧憬过自己成为著名的精神科或儿科医生后的情景。相比之下，他对从事病毒学研究工作没有思想准备。对于病毒，毛江森所知不多。一方面上医课程中有关病毒的内容很少，只是微生物教程中的一小节内容；另一方面他对病毒学课程没有什么兴趣[①]，重视不够，考试成绩也不理想。

所幸遇到了一位名师——病毒学系主任黄祯祥教授。黄祯祥是国际著名病毒学专家。青年时期赴美国普林斯顿大学洛克菲勒学院进修，后任美国纽约哥伦比亚医科大学内科及微生物科讲师，并于1943年在美国发表《西方马脑炎病毒在组织培养上滴定和中和作用的进一步研究》。这一论文刚一问世，旋即引发强烈关注并得到国际同行普遍认可。他在论文中提出了病毒体外培养新技术。这一新技术把病毒培养从实验室动物和鸡胚的“动物水平”一下子提高到体外组织培养的“细胞水平”，因而为现代病毒学奠定了基础，拓宽了国际上病毒学家的科研思路。此后，许多病毒学家通过采用或改进黄祯祥的这一思路成功发现了许多新的病毒性疾病的病原，分离出许多新病毒。其中，就有美国著名病毒学家恩德斯采用这一技术研究小儿麻痹症，所获得成果被授予1954年诺贝尔医学或生理学奖。

这位美国科学家恩德斯是个诚实的人。他在获此殊荣时，没有忘记黄祯祥。他在自己论文的序言中清清楚楚地写着，在研究此课题时，他受到中国黄祯祥提出的新技术的启发。[②]可惜的是，当时正值抗美援朝，炮火连天、关河阻隔，远在瑞典斯德哥尔摩的诺贝尔奖评委们根本无意也无法找到黄祯祥。[③]

在国际病毒学同行们眼中，黄祯祥是与诺贝尔奖擦肩而过的中国科学家，甚至可被称为“被遗漏掉的诺贝尔奖获得者”。在国内病毒学界看来，黄祯祥无疑是新中国病毒学研究的奠基者。

除了专业深厚，黄祯祥治学严谨、善于创新、为人正直、待人热情、低调诚恳、没有架子。医科院的人都随意地称黄祯祥为黄大夫。刚出校门踏入社会的毛江森能与这样的名师为伍，何其幸也！

---

① 毛江森访谈，2017年6月7日，杭州。资料存于采集工程数据库。

② 青宁生：病毒体外培养技术的创新者——黄祯祥。《微生物学报》，2009年第10期，第1408–1409页。

③ 同①。

听说新来的毛江森对病毒学不甚喜欢，黄祯祥专门抽出时间，把毛江森约到自己办公室。黄祯祥的办公室朴素陈旧，透过窗棂，可以看见窗外稀疏的树叶。靠窗的一张木条桌上随意摆放着几盆仙人掌、小叶黄杨之类的绿植，散乱的文件、资料、书刊堆得满桌皆是。

长谈的场景与内容，毛江森直到晚年还记得清清楚楚。

> 理着短发的黄祯祥坐在一把已明显褪色的木椅子里。他见到毛江森后，摘下戴着的近视眼镜，换上一副老花眼镜，将视线对准毛江森。温和地询问："听说你不太喜欢病毒学研究？"
>
> "是的。"毛江森诚实地回应。
>
> "那，你喜欢什么专业呢？"
>
> 毛江森回答说："在学校时，曾经非常喜欢研究神经系统的传导功能，喜欢研究脑细胞。为什么人的左手、左脚由人的右脑控制，而右手、右脚却由人的左脑控制？我感觉这一现象很神秘也很神奇。"
>
> 黄祯祥告诉毛江森："这与病毒学研究不矛盾呀。病毒最喜欢攻击的就是脑细胞。譬如，脑炎、脊髓灰质炎等都与病毒有关，麻疹、天花等也会攻击脑细胞。你完全可以把对脑神经细胞的兴趣与病毒研究结合起来。病毒学是门新兴学科，它还很年轻。如果你能够紧盯病毒学研究的前沿，可以出很多成果……你还没有深入到实验本身去。做实验时，今天一个结果，明天一个结果，那是很容易让人产生兴趣甚至会使人兴奋的。"

说完，黄祯祥交给毛江森一个小题目，让他试着做做，看看能不能产生兴趣。

这次长谈打动了毛江森，改变了他的人生轨迹，并为他打开了一个全新的科研领域。

说来也怪，经黄祯祥这么一次点拨并领受课题后，毛江森似乎瞬间打开了病毒学大门，并逐步登堂入室。他对病毒学兴趣陡增。

沉浸在知识海洋里，毛江森懂得了许多关于病毒学的历史和常识。病毒学是以地球上最微小生物病毒为研究对象的一门科学。有的病毒像恐龙一样古老，已有上亿年历史。而且，病毒很可能要与人类相依相伴、相生相克下去。尽管文学家、艺术家们用文字、绘画描写过天花、鼠疫等病毒灾害，但人类最早发现病毒却是在 19 世纪末。1886 年，在荷兰工作的德国农艺化学家迈尔（J. R. Meyer）在研究烟草花叶病病因时，第一次观察到病毒现象。1892 年，俄罗斯生物学家伊凡诺夫斯基（D.Iwanofsky）开展病毒过滤实验，并将烟草花叶病毒称为“滤过性致病因子”。1898 年，荷兰微生物学家贝杰林克（Martinus Willem Beijerinck）重复了这个实验，并把这种有别于细菌的有机体称为“病毒”。此后，贝杰林克和烟草花叶病成为每一本医学教科书必有的内容。1939 年，德国科学家考施第一次在电子显微镜下直接观察到了烟草花叶病病毒形态。也就是说，人类与病毒已打了上万年交道，但对病毒本质特征及生命规律的认识至今还不到一个世纪。

病毒学是一门极其重要的学科。病毒是一个最简单的生命体，可以说是比细菌还要小的一个微生物。它的主要构成是核酸与蛋白，里面是核酸，外面包裹着一层蛋白。核酸有两种，一种叫核糖核酸，英文简写是 RNA；另一种叫脱氧核糖核酸，英文简写是 DNA。它与生命关系极为密切，可以调节衍化生命体。研究生命，病毒是个非常好的模型。因病毒核酸结构不同，所以有自己特定的感染对象。科学家们把这种特定感染对象称为“宿主”。病毒实质上是一种“寄生”，每一种病毒必定有一个特定的“宿主”。有一成语“皮之不存、毛将焉附”，用来描述病毒与细胞的关系很形象。用哲学语言来表达，就叫对立统一。病毒似乎也懂得这些道理，病毒要侵害“宿主”细胞，但它离开细胞也无法生存。所以，它有自己的生存策略：谋求与细胞长期共生共存。这不是病毒与人或物为善，而是它希望能在宿主内存活更长时间。人体内还存有一些保护性病毒，有时甚至会除掉一些更危险的病毒，以防止它们损害宿主。病毒以其攻击性和传染性为人们所知，与疾病紧紧相连。不少疾病特别是流行病，如天花、麻疹、肝炎、小儿麻痹症等，都是病毒作的祟。

时间不长，毛江森就喜欢上了病毒学。以至于痴迷，直至相伴到老、终生不渝。在现划归为中国疾控中心的病毒病所档案馆里，至今还保存着一叠叠病毒所当年年度研究题目计划书。那些极薄极脆的纸张颜色已经发黄，打印的字体、手写的文字有些已破损残缺，人们翻阅时需要小心翼翼和努力辨认。透过这些纸张，大体可勾勒出毛江森在科研道路上行进的轨迹。

那段时间，在黄祯祥的精心辅导与安排下，毛江森第一个结识的便是脊髓灰质炎病毒，彼时称为脊椎灰白质炎病毒，也就是俗称的小儿麻痹症。小儿麻痹症最可恶的是后遗症，往往造成患者肢体残缺，重者甚至死亡。美国总统罗斯福就是人人皆知的小儿麻痹症患者。

1954 年，小儿麻痹症在中国第一次大流行。那年，长江发洪水。洪水退后，长江下游南通一带出现了小儿麻痹症病毒大暴发。大热天里，人们不敢出门，还要关着窗户。卫生部对此高度重视，及时组织专家攻关，并提出为防止我国小儿麻痹症流行，必须迅速掌握此种疫苗的制造技术。课题下达到中国医学科学院后，院里成立了小儿麻痹症疫苗攻关组，由黄祯祥牵头，毛江森是成员之一。攻关小组计划在 1959 年年底试制生产小儿麻痹症疫苗一万升，供 330 万人次使用。

谁知，小儿麻痹症疫苗攻关战刚刚吹响冲锋号，“大跃进”运动席卷而来。同时，针对那些对运动有不同意见的人开展“插红旗、拔白旗”运动，即将那些有不同意见的人视作“白旗”，统统拔掉。

黄祯祥非常爱国，但对政治运动和人际关系一窍不通，不会自保，莫名其妙地成了坚持资产阶级学术观点的“白旗”。不久，就被免去病毒系主任职务，下放劳动锻炼。毛江森是跟着“白旗”做研究的，于是随着卫生部干部下放团到北京近郊上苑乡劳动锻炼，整天跟着村民学种蔬菜。一天晚上，种了一天蔬菜的毛江森感觉腰酸背痛、疲乏至极，稍作洗漱后准备休息。突然，响起一阵急促的敲门声。毛江森拉开房门，当地一个村民急匆匆跑了进来，脸色十分焦急，话语都不连贯。听了一会，毛江森才明白是这位村民家的小孩生了急病，生命垂危，跑来请他医治。毛江森向老乡解释道自己不是医生，只是研究医学的，不会看病。再说，他是来种菜的，没有带任何医疗设备，连起码的听诊器、药箱都没有。村民一看毛江森不愿去，急得脸色都变了。一个劲地求着他，差一点跪下去。一见对方这样，毛江森心里不忍了。他想，不管怎么说，自己多少懂得一点，先去看看再说吧！

来到患者家，毛江森稍作检查，便发现小孩被浓痰堵塞喉咙，呼吸困难，窒息得脸色发青。但他手上没有任何医疗器械，也没有这类病的临床经验。开始时，他试着用压胸、手抠等办法，但均无效。小孩呼吸越来越急促，眼见性命不保。看来，只有用口吸法了。毛江森毫不犹豫地俯下身去，对准小孩嘴巴用尽全力吸气、吸气，“噗”的一声，将小孩喉咙中那口浓痰尽数吸出。“哇……”小孩大叫一声，立时恢复过来。见儿子被毛江森救活，村民感激地跪地致谢。

这件事不久便在村里传开，很快传到卫生部干部下放团，最后传到了卫生部钱信忠部长那儿。这是个体现干群关系的好典型，卫生部因此将毛江森评为卫生系统劳动模范。后来，卫生部这批劳动模范还在中南海受到了周恩来等领导同志的接见。[①]

荣誉说过去也就过去了。但让毛江森记忆深刻的是，因他救人有功，卫生部机关根据李德全[②]部长的指示，特意分配给他两间小平房，解决了他婚后居无定所的窘境。在当时，能分到北京城内两间房子非常不易。

运动很快过去，医科院复归于平静。院里调长春生物制品研究所所长朱既明[③]出任病毒学研究所所长，同时由病毒学家顾方舟担任脊髓灰质炎研究室主任，负责疫苗攻关，毛江森仍为攻关组成员。小组成员中还有木莹、王见南、曾毅、周秀兰、马国良等人。

那是1958年下半年，医学界还没有办法直接培养小儿麻痹症病毒，只能进行组织培养，也就是让细胞在培养瓶内大量分裂、繁殖。这种细胞培养技术是顾方舟从苏联学来的，具体操作由毛江森等人来做。

---

① 毛江森访谈，2017年5月17日，杭州。资料存于采集工程数据库。

② 李德全（1896–1972），北京人。新中国第一任卫生部部长、第四届全国政协副主席、中国妇女运动领导人、著名爱国人士冯玉祥先生夫人。

③ 朱既明（1917–1998），江苏宜兴人，著名科学家、病毒学家。毕业于上海医学院，获英国剑桥大学哲学博士学位，中国科学院院士。历任长春生物制品研究所副所长、中国医学科学院病毒学研究所所长。

细胞培养需要建立条件，国外一般采用猴肾细胞。但猴肾来源有限、价格昂贵，世界各国都在探索采用其他组织来替代。毛江森主要利用人类胎盘的羊膜细胞进行培植。羊膜细胞是胎盘中极重要的一种细胞，它能保护胎儿，还能为胎儿供给所有养分。在实验中，毛江森发现这种羊膜细胞来源多样便捷且病毒繁殖十分旺盛，非常适合小儿麻痹症病毒的培养，并最终找到了利用羊膜细胞在细胞培养瓶里大量繁殖小儿麻痹症病毒的方法。①

与此同时，毛江森他们也用国外进口的肿瘤细胞进行传代繁殖实验。略知生物学常识的人都知道，肿瘤细胞可以一代代传代繁衍，但又可能会变成多倍体细胞。有的细胞传了若干代后传不下去，死亡了。但羊膜细胞是一种特殊传代细胞，虽然它会丧失生命周期，但在体外短期内可以稳定增殖和传代。为此，毛江森他们认定羊膜细胞是脊髓灰质炎病毒繁殖的最好细胞之一。

当时，国内病毒学研究刚刚起步。囿于条件，肿瘤细胞都从国外进口，从长远看，免不了受制于人。如何改变这种被动局面呢？初生牛犊不怕虎的毛江森竟雄心勃勃地提出建立中国人自己的细胞系。没有想到的是，他这一充满理想色彩的提议居然被攻关小组接纳，成为攻关内容。

让这些细胞在体外不断繁衍增殖、形成细胞系，需要做大量繁殖实验。毛江森对细胞从第三代开始传到第七代这一阶段的专业并不熟悉。好在有协和医院何申教授牵头的胚胎组，两人合作攻关，共同开展病毒组织培养技术研究。经过无数次实验，他们终于建立起中国人胚肾传代细胞，简称 MERN 株。这是第一株由国人自己建立、用于病毒工作的膜细胞，其性能优于从美国引进的人宫颈癌细胞系（Hela），对后来肠道病毒、麻疹病毒及甲肝病毒研究都有贡献，传代使用至今。

不久，国家采纳顾方舟建议，将病毒所人员一分为二。顾方舟亲率部分技术骨干前往昆明，筹建中国医科院昆明医学生物研究所，专事脊髓灰质炎疫苗试制。大部分成员仍留在病毒所本部，时为助理研究员的毛江森

---

① 曾毅，毛江森：人羊膜细胞培养方法的研究。《微生物学报》，1963 年 2 月第 9 卷第 1 期，第 48-52 页。

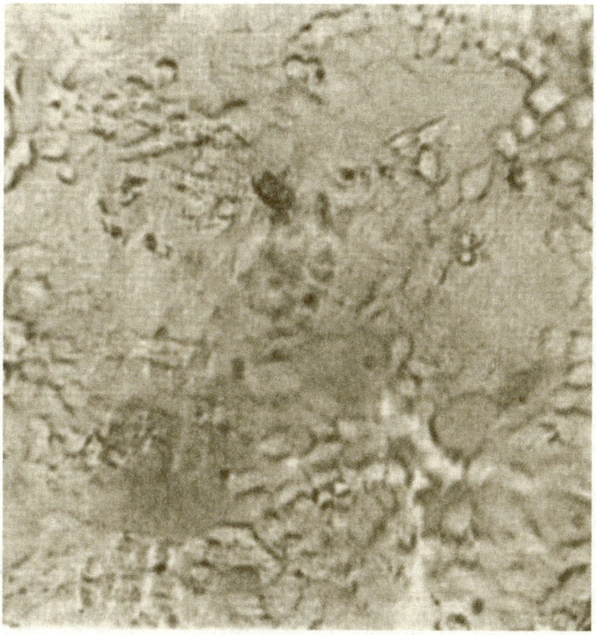

图 2-1　人胚肾传代细胞（MERN 株）第 18 代形态图[①]

也被留下。自此，毛江森与同事们一起从事小儿麻痹症疫苗反应性、安全性研究，调查小儿麻痹症病毒在肠道内繁殖的条件，研究肠道内其他病毒对小儿麻痹症病毒的干扰，测定病毒滴度。

知己知彼，百战不殆。在科研上做一个课题，先得搞清楚别人在这个问题上已做了什么、解决了什么，还有什么需要解决，你想解决什么。毛江森做的第一件事是广泛涉猎有关小儿麻痹症疫苗的信息。他看到美国、苏联、捷克、荷兰、新加坡等国科学家先后在志愿者或小儿身上做过实验，证明减毒株在进入这些试验者肠道后迅速繁殖并产生抗体；即使原先血液中已有抗体的人在服用减毒株后，抗体也有不同程度增长。中国医科院病毒系曾于 1959 年 7 月用苏联产小儿麻痹症活疫苗在 2000 余名 7 岁以下小儿身上进行试验，收集了 700 余份血清，亟待持续研究。

在以毛江森为主撰写的课题研究报告中，他明晰指出设立这个研究课

① 毛江森，孙白英，刘金莲，等：一株人胚肾传代细胞（MERN 株）的生长和对肠道病毒的敏感性。《微生物学报》，1963 年第 9 卷第 1 期，第 42–47 页。

题的目的是了解我国自主生产的小儿麻痹症减毒活疫苗的抗原性质，为我国今后广泛使用此种疫苗提供科学根据。课题报告还详细列出了实验的主要内容、方法、步骤、研究对象、时间进度、人员组成、技术设备等。总之，课题计划书要多详细有多详细、要多具体有多具体。

课题计划书送上去，很快获得院所两级批准。于是，一个新的研究课题立项并上马。研究人员首先从中和抗体入手。因为血清中脊髓灰质炎中和抗体的存在是机体免疫状态的重要特征，亦是评价接种后疫苗免疫效果的主要指标之一。1960 年 4 月中旬，经卫生部批准，在北京市有关部门安排下，研究小组选择卫生条件较好的 5 个托儿所 264 名小儿开展小儿麻痹症减毒活疫苗人体实验研究。这些托儿所均为全托，小儿年龄为 6 个月至 5 岁不等。提前 3 天对那些参加疫苗实验的小儿进行静脉采血；3 天后，让那些小儿口服 I 型活疫苗；间隔 6 周后，服用Ⅱ型活疫苗；间隔 4 周后，再次静脉采血，然后进行血清分离，置放于 −15℃冰冻环境保存，用前经 56℃高温灭活 30 分钟。实验结果表明，在口服 I 型、Ⅱ型活疫苗前，实验对象血清中同型抗体均为阴性，即没有抗体；服用活疫苗后，中和抗体阳转率分别达到 95.4% 和 94.0%，I 型总增长率为 91.4%，Ⅱ型总增长率为 86.4%。这些结果比当时其他国家报告的有效数稍高，证明我国自已制备的小儿麻痹症减毒活疫苗具有良好的免疫效果。

转眼到了 1960 年年底，毛江森开始着手计划开展不同地区居民抗体水平调查。居民抗体水平可以代表该地区小儿麻痹症病毒散播及居民的免疫状况，对合理使用疫苗有重要参考价值。同时，进行活疫苗病毒在肠道内如何繁殖的动态研究，探究我国制备的小儿麻痹症活疫苗的免疫学效果，可为更大规模应用该疫苗提供参考。课题组根据实验要求，选择沈阳、广州、大连、包头等 7 个城市，从南到北各选一个乡村作为实验地区，并将小儿按不同年龄分成 8 个实验人群。作为课题组主要成员的毛江森，在小儿口服活疫苗前一周就收集参加实验的婴幼儿粪便。在小儿口服活疫苗之后，每周收集粪便一次。然后，他将这些实验者粪便置于 −15℃冰冻环境中保存。开始实验时，将粪便标本化冻，离心沉淀 30 分钟，吸取上清液；再用猴肾组织培养单层细胞，并用小鼠分离和鉴定肠道病毒，直接在猴肾单层上皮细胞上测定出脊髓灰质炎病毒的滴度，同时测定血清中的中和抗体。实验发现，在易感小儿肠道组织内，Ⅰ型及Ⅱ型活疫苗繁殖率均高达百分之百；粪便中活疫苗病毒的滴度以口服疫苗后第一、第二周为最高。证明我国制备的Ⅰ型、Ⅱ型小儿麻痹症活疫苗病毒在小儿肠道组织内有良好的繁殖能力。

免疫前不同抗体水平的小儿服
疫苗后中和抗体四倍增长百分率

免疫前抗体滴度	免疫后抗体四倍增长百分率	
	Ⅰ 型	Ⅱ 型
<1:4	95.4	94.6
1:4～1:64	93.1	93.3
1:256～1:1024	60.8	44.1
总 計	91.6	86.4

图 2-2 小儿麻痹症患者口服减毒活疫苗实验数据[①]

一组组实验数据相继出来，一个个结论逐渐明晰。毛江森将研究和实验结果通报给昆明医学生物所。其间，毛江森与顾方舟等人合作撰写了 6 篇有关小儿麻痹症病毒及疫苗的论文。其中，由他领衔、顾方舟等人联署的《小儿口服脊椎灰白质炎单价活疫苗（Sabin 氏减毒株）的免疫学效果 Ⅰ 血清学反应》论文在 1962 年第 7 期《中华医学杂志》上发表后，获得广泛赞誉。

毛江森的工作从理论和实践两个方面，助力顾方舟团队的小儿麻痹症活疫苗研制工作。1960 年，经过动物试验和人体试验，顾方舟团队研制出脊髓灰质炎活疫苗。同年 12 月，首批 500 万人份疫苗生产成功，在全国 11 个城市推广。1962 年研制成功糖丸活疫苗。2000 年，中国彻底阻断了脊髓灰质炎的传播，成为无小儿麻痹症的国家。这是全体国人共同努力的结果。其中，顾方舟居功至伟，毛江森也功不可没。

① 毛江森，刘宗芳，王见南，等:《小儿口服脊髓灰白质炎单价活疫苗（Sabin 氏减毒株）的免疫学效果 Ⅰ 血清学反应》。《中华医学杂志》，1962 年第 7 期，第 411–414 页。

中国干扰素研究的先行者

“大跃进”过后，黄祯祥又回复到原先的生活轨道上。只是，病毒系已改称为病毒所，黄祯祥也没有担任病毒所主任，而是担任所属的麻疹病毒室主任，主攻研制麻疹疫苗。院里给他配了几名研究人员。毛江森在结束脊髓灰质炎疫苗测试工作后，再度回到黄祯祥身边，协助他处理杂务。

表面上看似平静的生活，在流逝过程中出现了一个转折。1961 年上半年，3 年自然灾害影响逐步褪去，国家经济开始复苏，党的工作指导思想和科技政策有所调整。同年 6 月，国家科技委、中国科学院党组提出《关于自然科学研究机构当前工作的十四条意见》，简称《科研十四条》，报经中共中央同意后下发。《科研十四条》主旨在于纠正知识分子政策中某些“左”的错误，纠正对知识分子的片面认识和简单粗暴作风。文件还针对一些老教授、老科学家年事渐高、精力不济的现状，从国家长远发展考虑，特别提出“应当尽力物色优秀的青年担任有突出成就科学家的工作助手或当研究生，大力加以培养”。

配备助手有点像“自由婚姻”。首先，由老科学家自己挑选。当时，病毒所私下流传着“一所三杰”之说，毛江森就是其中“一杰”，且是最年轻、干得最猛的一个。[①] 爱才惜才的黄祯祥自然看在眼里、喜在心头。他十分欣赏这位学业有专攻的年轻人，想给这位年轻人搭建一个台阶，并让他在若干年后接班。于是，黄祯祥明确提名毛江森做自己助手。其次，选助手自然也要征得被选人同意。毛江森虽然很高兴有机会跟着黄祯祥搞科研，但又有点犹豫不定。黄祯祥当时正在倾力研究麻疹，需要一个能在政治上对他有所助益的人，而不仅仅是在科研上。毛江森觉得自己在政治上帮不上他什么忙，说不定还会给他添乱添堵。毛江森的这些想法显然与

① 毛江森儿子毛子旭口述访谈整理，2018 年 4 月 3 日，江山。资料存于采集工程数据库。

配助手政策的宗旨不相符，也与黄祯祥选他当助手的初衷不吻合。过了一段时间，这事惊动了院领导。院领导说："把毛江森配给黄大夫做助手，这是组织决定。毛江森是共产党员嘛，这事就这么定吧！"

角色确定之后，毛江森就集中精力思考起自己的科研课题。在中国，麻疹是儿童致死最严重的疾病之一，研究麻疹病毒的确重要。毛江森本来对麻疹病毒研究也很感兴趣，但出乎他预料的是，黄祯祥并没有让他参加自己主持的麻疹疫苗研制工作，而是希望毛江森全力以赴开展干扰素研究。直到后来，毛江森才体会到黄祯祥在病毒研究中的高瞻远瞩与良苦用心。

这是中国最早开展的干扰素研究。放目望去，理论与实践的田野上一片空白。在黄祯祥指导下，毛江森查阅了一些文献，认识到干扰素非常重要。干扰素是一种具有高度种属特异性的蛋白质。感染病毒后，人或动物体内原有细胞会产生一种抗御病毒的物质，它能保护细胞免受病毒侵袭、抑制病毒繁殖。这种蛋白物质就是干扰素，也被人们理解为一种近似药物的物质。虽然医学界对人或动物存在的病毒干扰现象早已知晓，但直到1957年英国人埃里克在流感实验中分离出一种糖蛋白，才找到了干扰素的物质基础。

从一开始，毛江森就希望能找出一条中国人研究干扰素的新路。他没有重复英国人用流感病毒建立干扰素研究模型的做法，而是改用乙型脑炎病毒来做干扰素模型。在中国，流行性乙型脑炎是严重威胁人民健康的一种疾病，患者病死率非常高。黄祯祥和毛江森的目的明明白白、清清楚楚：为乙型脑炎找到一种抗病毒的物质，最好能找到治疗乙型脑炎的干扰素，然后用干扰素治疗乙型脑炎，降低乙型脑炎的高死亡率。

研究干扰素，首先要弄明白在病毒成分中谁是刺激细胞产生干扰素的物质。有人认为，病毒 RNA 或病毒内部的核蛋白是刺激细胞产生干扰素的主要成分。但毛江森发现，RNA 诱发的干扰素需在 13 天后才能查到，与干扰素产生的时序并不吻合。毛江森对此提出了质疑，并决定另辟蹊径，用流行性乙型脑炎病毒核酸进行干扰素产生的动态研究。他在实验中发现，病毒初发感染者的干扰素滴度要低于全病毒初发感染者。由此证明，单纯病毒 RNA 并不是唯一的干扰素诱发者。这促使毛江森得出这样一个推理：干扰素诱发因子可能是病毒内部结构中某种核酸与某种蛋白的结合物。这一发现和推理让毛江森十分兴奋。他不断地将这些思路和实验结果与导师黄祯祥分享，并在黄祯祥的指导点拨下不断完善研究思路和方法，将其上升为理论。

接下来，毛江森又在黄祯祥指导下，开始研究外界因素对干扰素产生的影响，进行温度和酸碱度对流行性乙型脑炎病毒影响的实验。他研究流行性乙型脑炎病毒感染鸡胚细胞后，病毒的繁殖与干扰素的释放动态；研究温度对流行性乙型脑炎病毒在鸡胚细胞上繁殖滴度和干扰素产生动态的影响；研究病毒培养物中不同碳酸氢钠含量和不同酸碱度对干扰素产生和病毒繁殖的影响；研究在鸡胚细胞中高繁殖滴度流行性乙型脑炎病毒的培养等。毛江森把但凡有可能与干扰素产生的种种因素都考虑进去，逐一验证。实验结果表明，温度及酸碱度与病毒和干扰素产生的关系十分密切，以至于不能离开温度和酸碱度来谈病毒繁殖和干扰素产生的滴度。与病毒繁殖一样，产生干扰素也有其合适的温度与酸碱度范围。温度升高，有利于干扰素产生，但病毒感染滴度下降；温度过低，病毒繁殖滴度也下降。毛江森认为，这有可能是在提示人们，温度对病毒繁殖滴度的作用部分受到干扰素的影响；在酸碱度方面，有较宽的酸碱度范围适合于产生干扰素。

要详细描写这类实验是困难的。这里充斥着大量的数据、术语，对于一般读者而言，简直像看天书。其实，实验只是证明其思路的手段与途径。毛江森全身心投入干扰素研究中，其间风风雨雨、坎坎坷坷。3 年之后，他们构建了干扰素系统，并通过这个系统找到了干扰素。这是中国人研究干扰素最早的成果。与此同时，毛江森他们先后在《中国科学》《微生物学报》上发表 6 篇论文。其中,《流行性乙型脑炎病毒感染性核酸（RNA）感染鸡胚细胞干扰素产生的动态》一文代表了毛江森、黄祯祥干扰素研究的最高水准。论文全面阐述和论证了干扰素产生的系统与条件，引起医学界高度关注。

在病毒组分中何者是刺激细胞产生干扰素的物质，这一问题尚没有解决。不完全流感病毒（S 抗原和 RNA 不足）是一种弱干扰因子的事实似乎指出，病毒RNA或病毒内部的核蛋白是刺激细胞产生干扰素的主要的病毒组分。最近用自正常鼠胚组织提取的RNA和商品RNA在鸡胚细胞研究干扰和干扰素的结果，进一步支持RNA是刺激细胞产生干扰素的病毒组分的观点。然而，商品RNA诱发的干扰素仅在13天后才能查到，这种产生时序与病毒诱发者并不相似……如果在病毒RNA和全病毒初发感染后，对其病毒和干扰素的产生进行动态的比较，或许有助于认识RNA在刺激干扰素产生中的作用。我们进行了这方面的研究，发现用病毒RNA初发感染者干扰素滴度较全病毒初发感染者为低。①

对此，有病毒学家后来指出：

毛江森率先在我国开展干扰素研究，发现乙型脑炎病毒——鸡胚单层细胞是良好的干扰素产生系统，较系统地研究了影响干扰素产生的各种条件，获得高浓度干扰素的方法，并阐明D_2O对病毒增殖的促进作用与抑制干扰素有关。在《中国科学》及《微生物学报》上发表有关研究论文6篇，促进了我国干扰素研究工作的开展。

这样的评价，自然是客观而公正的。

作为研究本身，到这里似乎就算成功了，应该结束了。但毛江森却未停下脚步，因为他发现从实验中得出的结论是成立的，但要将其变为现实却不乐观，甚至让人失望。用实验室细胞培养体系得到的干扰素，其浓度远远达不到治疗病毒的要求。如果用这种小剂量、低浓度的干扰素治疗角膜病毒，可能还有点效果；如果治疗全身性病毒病，就必须有大剂量高滴度的干扰素。毛江森给别人打比方说，他们研究建立起来的干扰素模型有点像一张看上去很美、闻起来很香，但却不能充饥解饿的画饼。

怎么办？当时，中国已成功地用人工方法合成胰岛素，这一消息无疑

① 毛江森，黄祯祥：流行性乙型脑炎病毒感染性核酸（RNA）感染鸡胚细胞干扰素产生的动态。《微生物学报》，1965年第11卷第3期，第326-329页。

给毛江森以激励和启发。看来，用细胞培养方法做干扰素绝无可能，那么是否也可以走生物工程的路子，人工合成干扰素呢？于是，毛江森决定到协和医学院进修生物化学专业，师从李士谔[①]教授。

恰在此时，美籍华人学者牛满江[②]在《美国科学院院报》上发表多篇论文，文章指出分离出的信使核糖核酸（mRNA）可在试管内，也就是细胞体外诱导多种生物大分子合成，如普通酶、血清、白蛋白等都可以在试管内表达。如果这是真的，病毒学将发生一场革命性嬗变。这一“科研成果”一时轰动世界，全球科技界充满叫好之声。作为酶学专家的李士谔对此也极感兴趣，他与毛江森商量，试着开展这方面实验。

根据李士谔亲自设计的实验路径，毛江森用大半年时间反复多次进行验证性实验，但结果却与牛满江所发论文的结论不符。毛江森发现那些关键数据总是在边界上游移，多次的实验证明，牛满江实验室提供的数据不可靠、不可信，毛江森认为他们把一组组经常游移的、没有显著性意义的数据作为确定的、有显著性意义的数据，误导了国际科学界。

毛江森不得不把情况汇报给李士谔。当李士谔在充分听取毛江森介绍的实验情况后，用商量的口吻征询毛江森意见时，毛江森态度坚决地建议停止这个实验。让毛江森没有想到的是，李士谔很快采纳了这个建议。在当时那种被吹得神乎其神、捧得又红又紫的环境和氛围里，如实记录实验数据、理智说出事实真相并提出相反建议，揭穿科研上不诚信现象，需要极大勇气。毛江森感觉自己并不孤单。因为质疑者中，除了李士谔领衔主持的课题组外，还有中科院著名生物化学家邹承鲁[③]教授。邹承鲁曾在牛满江学术报告会上当面质疑其实验结论，并公开与其辩论。

---

① 李士谔（1919–2014），四川成都人，著名生物化学家。早年就读于昆明西南联大和金陵大学，获硕士学位。40 年代末留学丹麦和美国，获德克萨斯大学哲学博士学位。

② 牛满江（1912–2007），美籍华人学者，原籍河北博野。毕业于北京大学生物系，后赴美留学，获斯坦福大学博士学位。先后任斯坦福大学生物系、洛克菲勒大学生物系、费城坦普尔大学研究员、副教授、教授，长期从事胚胎学研究。

③ 邹承鲁（1923–2006），祖籍江苏无锡，出生于山东青岛。著名生物化学家，中国科学院院士，近代中国生物化学奠基人之一。

不久，美国一家实验室也发表论文，公布他们用牛满江设定的同样条件，实验结果却与之不符。这篇论文似乎隔空支持了毛江森课题组的质疑。后来证明，毛江森是正确的、理性的，在当时的科技条件下，牛满江的实验结果完全不可能，他们根本提取不到活性的 mRNA，也就是信使核糖核酸。因为，彼时还没有出现抑制酶的物质，信使核糖核酸在提取过程中全部被核酸酶降解掉，哪里还有完整的核酸链。只有等到科技界发现一种保护酶的物质后，提取活性核酸链才有了可能。

这一次有关科学诚信、科研道德的经历，给毛江森留下终生难忘的印象。毛江森以自己的行动证明：他与虚假、虚荣格格不入。

事情过去，毛江森仍继续研究思考着干扰素问题，这种研究与思考体现在他的一篇重要论文中。他在那篇论文中提出，病毒感染细胞以后产生的抗病毒物质很可能不止干扰素一种，可能还有许多其他蛋白，只是人类目前还没有发现。后来的科学研究证明，毛江森的预测十分正确：许多细胞因子就是在病毒受干扰后被诱导产生。

从重水中捕捉氢原子

有段时间，毛江森迷上了“重水”。

在普通人眼里，重水与普通水极其相似，也是无色无味的液体。但在毛江森眼里，重水是一种特殊的充满了神秘感的东西。在天上地下循环、江河湖海流动的自然水中，重水仅占 0.02%，基本上可以忽略不计。它是由氘和氢组成的化合物，分子式是 D_2O，重水分子质量比普通水分子质量高出 11%。1931 年，美国人尤里（H.C.Yuri）和布里克维德第一次从液氢中发现了氢的同位素氘原子，揭开了重水之谜。1933 年，美国人路易斯（G.N. Lewis）和 R.T. 麦克唐南应用减容电解法，第一次得到了人工制作的重水。1934 年，挪威人利用廉价的水力发电，建立起世界上第一座重水生产工厂。后来，美国科学家在研究原子弹时发现，重水能影响病毒滴度，从而引起病毒学界乃至整个科学界的关注。

在先期研究流行性乙型脑炎病毒感染鸡胚细胞干扰素产生的动态中，独具慧眼的毛江森已经发现，随着培养温度升高，干扰素产生滴度也在提高，而病毒感染度却在下降。再经查阅国外文献，看到国外已有专家观察到重水对大肠杆菌体和脊髓灰质炎病毒的影响。这一现象引发了毛江森的浓厚兴趣：难道，重水对病毒有作用？如果有，它的作用机制是什么？

毛江森马上意识到，搞清重水对病毒的作用机制在理论上对病毒的认识与研究具有重大意义，在实践中对热稳定性低的毒株的分离、培养与保存亦非常有价值。当他将想法说给黄祯祥并获得认可后，就立刻付诸行动，着手开展研究。一个在外人看来有点稀奇古怪的实验就此拉开帷幕。

当时，国际上研究重水的人还不是很多，中国与世界先进水平的距离也不是很遥远。就像一场同样起跑点的百米竞赛，就看哪一位运动员善于超越。

最早的研究从重水对脊髓灰质炎减毒株繁殖有无影响开始。在实验室里，毛江森采用人肾原代细胞来繁殖脊髓灰质炎病毒。实验过程单调枯燥，但实验结果却让毛江森欣喜。实验证明，重水能明显提高脊髓灰质炎Ⅰ型减毒株的繁殖滴度。重水的这种作用在于细胞本身，还是在于病毒？毛江森进一步做了研究，他在细胞生长的不同时间节点加入含有重水的培养液，或在维持液中加入同样浓度的重水，或只在维持液中加入重水，进行比较。结果发现，在接种病毒前加入重水，对病毒滴度有提高作用；如果只是在维持液中加入重水，则对病毒滴度没有明显作用。由此证实，病毒滴度的提高缘于细胞受到重水的作用。

初战告捷。毛江森接着展开重水对流行性乙型脑炎病毒的作用机制研究。他找来两种不同的病毒株，一株来自广东中山，一株产自北京当地，均出自小白鼠脑组织繁殖。又找来用 11 日龄发育良好的鸡胚，制作成鸡胚单层细胞。实验表明，重水对流行性乙型脑炎病毒在鸡胚细胞中的繁殖具有作用，且时间愈长，作用愈加显著；经重水处理的细胞合成的病毒对热的稳定性明显提升；重水会减少流行性乙型脑炎病毒在鸡胚细胞中干扰素的产生。这些重要发现使毛江森极为激动。尤其是重水会减少干扰素的产生机制，让他陷入深深的思索：是否重水直接作用于细胞产生干扰素的代谢过程？是否因为重水改变了病毒的热稳定性，使之不容易被灭活，从而抑制干扰素产生？毛江森自然也知道，重水会使机体酶促反应迟缓、代谢率下降。那么，是否细胞经过重水处理，原先在细胞中繁殖的病毒由于结构中部分氢原子被氘原子所取代，导致热稳定性增加，从而减少了培养液中灭活和半灭活病毒的含量，而这些病毒有可能就是诱发产生干扰素的基础？这些分析与推理，有些明晰，有些朦胧；有些是直觉，有些是理性。毛江森如同一个闯入无人区的探险家，兴奋中充满理智，期待中孕育突破。

若干年后，以毛江森为第一作者、黄祯祥联署的《重水（D_2O）对流行性乙型脑炎病毒在鸡胚细胞繁殖的作用及其机制的研究》一文在《微生物学报》上发表。论文的标题同样专业而拗口，但论述思路清晰、结论明确，令人不容置疑。

> 在流行性乙型脑炎病毒——鸡胚单层细胞系统研究了重水（D_2O）对病毒作用和作用机制。在经过30%–40%重水处理的细胞繁殖的病毒感染滴度明显增高。实验证明，这个感染滴度的增高不是由于细胞敏感性的增加。发现有两个因素与重水的上述作用机制相关：①重水处理的细胞繁殖的病毒对热（50℃）稳定性有明显增高；②重水处理的细胞产生干扰素的滴度有一定下降。
>
> 重水处理的细胞中繁殖出的病毒对热稳定性增加这一事实指出，病毒结构中的氢原子被氘原子取代后，病毒的结构趋向于稳定。这一结果将有助于阐明热灭活病毒的机制和病毒结构与功能的关系，对于提高病毒的感染滴度和保存病毒亦可能有实际用途。[①]

取得阶段性成果后，毛江森又将研究目光投向更高远的方位、更艰难

---

① 毛江森，黄祯祥：重水（D_2O）对流行性乙型脑炎病毒在鸡胚细胞繁殖的作用及其机制的研究。《微生物学报》，1966年第1卷第12期，第24–28页。

的靶点：如何鉴定病毒里重水的含量。毛江森给自己设定的目标是——要有定量。过去没有，恐怕也没有人想过这个问题。当然，以前也许没有办法定量，因为以前世界上还没有那样的设备可以检测。但眼下已有了质谱仪和质谱法[①]。利用质谱法，是否可以通过测定原子量、同位素丰度而确定元素组成等？毛江森想通过研究搞明白，在病毒中重水的含量是多少、到底有多少个氢离子被重氢离子取代。这种定量对于病毒研究具有重要价值。寻觅，苦苦寻觅。但几年过去，囿于当时的环境和条件，毛江森还是没有找到一种可以直接测定病毒颗粒中氢氘置换的方法。他对重水的定量研究被迫搁置。这一搁置，竟近 40 年。直到 2000 年，在即将卸任浙江省医学科学院院长职务的前夕，毛江森才再次开始对重水的定量研究。

当然，此时重水研究需要的人财物条件与往昔已不可同日而语。毛江森组建了研究团队，并与刚从美国回来的浙江大学刘子阳团队展开合作研究，用 3 年时间构想出基于气体同位素的质谱分析法。接着，用这种分析法建立了测定病毒样品 D/H 比值的方法。终于搞清楚在一个生物大分子结构中含有多少重水，最终推导出一个公式。人们通过公式运算，就可以明明白白知道在一个大分子核酸链里有多少普通氢被重氢取代。

这个公式后来在美国化学学会机关刊物《质谱快速通讯》上发表，国际学界震动颇大。美国一些专利机构纷纷来电来函，希望毛江森团队申请美国专利，造福人类。美国化学学会还邀请毛江森加入该会，并请毛江森在美国召开的学术会议上作报告。思维特别的美国人还给毛江森制作了一只纪念奖杯，造型是个大写的英文字母 H，真是形象生动、寓意深刻。

毛江森团队还专门为此申请欧洲专利。欧洲人对毛江森团队的重水研究作了全面整理，在对全世界重水研究成果排队中，认定毛江森团队是当时国际上贡献最大的团队，并同意授予欧洲专利。

是啊，在宇宙所有元素中，氢是最多的原子；在人体所有元素中，氢是最多的元素。此后，这奖杯一直放在毛江森那简陋的实验室里。疲倦

① 质量是物质的固有特征之一，不同的物质有不同的质量谱——质谱。利用这一性质，可以进行定性分析（包括分子质量和相关结构信息）。质谱法是将被测物质离子化，按离子的质荷比分离，测量各种离子谱峰的强度而实现分析目的的一种分析方法。

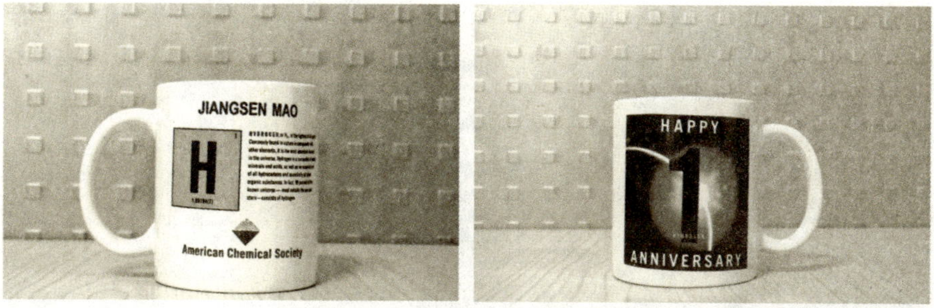

图 2-3　美国化学学会赠予毛江森的纪念杯

时看上一眼，就觉得自己刚刚踏上研究重水之路，还有许多课题在召唤自己。

科学思想比科学实验更重要

历史的车轮驶入 20 世纪 60 年代后，中国大地上政治风云越来越浓密，给人“山雨欲来风满楼”之感。但在中国医学科学院病毒学研究所，一时似乎还风平浪静。这段短暂时间成为毛江森难以忘怀的“黄金时刻”。

毛江森当时在协和医科大学进修，住处距离协和图书馆不远。这对于酷爱读书的毛江森而言，真有点近水楼台先得月之幸。更为难得的是，国家出钱为协和图书馆订阅了许多外文书刊，即使在三年困难时期，也没有削减外文书刊数量，为国内科技人员提供了最新科研信息。白天办公室，晚上图书馆，两点成一线。为了有更多时间看书学习，毛江森总是第一个到图书馆，也总是最后一个离开。那段时间，留给大儿子毛子旭童年生活的唯一记忆是：每天放学回家后，他胸前挂着一串钥匙，在暮霭夜色中等待着父母下班。不是一天两天，而是天天如此。

彼时，毛江森一家有 7 口人：除夫妻俩外，一个儿子，加上一起生活的母亲和岳母。有段时间，姐姐家里经济困难，母子俩也跑来北京，吃住在毛江森家里。毛江森夫妻俩收入并不高，家庭经济状况捉襟见肘、衣食

图2-4 毛江森家庭合照（1966年）

有虞。三年困难时期，一家人每餐吃窝窝头，营养明显不足。毛江森饿得面黄肌瘦，直至染上肝炎，在家休息了3个月才痊愈。幸亏毛江森的母亲持家有方、精打细算、缝缝补补，一家人方可勉强度日。

困难时期终于过去，生活条件有所改善。那年秋天一个周日，有位朋友给毛江森全家拍摄了一张极为珍贵的合影，记录下毛江森当时的生活境况。照片背景是毛江森一家居住的协和医院家属楼。灰砖砌成的墙壁，有的砖缝处已见裂纹，上面到处都是石灰渍痕，显得斑驳陆离。开设在墙体中间的窗户，木框破旧粗陋。毛江森内穿白色衬衣，外面套着一件黑色工装，与妻子并肩站着，脸上露出久违的笑容。夫妻俩前面是坐在条凳上的母亲和岳母，大儿子毛子旭则站在奶奶和外婆中间，咧开小嘴乐呵呵地笑着。

物质生活继续艰苦着，但毛江森觉得欣慰的是，他又可以一心一意泡图书馆里了。

毛江森给自己立下一个高远的学术目标：研究病毒感染细胞的机理。他要搞清楚，病毒这么一个简单的核蛋白，是如何表现生命过程、如何与另一个细胞发生关系、如何表现自己的信息和复制自己的信息、如何使细胞受到损害而细胞又是如何抑制病毒合成的。[①]

围绕着病毒与细胞这对冤家对头，或者说是孪生兄弟，毛江森要搞清

① 毛江森：病毒感染细胞的机理。《国外医学动态》，1965年第6期，第1–11页。

楚的问题实在太多太多。那段时间，毛江森天天泡在协和图书馆里，一遍遍阅读国外同行的学术论文和实验报告，总共有 140 多篇。记不清多少个夜晚，毛江森在病毒学的海洋上泅游、在病毒学的时空间穿越。他由此“结识”了一大拨病毒学界的明星大腕，熟识了病毒学研究的轨迹，了解了病毒学界的最新信息。而且，“邂逅”了美国威斯康星大学的特明（Temin）教授。

1909 年的一天，在纽约洛克菲勒研究所工作的病毒学家佩顿·劳斯（Pegton Rous）开门见到一位不速之客。一位来自新泽西州的农夫给劳斯带来一只病鸡，鸡身上长着一个大肿瘤。农夫知道劳斯在研究肿瘤，不知这只病鸡对他有无作用，丢下病鸡就走了。劳斯送走那位农夫后，一刻也没有停留。他把鸡身上的肿瘤切下来，碾碎、过滤，然后将那些滤液注入一批健康的鸡体内。结果，这批健康鸡都毫无例外地得了癌症。劳斯又将这批鸡的肿瘤液汁倒入一个小过滤器中，过滤出细菌和细胞。结果，劳斯的实验证明病毒注入健康鸡体，会导致固体肿瘤或恶性肿瘤的发生。1911 年 1 月 21 日，劳斯发表论文，宣布从鸡身上发现了肿瘤病毒，并将这个肿瘤病毒命名为“劳斯肉瘤病毒”。

但当时，人们对此并没有引起足够重视，因为人们普遍认为动物身上的癌症病毒与人不同。再说，那时研究肿瘤病毒的科学家并不多。有人做过粗略统计，若将当时全世界研究肿瘤病毒的科学家聚在一起，还坐不满一桌。到了 20 世纪 50 年代末、60 年代初，癌症研究才成为一大热门，癌症病毒研究也随之成为一个极富想象力的领域。一大批主流科学家开始涉足癌症病毒研究。美国加州理工学院著名病毒学家杜尔贝克（Renato Dulbecco）就是这个领域的领军人物。1960 年，他领导的团队使用多瘤病毒，在体外成功地使仓鼠的成纤维细胞转化为癌细胞。

几乎同时，威斯康星大学另一位出生于 1934 年的病毒学教授特明也在紧紧跟踪肿瘤病毒研究的脚步，提出了一系列新理念。特明在实验中惊奇地发现：“劳斯肉瘤病毒”的 RNA 原浆中居然有 DNA 存在。因为这与正统的遗传信息中心法则产生了尖锐冲突。中心法则认定，人或动物的遗传信息在细胞核 DNA 内，信使 RNA 从细胞核 DNA 链上录下分子编码信息，然后携带这一信息在细胞核外译传给有机分子，从而合成所需的蛋白质形式，成为人或动物细胞。这个中心法则在当时科学界占据绝对的统治地位，与此相反的观点都被人们视为异端邪说、荒谬至极。其实，这是我们后来所知的“逆转录酶”现象。当时，特明认为这可能是少量的DNA物体遗留在RNA原浆中。但在1964年，他把自己的观察、研究、思考与猜测写进论文中，发表在美国科学院院报《PNAS》上，以这种方式征求国际同行的意见，期待着有人与他共同研究并揭开这一病毒现象的奥秘。

就这样，毛江森与特明通过这样独特的桥梁“邂逅”了。他看到了特明的这篇论文，也看到了这个信使RNA变为细胞核DNA的逆向现象，眼前瞬间一亮。毛江森感谢特明的这个发现，但他根据自己对病毒的研究，不太同意特明关于这是细胞核DNA前体的结论。毛江森认为，这可能是一种信使RNA向细胞核DNA的逆录。也就是说，这种病毒酶有可能是先获取信使RNA，然后制作出细胞核DNA，接着再继续制造信使RNA，并用有机物质合成蛋白质形式。因为从物理化学的角度看，有很多化学反应实际上都可逆。如果真是这样，人类对细胞与病毒学的认知将发生巨大变化。

这是个重要的科学发现与科学思考。这一发现与思考让毛江森一下子站到了国际病毒学理论思维的前沿，使他成为当时世界上少数几个关注并思考逆转录酶问题的科学家之一。这样的科学发现、思考与猜测必须写出来。毛江森顿时思绪滚滚、不可抑制。几个昼夜连轴转，毛江森写出了一篇凝结着科学思想火花和研究结论的论文《病毒感染细胞的机理》。该论文分为病毒的吸附和穿入、病毒在细胞内增殖以及与细胞的相互作用、病毒的成熟、结语四个部分，围绕病毒感染细胞和增殖机理这一命题分析病毒如何表现其生命的过程。同时，对病毒如何与另一生物（细胞）发生关系、如何表现自己的信息和复制自己的信息、如何使细胞受损害、细胞又如何抑制它合成等问题作了系统而全面的科学阐述，提出了许多富有创见的观点。在论文的“病毒蛋白质的合成”部分，毛江森写道：

上述结果说明，病毒感染时信息的传递与正常细胞信息传递可能有基本的相似点。当然，这方面的研究目前还刚开始，了解得还很少。例如，最近 Temin 报告，在 Rous 肉瘤病毒（RNA 病毒）感染的细胞中可分离出与病毒 RNA 相似的新的 DNA。如果属实，说明信息也有可能从 RNA 传给 DNA，这与目前对细胞信息传递的概念完全不同，尚需进一步研究。

这篇论文发表在中国医科院《国外医学动态》上。因为当时院报编辑听说毛江森在研究这一课题，就约他写了篇综述性文章。就论文发表的所谓“规格”看，不是特别高，毛江森在国内外一流学术刊物上发过多篇论文。不过，毛江森自己比较看重这篇论文，自认为是他一生中最好、最重要的文章。之所以如此评价，是因为这篇文章包含了毛江森极其重要的科学思想。这些科学思想超越了同时代科学家认知的水平，具有前瞻性和预见性，体现了毛江森在科学研究思路上的创新。在他看来，科学思想或科研思路远比一个个具体的科研实验重要得多、有价值得多。

科学思想冒出火花，自然还需要许许多多的实验来验证，需要理论的系统化。有两个人沿着同一个科学思路研究了多年，并于 1975 年获得诺贝尔医学或生物学奖。他就是那个发现病毒逆转录酶现象的威斯康星大学教授特明，还有一位科学家巴尔的摩（David Bahirsore），他们研究并证实，遗传信息可以从 RNA 反向逆传递给 DNA，关键是找到 DNA 的中间体，也就是“逆转录酶”。在逆转录酶的作用下，可以用 RNA 为模板合成 DNA，从而奠定了今日基因工程的基础。

说穿了，研究透了，其实并不复杂、也不深奥。但在最初阶段，这样的联想与思考却是需要超敏的直觉与洞见。当时，毛江森其实也准备着那样去做。但是很不幸，正当毛江森准备全身心投入病毒逆转录酶研究时，一场酝酿已久的政治运动铺天盖地而来，中国的发展进程被迫延缓。毛江森所有研究计划戛然而止。

在政治运动的旋涡中

1966年上半年，“文化大革命”不期而至。

政治运动初期，毛江森根据要求，也随大流参加过一个战斗队。但不久就脱离“战斗”，因为他特别不理解运动为什么要将矛头对准知识分子，对此，他的心中充满了疑惑和困惑。当然，他也无法再继续心爱的病毒学研究，只能在时代狂潮中漂浮。在那一波波迎面扑来的浪潮面前，毛江森体会到了个体的渺小和无力，感觉到了内心的苦闷与彷徨。

惹不起，还躲不起吗？既然无事可做，还不如读点书。毛江森推开尘封已久的医科院图书馆，目光在一排排书架上巡睃。突然，他看到了落满灰尘的司马迁《史记》[①]，一时，像看到朋友般亲切和温暖。他把《史记》借回家，认真而细致地阅读起来。让他没有想到的是，司马迁在《史记》中居然单辟了《滑稽列传》。列传描写和刻画了一批出身寒微、言行诙谐、不流世俗、不争势力的人物，读来妙趣横生，不禁让毛江森击节赞叹。毛江森自然知道司马迁曾因直言犯上，被汉武帝施以腐刑。在那样的状态下，司马迁居然写出《滑稽列传》，嬉笑怒骂、惟妙惟肖。这得需要多么强大的内心、多么健全的人格啊！毛江森深深地被感染了、震撼了。与司马迁的境遇相比，自己这一点点冲击和冤屈又算得了什么？自己应当像司马迁那样，坚强地活下去，等待人生的转机。

那时，全国医疗卫生系统正大张旗鼓地宣传贯彻毛主席的“六二六”指示精神，组织城里医务人员下乡为农民看病问药。毛江森认为这是一件好事，也是他远离政治尘嚣的机会。与其在城里闲着，不如实实在在地为农民兄弟看病。于是，他主动报名参加。这是毛江森第二次下放农村。在“广阔天地”里待了半年有余。他一边为当地农民看病，一边偷偷阅读专业书刊，以度过寂寞空虚的时光。

---

① 毛江森访谈，2017年5月17日，杭州。资料存于采集工程数据库。

到了“文化大革命”斗批改后期，上面确定了研究所人员“三三制”方案：三分之一下放劳动，三分之一到“五七干校”锻炼，三分之一留在本单位“抓革命、促生产”。

中国医学科学院每个人都面临着重新分配。起先，毛江森大概内定是留在本单位的人员。也许，考虑到他毕竟是业务尖子，又是黄祯祥名正言顺的助手和接班人。但上面有规定，但凡留下来的人员政治上必须合格，还要外调家庭历史是否清白。这很快成为毛江森一道迈不过去的坎。外调回来，研究所负责人找毛江森谈话，告知所里外调的结果，说他父亲是反革命分子，曾在家乡山冈上呼喊过“反动口号”。毛江森根本不相信父亲会是什么反革命。他只知道，父亲曾与邻里发生过一次房屋纠纷，当地就以“阶级报复、反攻倒算”的理由对其做了错误处理，使其蒙受不白之冤。毛江森曾为此向当地政府申诉过，要求重新调查、还其清白。但在当时那种政治环境里，一个知识分子的呼吁声是那么微弱，又有谁会来关注与垂问呢？

那位负责人似乎还有一丝怜悯之心。他强烈暗示毛江森：只要毛江森能与父母划清阶级界限，写一个声明，在研究所广播上读一下，就可以。回到家，毛江森把情况告诉了妻子张淑雅。妻子问他怎么办，毛江森决绝地摇摇头：这个声明我不能写！

为什么？良心上过不去！毛江森坚信父母的为人，他们是一对诚实的农民，没有所谓的阶级仇恨。毛江森更想起自己体弱多病时，父母的舐犊之爱。这样诚实而慈爱的父母，有什么不好？自己为什么要与这样可亲可爱的人划清什么界限？如果连这样的父母都不爱、不保，还算个人吗？还算一名受过高等教育的知识分子吗？

毛江森自然知道这样做的后果：下放，而且是全家下放。万一真的被下放怎么办？妻子张淑雅因为长年劳累，患了严重的缺血症，身体极度虚弱。更不巧的是，眼下张淑雅又怀着孕，怎么带下去呀？可是转而一想，不管多么难，总比睁着眼睛说瞎话、昧着良心骂父母好得多。[①] 毛江森的

① 毛江森访谈，2017年5月30日，杭州。资料存于采集工程数据库。

选择得到了妻子张淑雅的坚定支持。

张淑雅此时唯一的希望就是千万别下放到特别寒冷且没有水的地方。她和毛江森都出生在江南，习惯水，害怕严寒。为此，在得知下放地点是康县后，张淑雅到下放过陇南地区工作的同事那里了解情况。

告别北京的那天终于到来。月台上，人山人海。上车的、送行的，哭哭啼啼、悲悲戚戚。毛江森一家走时，没有一个人送，夫妻俩也没有流泪。这时，坐在毛江森边上的另一户人家哭得一塌糊涂，那情景恍若生离死别。火车开动后，张淑雅一问才知道，那是北京阜外医院一名护士，带着两个孩子，与毛江森家一起被下放。毛江森夫妻俩反而转过身去劝说那位护士。其实，毛江森心里也如翻江倒海。这一去，何时能回？还能不能回？还有没有机会再从事他所钟情的病毒研究？不知道！也许，只有天才知道？！

第三章 “社会大学”的得与失

初到康县

1970年年初，寒冬季节。毛江森挈妇将雏、妻子张淑雅还拖着五六个月的身孕，前赴甘肃康县。

一辆绿皮火车沿着陇海线在深山峡谷间缓慢穿行。毛江森举目望去，只见山连着山、沟隔着沟，一座座红壤山头一圈一圈地裸露着，在呼啸的朔风中像一个个满脸皱褶、挨冻受饿的老人。

毛江森夫妇的心情沉重而悲凉。

1970年1月，康县革命委员会招待所内人头攒动、声音嘈杂。毛江森与一道被下放到康县的几十名医务人员蜷缩在招待所一间平房内，等待县政工组分配工作单位。明天就是除夕之夜，后天是春节，本当是一年中最高兴的一段时间。但处在那样的岁月、那样的境地，周边没有一丝过年的喜庆气氛。此刻，毛江森的心情灰暗到极点，甚至有点绝望。这种灰暗与绝望不仅仅是因为生活环境的改变和生活质量的下降。对于物质生活，毛江森从来不在意、不计较，甚至没有概念。自己出身农家，幼小时吃过很多苦，对于吃苦，他并不怕、也不担心。他只是感到迷茫，那是一种没有出路、没有尽头的迷茫。毛江森感觉自己像一条正在海洋里自由地、畅快地游弋的鱼，突然被抛掷到沙漠中。他被命运之手死死地摁在沙漠里，他拼命腾跃、挣扎，但都无济于事。他面临奄奄一息的境地，不由得产生一种窒息般的恐惧。

县政工组负责人到场，逐个征询分配意愿。分配有两个去处：一是到县人民医院，这意味着可以留在县城工作；二是下乡，到农村基层。现场显得有点混乱。一些人开始叙述自己的种种困难和理由，努力说服那位主持分配的干部，希望将自己留在县城里。这样的希望其实不算高，甚至有点卑微。

等到毛江森时，他的答复让所有人都大吃一惊。毛江森提出，既然下放了，就希望下放到底，他要求去生产队。①

> “生产队？”那位干部始而惊愕、继而怀疑，终于摇头。“你们是国家干部，拿国家工资。生产队没有工资，你会饿死的。下放，最底层是人民公社卫生院。”
>
> “那，我就去公社卫生院！”

于是，毛江森一家被下放到离康县城关约 8 千米的岸门口人民公社卫生院。

岸门口公社地处崇山峻岭之中，地势极为特殊。东西向的燕子河从此地流过，南北向的中节河与之交汇，形成一个十字形水系符号。当地居民习惯在河边搭屋而居，门口就是河岸，故称之为岸门口。岸门口公社在康县算是个不大不小的地方。当地人引以为荣的历史是，有 10 年时间，岸门口曾作为新旧县政府所在地。水涨船高，彼时的岸门口医院也就成了县医院。不过，当毛江森来到岸门口公社时，他能见到的只是旧县治唯一留

① 毛江森访谈，2017 年 5 月 17 日，杭州。资料存于采集工程数据库。

图 3-1　甘肃省陇南市康县岸门口镇卫生院现貌（原址，2019 年摄）

下的一座民国式建筑风格的监狱。

县治变更后，岸门口医院恢复为乡镇级卫生院建制。但诚如俗话所说，饿死的骆驼比马大。在乡镇级卫生院中，岸门口卫生院规模是最大的，有六七名医务人员。现在，毛江森夫妻俩加上还有一起被下放来的陈医师一家和一名护士，岸门口卫生院一下子增加到十多名医务人员，颇有点人丁兴旺的样子。毛江森是中共党员，县上任命他担任卫生院党支部书记，成为“一把手”。不过，老百姓习惯叫他毛院长。

岸门口卫生院坐北朝南。对面的山峰气势巍峨、形似牛头，当地老百姓叫它牛头山。背后的山坡地势稍缓，因古时有寺庙钟声，当地老百姓称它为打钟梁。卫生院门口横着一条坑坑洼洼的泥土路。天晴时，人走在上面，稍不注意就会崴脚；下雨时，泥水往往溅得行人裤腿上全是泥斑。泥路对面是一家木材加工场，刺耳的锯木声有时让人听不清听诊器，木屑粉尘则随风飞舞、到处飘洒，卫生院屋檐角落仿佛撒上了一层薄薄的黄沙。

从大城市到山沟沟，生活落差自然非常大。一道道难题横亘在毛江森一家人面前。

住，首先是个问题。卫生院有一处医生宿舍，类似于小四合院，建在医院北面的打钟梁斜坡上。东面和西面是两道低矮的围墙，中间一排小平房，一共十来间，毛江森一家与院里医护人员都挤住其中，那种促狭和憋屈可想而知。

用水也是问题。当地没有自来水，卫生院与当地老百姓一样，用的都是地表水。好在岸门口水资源丰富，燕子河、中节河水长年累月从卫生院边上汩汩流过，春浑秋清、冬暖夏凉。卫生院距离最近的取水处朱家沟约有300米，毛江森一家用河水淘米洗菜、洗澡洗衣。这河水，给毛江森一家生活带来了许多便利。许多年之后，当毛江森回忆起这两条河流，就像说到远方两位亲戚一样，充满了感情和温暖。

最让毛江森一家不习惯的是上厕所。岸门口一带与其他农村一样，老百姓习惯于将厕所安在房前屋后。毛江森对这样四面透风、不分男女的厕所，实在感觉不习惯。

一个接着一个漫漫长夜，毛江森总是翻来覆去睡不着。晚上，毛江森躺在床上，会长时间独自盯着屋顶发呆，心里老是想着一个问题：这样的日子何时才是个尽头呀？毛江森还会想到，妻子张淑雅是协和医院高干病房的医生，曾承担过协和医院不少科研项目。她生在福州，后来长期生活在上海和北京，最爱干净。现在一下子跌落到这么一个山沟沟里，什么卫生条件都没有，眼下还怀着孕。作为妻子，她做到了嫁鸡随鸡嫁狗随狗，但作为丈夫的毛江森，却真心感觉对不起张淑雅。

也许是毛江森一次次翻身动作，惊醒了身边熟睡的妻子。那时，张淑雅总是劝导毛江森。

> 这年头，不少家庭妻离子散、天各一方。我们一家三口能在一起生活、无牵无挂、享受天伦之乐，已经算幸运啦。眼下，农民连温饱都没有解决，哪里会注意文明卫生？咱俩总归算国家干部，国家发着工资。比起农民来，日子要好过得多啦！人家都能过，咱俩怎么就不能过呀？

听了妻子的话，毛江森感觉心里像打翻了五味瓶，一阵酸楚、一阵欣慰、一阵感慨。毛江森感到妻子讲得有道理，开始慢慢理解农民、融入农村。他逐渐入乡随俗，像农民一般如厕、吃饭、睡觉、干活。

时间在一天天简单重复中慢慢过去。妻子张淑雅第三次怀孕，肚子日见隆起。毛江森与妻子反复商量，“反正已有一儿一女，够啦！把肚子里的孩子打掉吧？”可心里却在说着，“孩子，对不住了，不是我们狠心，真的是条件不允许呀！”好说歹说，张淑雅终于同意打胎。那天，张淑雅都已躺上手术台，等着做流产手术了。但最后一刻，强烈的母爱战胜了现实与理智，张淑雅溜下手术台，下定决心，不管如何困难，也要把孩子生下来。

在没有汽车交通的年代，距县城 8 千米的路程，也觉得很遥远。等到张淑雅突然临产时，已经来不及送到县医院。岸门口公社卫生院没有接生医生，毛江森只能咬牙自己动手。好歹他在上医时旁听过几堂妇产科的课程，此时七手八脚，总算把小孩接了下来。这一胎是个男娃。毛江森给他取名毛子安，希望他一生平平安安。

彼时，全国“文化大革命”运动已进入中期，形势却仍变幻莫测。名目繁多的政治运动接连不断，在基层持续发酵。一个个批斗会、一次次大游行，人们感到身心疲惫。更让毛江森揪心的，是老百姓缺医少药、无辜死亡。康县乡下有个奇怪习俗：做医生是男人的事，女人不能当医生，这种传统观念根深蒂固。公社没有办法，毛江森和妻子张淑雅更没有办法。这样，原本是协和医院高级医生的张淑雅只好留在公社卫生院药房打杂，而本来做病毒研究的毛江森却成了满地跑的“赤脚医生”。

毛江森一天到晚背着一只红十字药箱巡诊。药箱内装着那时流行的“三大件”：听诊器、体温表、血压计。卫生院没有自行车代步。再说，即使有自行车，也无法在那种崎岖山路上骑行。毛江森和大家一样，只能步行到各大队出诊。离得最远的生产队有近 30 千米山路。即使早出发，也要傍晚才能赶到患者家，看完病就借宿在老百姓家里，等第二天清晨才返回。

好在有真正的医生张淑雅在旁指导。碰到疑难杂症，毛江森白天去了解患者病情，晚上回家后向张淑雅介绍病情、讨教处方，然后第二天再上门送药，形成另一种奇特的“男主外、女主内”格局。也正是因为有这么一位贤内助、医内助，毛江森在“赤脚医生”的生涯中，倒也没有出过什么差错。

有一次，毛江森巡诊到一个生产队，遇到一位老妇。她自述经常全身疼痛，但不知什么原因。人们告诉她，“速灭痛”药片可以止痛。她试了试，发现止痛效果真的不错。不过，她家里很穷，经常买不起这看起来很便宜的药物。她尽量坚持着不吃药，只有疼得实在忍不住时，才服用半片“速灭痛”。这次，她希望毛江森给她配几颗“速灭痛”。毛江森根据老人要求，给她开了方，配了5分钱的“速灭痛”递到老人手上。谁知老人没有接手，而是先把药放在桌子上，然后缓缓站起来，转身想离开。毛江森问老人，“怎么不要啦？这药就是那种止痛的呀！”老人点点头，吞吞吐吐地回答说，她手头连5分钱也没有，要去生产队借借看，用平时挣的工分折算。如果能借到，就买；借不到，也没有办法。过了好久，那位老人回来了，脸上充满了失望的神色。她用一种略带难为情的口吻对毛江森说，“俺刚才问了生产队长。队长说，俺们队上也没有钱。[①] 那就算啦！不买了！不买了！”说完，老人急匆匆地离身而去。毛江森望着她略显佝偻的背影，忍不住泪水。泪眼模糊之中，毛江森从自己口袋里摸出几枚硬币垫付了这笔药费。

又有一次，毛江森半夜接到病情报告，说当地有个老百姓病情危急，急需抢救。听后，他二话没说，背起药箱就走。连夜翻山越岭，赶到那位患者家中。患者是位中年妇女，她老公一脸木然地坐在患者身边，不言不语。两个因缺碘而患有克汀病[②]的智障小孩傻乎乎地呆坐着。毛江森一问患者病情，方知是风湿性心脏病，多脏器几近衰竭，余时无多。这样的病情，哪里是一个背着药箱的赤脚医生所能救治的呀？眼看着患者一步步走向死亡，毛江森无药可用、无针可打、无计可施，甚至无话可说。他背着

---

① 毛江森访谈，2017年5月30日，杭州。资料存于采集工程数据库。

② 小儿地方性克汀病，又叫地方性呆小症。主因是地方水土中缺碘或含氟钙过高，影响孕妇对钙的吸收和利用，造成胎儿缺碘，甲状腺不能合成足量的甲状腺激素，造成全身各系统尤其是中枢神经系统发育障碍。

那只药箱，围着那间破房子绕啊绕，一直绕到天亮，一直绕到患者死亡。但毛江森并没有听到哭声。他知道，患者老公的神经已麻木、眼泪已流完，患者的智障儿子根本不会知道自己的母亲已经离去，因为他们从小就不知母爱为何物。这样的家庭，今后该怎样生存和生活？还有，类似的克汀病患者家庭呢？

毛江森与生俱来的忧国忧民思想油然而生。他坐不住了、忍不住了。他要把自己在农村基层看到的、听到的真实情况、严重情况报告给卫生主管部门。回来后，毛江森接连几个夜晚闭门静坐，奋笔疾书一份给国家卫生部的紧急报告。在这份报告里，毛江森如实客观地反映了康县等地的卫生医疗状况，希望卫生部组织下属医疗机构，发明一种可以检测水质微量元素的仪器，查明缺碘原因，使这一带老百姓再也不会因缺碘而滋生克汀病。但在那个特殊年代，谁会有心思去关注一种偏远的地方病？谁会有精力去答复一个乡村医生的建议呢？就这样，毛江森的建议犹如石沉大海，连个泡沫儿都没有激起。

为了几百名儿童的生命

康县地区极度贫困的生活状况、原始落后的生活方式、缺医少药的窘迫处境，深深地震撼了毛江森、刺激了毛江森、也惊醒了毛江森。

彼时，朱家沟、许家河、严家坝大队等地麻疹流行，老百姓叫苦不迭。毛江森下决心要为当地百姓解除这一病患。他跑累双脚、磨破嘴皮，好不容易从县上争取到一笔项目经费，并用这些钱买了一批小鸡，组织医生饲养，以便用于麻疹药物实验。经过一段时间的反复试验，毛江森用土办法搞出了一批预防麻疹的药物。然后，他发动全院医生下乡，逐村逐户分发药物，让小孩们服用。结果，肆虐的麻疹居然在岸门口公社被制止住了，患者明显减少，老百姓对此赞不绝口。[①]

---

① 朱汝梅访谈，2019 年 7 月 22 日，陇南。资料存于采集工程数据库。

一晃3年多时间过去了，毛江森早已习惯并安心在岸门口卫生院工作，他甚至打算在岸门口待上一辈子，直至退休。俗话说，天有不测风云，人有旦夕祸福。不知何故，上面突然号召全国医疗卫生系统集中精兵强将研究老年慢性支气管炎。甘肃防疫站也被卷入这股风潮之中。时任甘肃省防疫站站长穆成科是位军转干部，40多岁，为人正派、敢作敢为、敬重人才。他转业到防疫站任职多年，对毛江森这批来自北京的专家非常熟悉。研究自然需要专家。他变着法儿地做通省革命委员会卫生局领导的工作，把从北京下放来的十二三位专家一个个、一家家地陆续调入省防疫站。

在别人看来，这是一个离开农村的绝好机会。但初始时，毛江森居然不领这份情，觉得自己不适合研究什么气管炎疫苗。他顶着、拖着，就是不去报到。后来，省革命委员会卫生局下了死命令，毛江森才极不情愿地去省防疫站报到。

省防疫站地处兰州东港西路，所有实验室、办公室都在一幢灰色的三层楼房里，毛江森工作的实验室在二层。当时，省防疫站的重点任务是研究气管炎疫苗和治疗疟疾，站里的研究人员为此经常下乡。毛江森对研究所谓的气管炎疫苗不感兴趣，但表面上，他与旁人没有两样，准时上班，偶尔搞搞实验；背地里，他研究自己感兴趣的肝炎病毒、乙型脑炎病毒等，抽空还跑到防疫站附近的省图书馆，从那里借来一大沓厚厚的外文版图书。每天早晨，毛江森抱着这些书上班。他走进实验室东北角，来到属于他的那方窄窄领地，把实验桌上摆放着的一些瓶瓶罐罐推到一边，摊开那些大部头书，一看就是半天。等下班时间一到，他又捧着这些书回家。

所谓的家，极其简陋简单，大伙儿住的都是筒子楼。防疫站分配给毛江森一间18平方米住房，房子在三层，早已破旧。出门就是过道，过道极为狭窄，仅容两人擦肩而过。家家门口放着一只只黑簇簇的煤球炉，用来烧饭煮水，因而过道上总是充斥着煤饼气和油烟味。但凡从乡下调回来的专家都是同等待遇、同样房间、同型煤饼炉，毛江森并没有什么怨言。穆成科还把张淑雅安排进兰州医学院附属医院做门诊大夫。在那种特殊年代，穆成科能做到这一切，已属不易，毛江森心存感激。

正当毛江森安下心来、开始按部就班工作时，一场毫无预兆的严峻考验降临了。1974年某个下午，省防疫站办公室那部唯一的电话机突然“铃铃铃”地响了起来。大家正在工作，四周十分安静，故而那电话声显得清脆而急促。毛江森并未留意，仍埋头于自己的研究。不一会，穆成科急匆匆地推门而入，高声叫喊着：“毛江森，毛江森！快准备一下，去陇西县！”

毛江森一时有点反应不过来。接着，穆成科三言两语交代了事情的来龙去脉。定西地区陇西县出现了一种不明原因的“出血热”，患者主要是婴幼儿，已死了一些人。县上给省里写了紧急报告，请求立即派专家查明原因。省里把这个任务下达给省防疫站。考虑到站里只有毛江森是做病毒研究的，就决定让他去查明原因，回来向省里汇报。

这等急事，人命关天。毛江森稍作准备，立即随队驱车赶往陇西。带队的是时任防疫站病毒科科长白莉。白莉名义上是毛江森的领导，但她一向把毛江森视作自己的老师，工作上配合默契。到了陇西县，毛江森才发现事情并没有那么简单。接待毛江森的县革命委员会主任是位中年军人。毛江森清楚，当时实行的领导体制叫“三结合”，一些军代表被“结合”进革命委员会，成为当地最高领导。毛江森见到这位威严的年轻军人，内心禁不住一阵打鼓，感觉有点慌，不知这位革委会主任可否打交道。在辖区内发生这样重大的死亡疫情，这位革委会主任显然压力蛮大、心情沉重。他草草地握了握毛江森的手，简单寒暄了几句，便让毛江森和白莉坐上自己的军用吉普车，亲自带着他俩赶赴陇西县人民医院。

医院内，气氛明显沉闷而压抑。革委会主任先叫医院院长向毛江森他俩介绍病情。原来，最近一个月，陇西县福星公社庞家岔大队连续出现婴幼儿死亡案例，患者的共同特征是神志昏迷、口鼻流血。县医院曾派人到该村调查，结合死者特征，初步认定为出血热，并据此进行药物治疗，但没有效果，患病婴幼儿还是接二连三死去。他们觉得束手无策，遂向县上反映，县上才向省里打了紧急报告。

听说省上派来了专家，七八个患病婴幼儿的母亲一下子围拢上来。在患者母亲焦急求助的眼神中和哭声里，毛江森仔细观察着患儿的情况。只见七八个大小不一的婴幼儿耷拉在母亲肩膀上，脸色灰黄、双目紧闭、不哭不闹，也没有发热，就像昏睡着。毛江森小心翼翼地用手揭起盖在患儿臀部的药用胶布，查看针眼。他揭开一个，见那患儿臀部流血不止；再揭开另一个，同样流血不止，真是惨不忍睹。毛江森分明看到，这些小生命正以踉踉跄跄的步履缓慢地走向死亡线……

毛江森直觉，这不是出血热。出血热是由流行性出血热病毒汉坦病毒引起，以鼠类为主要传染源，主要病征是发热、出血、充血、低压休克等。毛江森虽然不是血液病专家，但他毕竟是上医高材生，又在中国医科院干了十来年病毒研究，对主要疾病还是有所了解的。

回到住处，毛江森彻夜未眠。走，还是留？这是一个问题。虽然断定它不是出血热，但到底是什么病呢？是由什么原因引发的呢？自己毕竟不是血液病专家，一下子说不清楚、说不准确。那就不说了吧。正当下决心回去时，毛江森脑海里浮现出那些患儿和患儿母亲的特写镜头：一张张死灰般的蜡黄小脸，一道道焦灼的求助眼神。“娃，咋啦？娃，咋啦？”的声音撞击着耳膜、回荡在耳畔，刺激得毛江森无法入眠。① 自己婴幼儿时代、少年时代的病痛经历又一次浮现在他眼前。

毛江森决定留下来继续观察，不弄清患病原因，他无颜见江东父老。第二天一早，眼泡肿肿的毛江森见到了那位同样焦急等待消息的革委会主任。毛江森开始汇报，那位主任默默地听着。毛江森斩钉截铁地告诉他：根据他的观察和分析，陇西发现的病情不是出血热。“我不是血液病专家，不能马上判断是什么病，也不能立即肯定是什么原因引发的。但如果您信任我，我可以留下来，做几天流行病学调查，看看到底是什么原因。”那位主任听到毛江森这个答复，用复杂的目光盯着毛江森，稍作思考便答应下来。其实，他也别无选择。

接下来的一周时间，毛江森开展了医学术语上所称的流行病学调查。调查在发病重点区庞家岔大队展开，开头时并不顺利。正是隆冬季节，村口坟地上一字儿排列着十几个新坟头，号哭声不断传来，整个大队笼罩在悲戚气氛中。人们风声鹤唳、谈血色变。已失去孩子的家庭人人悲痛欲

① 毛江森访谈，2017 年 5 月 30 日，杭州。资料存于采集工程数据库。

绝，更是不愿意配合调查。毛江森和白莉想了许多办法，在当地大队干部的支持帮助下，慢慢得到群众的理解和配合。那天，毛江森和白莉按照事先约定，深入到一户患儿家中调查。毛江森根据调查需要，问完问题，正准备离开。蓦然，他的视线无意间扫到这户人家角落的草编储粮罐，看见罐里装着一些已发霉的玉米碎粒，显得花花绿绿。

毛江森似乎突然悟到什么，就装作随意地询问这家女主人："这是你们家喂猪的饲料吧？"

没曾想女主人摇摇头："猪猡怎么能吃到玉米呀？这是俺家吃的粮食，是国家供应给俺们的返销粮。"

主粮？病因会不会出在这些发霉的玉米上？毛江森只觉眼前一亮：是否玉米霉变导致？毛江森充分显示出自己的专业素养。他分门别类搜集各种相关因素，对各类数据进行计算、分析、对照、比较。几天下来，一组组数据被统计出来，一个个相关原因被找到，一个惊人真相逐渐浮出水面：陇西县出现的病情很可能与国家返销粮有关。

病因有可能找到了。但毛江森根本没有欣喜之感，因为他猛然发觉，自己在找到病因的同时被逼上了另一条绝路：说，还是不说？这更是一个问题。

又一个不眠之夜。躺在西北高原的大炕上，毛江森辗转反侧，无法入睡。脑袋里似乎有两个毛江森在掐架。一个在说，陇西是个药材地区、产粮甚少，当地农民一年之中至少有七八个月时间需要吃国家返销粮。返销粮是国家计划供应的，这是国家政策对该地区农民的照顾，国家怎么可能会出错？你毛江森说返销粮有病菌，不是在污蔑国家的返销粮么？谁会相信？再说，政治运动尚在继续，自己又是个需要"接受再教育"的臭老九。万一说错了，自己不就是一个货真价实的反革命么？另一个毛江森在反驳：国家返销粮是好事，但返销粮从东北地区调运过来，在路上要度过10天10夜，日晒雨淋，再加上这边仓储设备落后，谁能保证不出点问题？这与国家政策没有关系呀！如果我不说，任其延续下去，有可能造成全县几百个甚至上千个婴幼儿的死亡。毛江森啊毛江森，与几百个甚至上千个幼小而鲜活的生命相比，自己这点风险算得了什么？

两个毛江森打架的结果是，科学工作者的良知、责任与自信最终战胜了荣辱、得失和怯懦。第二天，眼睛更加红肿的毛江森怀着忐忑不安的心情，再次见到了那位主任。主任双目也充满了血丝。看上去，他似乎显得更为焦虑和疲惫。他等待着毛江森的调查结果。

“有结果了么？”还未等毛江森坐稳，那位主任就迫不及待地开腔问道。

“请问，那些农民家里吃的是不是已发霉的国家返销粮？”毛江森没有正面回答，而是转了个弯，好让这位主任有点思想准备。

主任一脸惊愕、一阵紧张，他自然知道陇西一带以种当归、黄芪等药材为主，自种粮食只能管三四个月，其余的都靠国家返销粮度日。如果返销粮有问题，那问题就大了。因此，他又追问一遍：“你是说这返销粮有问题？”

毛江森心里咯噔一下，但他注意看了一眼，对方只是惊愕，并没有反感和发火，毛江森就大着胆子汇报了他们调查的情况、统计分析的结果、得出的初步结论：极有可能是患儿家庭吃的发霉玉米所致。

那位主任略显疑惑地问：“娃儿又不吃发霉玉米，怎么会得这种病？”

毛江森心想，这位军人反应真快、逻辑思维不简单啊！这个问题也是毛江森反复考虑过的事。他判断，这原因可能与母乳有关。虽然，上医并没有教过他这方面的医学知识，他也没有百分百的把握，但已知的学问和流行病学的调查数据支撑着他。于是，毛江森耐心地解释道，患儿的母亲吃了这种霉变后带有病菌的玉米，通过母乳输送给婴儿。婴儿的凝血机制尚未健全，感染病菌后，婴儿凝血机制被破坏，造成内外出血，最后导致死亡。当然，这是毛江森面对事实作出的分析推理，还没有病理学和实验室试验的依据。

“那，该怎么办？”那位主任一脸愁容，用目光征询着毛江森的意见。

“停！建议暂时不吃霉变的返销粮！”毛江森从对方焦灼的目光中读出了他的疑虑和期待，便将自己的风险置之度外，不顾一切地说了出来。

停吃返销粮？这是一件多大的事呀！毛江森说出口后，自己也觉得这次可能会闯大祸。但毛江森没有改口，只是默默地盯着那位主任，等待着他的决断。那位主任一时显得犹豫不决，似乎在比较、在权衡。也许是死人的社会压力实在巨大，也许是毛江森那坚定的语气让他选择了理性、相信了科学，最终，他以军人的勇敢和果断拍板同意毛江森的建议——全县暂时停吃这些霉变的返销粮。一段时间后，毛江森希望的结果出现了：陇西全县再也没有发生新的出血病例，全县出血热警报解除。

返回省防疫站后，他俩迅速向穆成科汇报，并建议省里组织科技力量进行霉变玉米的致病原理研究。最终，省里指派兰州大学生物研究所专家前往陇西抽样霉变玉米。专家们从那些霉变玉米中分离出一种破坏凝血的镰刀菌毒素，最终印证了毛江森当时的判断。悬在毛江森头顶的那块石头终于彻底落地。

多年以后，毛江森在回忆这个霉变玉米事件时感慨万分地说，道德激情使他不顾个人安危，而科学精神和科学方法给了他解决难题的钥匙。

萌生于山沟沟里的幼芽

风波过去，一切复归于平静和寻常。但那时的实验室，其实也不平静。上面要求防疫站科技人员集中精力研究老年慢性支气管炎，号召“一马当先、万马奔腾”，并明言这是“政治任务”。穆成科知晓毛江森原先的专业研究方向是病毒，因此，毛江森自然而然地成为这一项目的骨干，同时站里还抽调了一批科研人员参与研究。

毛江森对此不以为然，甚至抵触情绪明显。诚然，毛江森姐姐眼下正被严重的哮喘折磨着，偶有来信，总是诉说着她的痛苦不堪，甚至表达出痛不欲生的意向。毛江森何尝不希望研制出一种疫苗或特效药来医治姐姐的哮喘病。但良知告诉他，国际医学界对慢性支气管炎的病因尚不完全清楚，可能是多种因素长期相互作用的结果。病毒、支原体、细菌、免疫、年龄、气候和其他环境等因素均与慢性支气管炎相关。这样一种疾病，怎么可能用疫苗去预防呢？

毛江森一直坚持着，也变着法儿地向穆成科游说。全国已普遍在做这种感冒病毒研究，而且根据他的调查，病毒性肝炎、痢疾、麻疹等在我国十分严重，甘肃也同样。他认为，相比于研究感冒病毒，研究病毒性肝炎更为重要和迫切。希望领导支持他开展这方面的研究。面对如此“固执己见”的毛江森，穆成科既是无奈，也算开明。他顶着政治压力，并没有逼迫毛江森继续从事慢性支气管炎项目研究。对毛江森的“地下科研活动”睁一只眼闭一只眼，给不了人，也给不了钱，但也没有给毛江森穿小鞋。这让毛江森很感激。

此后，毛江森一头扎进离家一千米远的省图书馆。自打下放后，毛江森已多年看不到专业文献，对本专业的发展现状及趋势一片茫然。在这种复习重温和寻觅思考中，毛江森看到了当时病毒学界对病毒 RNA 复制式的各种观点，突然萌生了一个新的念头：这种复制式可能持久存在于体内某些细胞中，特别是有可能存在于淋巴细胞或其他细胞内。它可能与某些病毒感染后的特殊表现和免疫有关。如果能从感染病毒很久的动物淋巴细胞内分离出这些可能存在的病毒痕迹，那该多好呀！这个念头使毛江森兴奋得睡不着。他把这个想法与防疫站几位同事作了交流，大家也很有兴趣，都撺掇他试一试。

防疫站条件极其简陋，缺少试验设备，但却有个实验动物养殖场。毛江森被这个课题的前景吸引着，停不下来。他托人从北京捎来一只来航鸡，作为试验用的毒种。他把鸡养在实验室边上，每天观察。几百个复杂的试验程序，把参与课题的几个人搞得晕头转向。搞“黑项目”的传闻更压得几个人透不过气来。试验，眼看着坚持不下去了。屋漏偏逢连夜雨，没几天，这只试验品就被邻居放生的受伤老鹰偷吃了。毛江森遗憾之中也有一丝丝被解脱的快意。其实，他心里也明白，眼前这种环境没有搞研究的起码条件。即使来航鸡不死，他们的实验也难以为继。

彼时，面对着失败、失落、失望，毛江森陷入深深的思考之中。到大西北 8 年了。8 年里，不能说他没有工作，也不能说他没有一点收获。下放 8 年，使他彻底了解了中国农村和农民，他成熟了许多、也坚强了许多。特别是他对大西北人民产生了深厚感情，这种感情已经留在他记忆里、融化在他血液中，再也磨灭不了、淡化不了。但让毛江森遗憾甚至悔恨的是，在人生最好的8年，他居然没有做过一个完整的科研项目，没有出过一项科研成果。这个代价大了些，“社会大学”的学期过长啦。

毛江森将失败的实验和复杂的心境毫无保留地告知了妻子，张淑雅同情他、理解他。作为协和医院的高级医生，她这8年也是在担惊受怕、浑浑噩噩中度过的。

“要不回去吧？回到浙江”。瞬间，毛江森对故乡的情感被妻子的主意唤醒。看看身边那些从北京来的同事，各找各的理由，陆陆续续调离防疫站。最终促使毛江森下决心回老家的是大儿子毛子旭的境遇。

那时，毛子旭刚刚高中毕业，按照有关政策，他必须上山下乡。毛江森万不得已，找了一位当生产队长的亲戚，希望能让儿子在老家附近生产队插队落户。谁知这位亲戚居然以毛江森家庭成分不好为由拒绝了。没有办法，毛子旭被分配到一个偏远的山村安家落户，独自一人住在知青点上。所谓知青点，就是一栋茅舍。白天周边荒凉，夜晚野兽出没。毛子旭自幼胆小，对这样的环境特别害怕。毛江森的母亲不忍心让毛子旭一天到晚生活在恐惧中，毅然决然地搬铺盖下乡，与孙儿做伴。① 老母幼子，哪堪忍受？此事此苦，何时得了？

入夜，在遥远的大西北，毛江森夫妻俩一遍遍读着儿子的来信，禁不住酸泪纵横。对呀，还是回到故乡去，喝一杯西湖水，终老此生吧！那样，至少可以照顾一下年迈的母亲，就近照料一下儿子的生活。此时的毛江森，心境苍凉而苦涩。

故乡似乎也在呼唤这位在大西北漂泊的游子。

不久，旷日持久的“文化大革命”终于结束。

因为几位爱才的老同志帮助联络，毛江森跑了差不多两年时间，终于在1978年1月实现了回归故乡浙江的夙愿。

---

① 毛江森访谈，2017年7月11日，杭州。资料存于采集工程数据库。

第四章
沿着正确的跑道起飞

初心，在袁浦孕育而成

1978 年 3 月，有 6000 余人参加的全国科学大会在人民大会堂隆重召开。时任中科院院长郭沫若用诗意般的语言宣告：科学的春天到了！随之，党的知识分子政策逐步得到落实，中国知识分子的命运开始改变。

毛江森回到浙江，并得以进入浙江人民卫生实验院（今浙江省医学科学院）微生物研究所工作，被安排在病毒室。所谓的病毒室也就两人：毛江森，加上一个刚从宁波卫校毕业的女生陈念良。一间房子，两张旧办公桌，房子中间放一张实验台作为“无菌室”。这就是病毒室开张时的全部家当。对于办公条件，毛江森基本上熟视无睹。康县那么艰苦的环境都过来了，哪里还会在乎这些？

做什么，不做什么？再次成为摆在毛江森面前的一道选择题。与过去不同的是，眼下的毛江森有了自由选择的权利。从过去走来的毛江森深深懂得，科研人员争取到这份权利不容易，他必须加倍珍惜、好好抉择。

实验院微生物所的强项是乙肝病毒研究。一些同事知道毛江森在北京时研究病毒，就邀请新来的毛江森加盟乙肝病毒攻关；也有一些人建议研究肿瘤，因为研究肿瘤名气大、红得很、容易出成果；有人则劝毛江森继续主攻干扰素，毕竟他研究干扰素在国内外已有点小名气，多次在《中国科学》杂志上发表过研究干扰素的论文，轻车熟路。对此，毛江森有自己的考虑和选择。他的专业和强项是病毒学，这个大范畴肯定不会改变，也不能改变。但病毒学是一门大学科，专业太多了。作为一名科研工作者，做什么、不做什么不仅仅是个专业选择问题，还隐含着他的价值取向和终极目标。

图 4–1　毛江森夫妇由甘肃调往杭州工作期间于杭州玉泉植物园留影（1978 年）

眼下的他恰值年富力强，正可为国家效力、为百姓做事。他不为名、不图钱，只希望所做之事是老百姓之急需，为社会所认可。那么，浙江老百姓最需要他研究什么？他又能为浙江老百姓做什么？脑袋中揣着这样的

图 4–2　当年的浙江人民卫生实验院（1978 年）

思考与疑问，毛江森与年轻助手陈念良开始了长时间的社会调研。毛江森和陈念良由当地防疫部门人员带路，挎着军用背包，戴着半新旧草帽，拿着一本笔记本走村入户、访医问药。杭州、宁波、绍兴、湖州，一个个地区、一家家医院、一户户家庭。盛夏季节，杭嘉湖及宁绍平原晴晴雨雨、郁郁葱葱、坑坑洼洼。毛江森晴天一身汗，雨天一身泥。几个月走下来，一个突出问题——甲型肝炎开始引起毛江森的高度关注。恰在此时，妻子张淑雅从所在单位浙江医院给毛江森透露了一个“内部消息”：浙江医院传染病科主任亲口告诉她，浙江眼下最严重的流行病是甲肝。毛江森准备抓住甲肝问题，进一步深入调查。

转眼季节过了立秋，但“秋老虎”仍在发威，杭州还像一只熊熊燃烧的“火炉”。一天傍晚，毛江森和陈念良刚从乡下返回病毒室，正在整理调研笔记。这时，杭州望江山医院院长经文采匆匆推门而入。经文采是毛江森的江山老乡，彼此熟稔。那时办公室还没有电扇，见经文采汗流浃背，毛江森连忙从抽屉里摸出一把油纸扇递给经文采。经文采根本顾不得接纸扇，只是用袖口随意擦了一下即将流下面颊的热汗。着急地对毛江森说：“老毛，最近一段时间，杭州近郊袁浦公社发生黄疸肝炎大面积流行。肝炎患者多得快把我这家小医院给挤破啦。你这个病毒专家，赶快去看看吧！”

毛江森清楚，经文采所说的黄疸肝炎是江浙沪民间的通俗叫法，其实就是甲型肝炎。来不及多思考，毛江森马上让陈念良联系好当地防疫站，请他们配合一道赶往袁浦公社调研取样。

袁浦公社位于钱塘江、富春江、浦阳江三江交汇处，三面环水，地理环境优越，当地出产的袁浦年糕闻名遐迩。黄疸肝炎病情最重的是袁浦公社卫星大队。毛江森一行来到卫星大队所在河边。卫星大队共有 3 个自然村，分成 9 个生产小队。全村面河而居、汲水而饮，全部农用灌溉和生活用水都取自这条河流。沿河两岸分布着一个个石埠头，供村民洗衣淘米。长期以来，由于村民缺乏医学意识和卫生习惯，吃喝拉撒游玩全在一条河里。这次，就是因为河道上游一户人家得了黄疸肝炎，开始没人知道，全村人照用不误，结果，从上游到下游，全村都被传染了。

毛江森和陈念良一共调查了 99 家。调查结果显示，卫星大队甲肝患

图 4-3　2005 年，毛江森与陈念良回访袁浦

者占比 42%，也就是说大队近一半人得了甲肝。这个情况，连多年研究病毒的毛江森也深感震惊。多年与病毒打交道的毛江森熟知人类的病毒史。国际病毒学界公认，一个国家在欠发达阶段向发达阶段过渡时期，甲肝病流行往往最严重。全世界都是如此，中国也必然如此。其原因就是个人卫生环境不好。

就在那天，就是在那样的环境下，遥望着汩汩流淌的钱塘江水，面对着一副副蜡黄而痛苦的脸孔，毛江森作出了他一生中最重要的决定：下半辈子就研究甲肝、制造甲肝疫苗、消灭世界上所有的甲肝。

初心孕育，决策已定，毛江森反而觉得一身轻松。他抓紧与当地防疫站医生和大队干部商量，对患者家庭和周边环境进行消毒处理。当然，当时条件有限，所谓消毒也就是在家里家外喷洒几遍漂白粉而已。

毛江森自然知道，甲肝是一种以粪—口途径传播的病毒病。甲肝病毒 HAV 从口腔进入体内后，经肠道进入血液，引起病毒血症。经过约一周后，抵达甲肝病毒侵害的主要靶向器官肝脏，随后通过胆汁流入肠道，最终出现在粪便中。如果有条件，将进入又一轮循环传染。甲肝病毒传播方式多种多样，一般情况下，日常生活接触性传播是散发性发病的主要传播方式。因此，人群集聚的单位，甲肝发病率往往极高。水和食物的传染是甲肝暴发流行的主要途径。此次袁浦公社卫星大队甲肝大流行，就是因沿河村民饮用不洁水源引发的。

毛江森立刻意识到，自己寻觅到了研究甲肝的良好机遇。那就是，甲肝患者带有甲肝病毒的粪便，尤其是尚处在潜伏期、将发未发的甲肝病毒携带者的粪便。病毒学常识告诉人们，这些尚未发病者携带着的病毒是毒性最强、最有研究价值的原料。获取甲肝患者的粪便，这是今后研究的基础。毛江森提醒自己，同时也布置给陈念良，要特别注意收集患者家庭中尚未发病者的粪便。

此后，整整 3 个月时间，毛江森和陈念良往返于杭城与袁浦之间，一家一家分发塑料袋，告诉患者怎么把粪便装进袋子、扎好袋口。过几天，他俩再去把这些装有患者粪便的塑料袋收齐带回院里、放进冰箱中，像保护贵重物品一样地贮存起来。清晨出发，傍晚回来。好在路途不算太远，午餐也可在大队赤脚医生家里搭伙。偶尔会有研究院的车子接送，但多数情况下，他俩来回坐公交车。

坐公交车也蛮好的，大车比吉普车宽敞。毛江森这样宽慰着陈念良，同时也安慰着自己。其实，坐公交车真的不好，速度慢是其一，温度高是其二，其三是车况差，隔三差五地出状况。有一次在返回途中，公交车一个轮子滑进坑里。发动机轰隆轰隆地吼了半天，还是上气不接下气，最后趴窝抛锚了。驾驶员只好央求乘客下车帮忙推车。毛江森交代陈念良管好那些宝贝疙瘩，自己也与大家一起推车。好不容易把车子推出坑洼处，只见毛江森的衬衣后背已被汗水洇湿。

这都不算什么，真的不算什么。问题出在另外方面。这问题，不是疲劳，也不是用车，而是味道，还有人们的冷嘲热讽。矛盾爆发点还是在那一路公交车上。那一日，天气似乎特别热，公交车像只大蒸笼，车内人挤人，前胸贴着后背，宛若络麻田里一根根笔直的麻秆。陈念良照例拿着收集来的粪便上车。她一手抓住车上扶手，一手悬空提着粪便袋子。尽管她已十分注意，但在摇摇晃晃的车子上，粪便特有的那股臭味还是一丝丝弥漫出来。车上不知谁先闻到，竟喊出声来：“这车上怎么那么臭呀？好像有大便？”人们本来就觉得有异味，这一提醒，大家的嗅觉与视线一下子集中到异味发出的方位。

“怎么这么不要脸！看上去年纪轻轻、漂漂亮亮的，提着一袋子大便坐车！”

陈念良是个刚跨出卫校大门的黄毛丫头，哪里经历过这种阵势？恨不得有个车缝钻下去！毛江森赶紧站出来解释说这些是原料，是科学研究的标本。一路上，人们仍议论纷纷，陈念良一言不发、如坐针毡。等车子一到站，她第一个冲下去，满满的一眶泪水同时奔涌而出。陈念良当时真想甩手不干了。哪有一个姑娘家干这个的？但毛江森以入情入理的分析，更以自己的实际行动教育了她。陈念良最终坚持了下来。

就像撒网捕鱼一样，一张张网撒下去，不能期望网网有鱼。能够偶尔有一两条鱼甚至是些小雨小虾，他俩就满足了。也许，机遇总是垂青有准备的人。毛江森和陈念良碰上了一个千载难逢的机缘：在卫星大队第 9 小队，他俩盯上了一位葛姓少女患者及其弟弟。少女 14 岁，是名初中生，10 月 7 日发病，3 天后确诊；其弟 12 岁，当时尚未发病，谓之病毒潜伏期。10 月 7 日、10 月 9 日、10 月 12 日、10 月 25 日，毛江森和陈念良连续几次有效地收集到了这对姐弟的粪便样品。那位少年在其姐姐确诊甲肝 7 天后如期发病，其粪便成了潜伏期病毒样品。潜伏期病毒是最厉害的，毛江森如获至宝。这个粪便样品，日后成为甲肝毒株的来源，成为甲肝 H_2 减毒活疫苗的病毒株，为毛江森团队的甲肝科研项目立下了汗马功劳。

毛江森和陈念良用 3 个月时间，收集了 100 余位患者的多次粪便，足够装满两大冰箱，为后来的攻坚战贮备了足够多的“粮草”和“弹药”。

用近身肉搏术擒拿病魔

毛江森的高明之处在于远见卓识和未雨绸缪。在收集甲肝患者粪便的同时，他已着手分析粪便，雄心勃勃地向甲肝病毒发起第一波冲锋：分析粪便，检测与甲肝病毒有关联的抗原。找到特异性高的抗原是获得理想免疫结果的首要条件。对这一点，毛江森心知肚明。

但，难题接踵而至。

首先是人手不够。那时，院里还没有将甲肝病毒分离列为重点项目，仅仅是毛江森与陈念良两人在鼓捣。毛江森既是指挥员，又是战斗员，还是后勤员，什么事情都得亲力亲为。他既要提出思路、拟订方案，又要操作仪器、试验配比。他在实验室一待，就把什么都忘了。一直等到全院所有人都下了夜班，等到全院所有办公室都关了灯，毛江森还在实验室里忙碌着。那时，陈念良年轻、又是未婚，时间相对比较充裕，她也跟着毛江森一天到晚连轴转。

再一个问题是对身体的影响。试验室安在办公楼底层一个角落处，空气流动性不好，他俩整天置身于这种臭烘烘的环境中。每天上班第一件事就是打开冰箱，从 −40℃的冷冻格里把一袋袋粪便标本取出来，待它化冻升温后，再一勺一勺舀出来，小心翼翼地放进玻璃瓶内，倒入甲肝患者的血清，倒入来自美国的参考血清。参考血清是由美国国立卫生研究院①从黑猩猩感染病毒后制备，捐赠给世界卫生组织，再由世界卫生组织转赠给我国卫生部药品生物制品检定所。毛江森好不容易才搞到它。然后倒入上海洗涤二厂生产的聚乙二醇，再倒入上海曙光化工厂生产的氟利昂。倾倒完毕，毛江森熟练地用玻璃棒拌均匀。立时，玻璃瓶内那些液体会分成不同色泽和浑浊度的隔层。远远看去，极像被泡开的茶叶汁水。随后，毛江森把这些玻璃瓶置放于离心机格子里。

病毒室因为缺钱，买不起高质量离心管，毛江森就用普通玻璃瓶替代。但玻璃瓶常常因经不起离心机的折腾而砰然破裂。实验因此中止，毛江森和陈念良只好从头再来。一次次离心实验，玻璃瓶一次次破裂，一次次从头再来。毛江森已记不清重复了多少次。一旦离心实验结束，打开离心机门，一股浓重的臭味就会扑鼻而来，差点把人熏晕。顾不得臭与香，

---

① 美国国立卫生研究院是美国最高水平的医学与行为学研究机构，初创于 1887 年。

毛江森、陈念良抓紧时间提取上清液，寻找病毒。从实验室里出来，两人浑身上下都散发着浓浓的臭气。不要说同事和家人，就是他俩自己都能闻得到。那段时间，年轻的陈念良只要一看见类似玻璃瓶中盛着的浑黄色液体，就反胃呕吐。

毛江森十分清楚，实验的关键在于找到一种高效而简便的检测甲肝患者血清抗体的方法。甲肝血清学诊断在当时中国是个亟待解决的难题。国际上经典检测方法是同位素标记法。这种方法基于病毒竞争原理：血清中的抗体大多被包裹在球形病毒的外层或桥臂上。加入标记物同位素后，同位素所带有的抗体就会与血清中原有抗体产生竞争。如原有血清中存在大量抗体，占据着许多位置，那样加入的同位素抗体新占据的位置就会非常少；如原有血清中没有抗体或很少有抗体，则同位素抗体就会占据大部分位置。人们可以从同位素 CPM 值上读出这种差异，从而确定抗体的多寡与强弱。

毛江森首先尝试着用同位素 ^{125}I 来寻找甲肝抗原。他俩用已知的甲肝抗体去“诱捕”甲肝抗原，就像渔翁伸出钓钩诱饵一样。然后用 ^{125}I 作出标记。^{125}I 具有极强的放射性、挥发性，对人体有损害。没有什么放射性防护设备，他们就在制服外再套上一件塑料衣充当“防护服”。然后将同位素检测试管放进铅罐中，再在实验桌上离胸口最近的位置放上一个铅块，作为防御放射性的“围墙”。毛江森很快发现，同位素标记法对实验人员危害程度高且检测敏感性较差。他开始考虑另辟蹊径。

此时，毛江森从资料上看到国际上出现了检测甲肝病毒抗原的新方法——放射免疫沉淀反应法，美国雅培（ABBOTT）药厂还研制出 EAVAB-M 肝药盒，敏感性与特异性都很好。与陈念良和后来加盟的黄海鹰说清后，毛江森果断淘汰同位素标记法，改用放射免疫沉淀反应法，开展酶联免疫吸附试验，以测定甲肝 IgM 抗体。

间接法酶联免疫吸附试验的原理是，甲肝患者感染病毒后，受感染者血清中最先出现的甲肝抗体是 IgM 抗体。此种抗体维持时间较短，所以，检出血清中是否具有甲肝 IgM 抗体，是患者近期内是否感染甲肝病毒（HAV）的标志。毛江森团队采用纯化的甲肝抗原（HAAg），经甲醛灭活后，包被起来置于4℃中保存备用。然后，采用北京生物制品研究所生产的马抗人IgM抗体酶结合物，经实验室进一步纯化，并用过碘酸钠法标记美国西格玛公司生产的辣根过氧化酶，再加上柠檬酸、磷酸氢二钠、蒸馏水、邻苯二胺等物。上述步骤完毕之后，他们将已经过纯化的甲肝病毒抗原与待测标本中的甲肝IgM抗体（第一抗体）结合，然后再与带有酶标记的马抗人IgM抗体（第二抗体）形成复合物，最后加入相应的酶底物。毛江森目测试验物所呈现的颜色反应或光密度（OD值），便可判断出是否存在甲肝抗体（IgM）：凡待测血清标本呈黄色的，即判为甲肝IgM抗体阳性；无色或弱黄色者，即判为阴性。为检验E-HAVAB-M法的科学性与精确性，研究团队物色了10位甲肝患者急性期和恢复期的双份血清进行检测。结果证实，该10名甲肝患者在其恢复期血清中甲肝抗体获得4倍以上增长。

两年中，毛江森团队应用该方法为杭州及全国各地检测疑似肝炎及部分正常人群的血清标本1492人份，其中甲肝IgM抗体阳性者244份，占16%。同时，为弄清该方法是否存在非特异性反应，毛江森还指导研制团队随机搜集了116人份乙型肝炎表面抗原阴性的脐带血，采用E-HAVAB-M法测定试验，结果皆属阴性，并由此证明该方法无明显的非特异性反应存在。经过一段时间反复试验检测，至1978年10月，毛江森团队宣布放射免疫沉酶反应法获得成功。

初战告捷。毛江森顺着检测方法的思路继续延伸：虽然这种方法研究机构能用，但一般医院不可能有全套检测甲肝病毒的设备；即使有，医院和患者经济上也承担不了。能否找到一种高度敏感和特异的检测技术，采用患者血清或粪便能直接简便地检测出甲肝病毒，从而代替放射免疫法？这个念头一萌生，毛江森就像掉了魂一般。他回忆起自己在中国医科院工作的经历，想起自己做过的各种各样实验，最终想到了试剂和试剂药盒。毛江森说干就干。因为技术上已过关，制作试剂药盒主要是物理包装问题。他们设定每份药盒的剂量刚够检测10份血清，内装已包被HAAg的聚苯乙烯40孔板；酶联结合物1瓶，阴性参考血清1瓶，阳性参考血清1瓶。1981年年初，由毛江森团队研制的甲肝试剂药盒低调推出。先后在全国 17 个省市、40 个卫生单位试用。毛江森建议院里为此成立一个科技服务公司，专门负责营销。谁知，试剂药盒刚一问世，就广受各地医院和患者欢迎，根本不用服务公司做什么市场推销。

1983 年，甲肝 IgM 抗体诊断盒获浙江省科技成果三等奖。同年 6 月，卫生部委托浙江人民卫生实验院在杭州举办全国“甲肝血清学诊断及病原检测进修班”，向全国推广，25 个省市区医疗机构人员到会。毛江森团队在进修班上进行了介绍和操作示范。

一炮打响、轰动业界。甲肝试剂药盒产品供不应求，各地医院供销人员提着现钱、排着队到浙江人民卫生实验院门口购买。浙江人民卫生实验院扎扎实实地赚了一笔钱，为后来甲肝疫苗研究积累了充裕经费。但毛江森并没有因眼前利益而陶醉，他的目光始终紧盯着甲肝疫苗那个高远的目标。

1978 年年底，毛江森躲在自己的陋室里，开始着手撰写医药卫生科研题目计划书，准备向院里提出甲型肝炎病原研究项目。但从实验条件看，缺的东西太多了。没有高分辨率的电子显微镜，缺乏组织细胞培养条件，更缺少动物房。要把纸面上的计划移植到现实中、落实在实验室，只能自力更生，逐步创造条件。毛江森决定先把实验开展起来再说。

3 个月后，毛江森团队终于从实验室中得到了期盼已久的甲肝病毒抗原：杭州甲 –1、杭州甲 –2、杭州甲 –3。随后，马不停蹄地进行下一步实验。大致过程是这样：选用典型甲肝患者恢复期 3 个月的血清，测定其抗体滴度。以 1∶16 进行稀释，取其一半加入 TBS 缓释液，并摇匀置放进 37℃的容器里。一小时后取出，放进 4℃的容器中过夜。之后，用 45000 转 / 分的离心机转动 2 小时。离心结束后，倒掉上清液，留下沉淀物。接着，用适量的蒸馏水溶解沉淀物，再将经溶解后的液体滴片于电镜铜网上。稍候数分钟，用过滤纸吸干剩液，再滴入磷钨酸，放置于 33℃环境 2 小时，使之烘干。这就获得了电子显微镜检片，可供 H–500 型电子显微镜下观察。

彼时，浙江人民卫生实验院乃至浙江省都还没有电子显微镜，毛江森只能先尝试着用普通显微镜作观察测定。在普通显微镜下，各种细菌、病毒亲昵地掺杂在一起，严重模糊了毛江森观察的视线，搅乱了毛江森的思维判断。毛江森及时明白过来这样下去不行，应当采用免疫电镜法来做甲肝病毒检测。免疫电镜法是指把免疫化学技术与电子显微镜技术有机结合起来、研究抗原抗体的一种技术方法，它可在超微结构水平或分子水平上展示物件的内部或表面。要么不做，要做就要逼近最前沿。同事们在闲谈中言及，武汉大学医学院刚进口了一台电子显微镜。说者无心，听者有意。毛江森闻讯后大喜，立马带上甲肝病毒标本直奔武汉而去。不巧的是，武汉大学医学院那台新进口的电子显微镜近日居然坏了，学校正准备请产地国技术人员前来维修。与此同时，热心的工作人员告诉毛江森河北医学院有台质量更好的电子显微镜，建议他们去那里看看。

真的？本来已失望透顶的毛江森听到这一消息，突然来了精神。宛如刚感觉上天无路、入地无门之时，有人从天上给他放下一部梯子。元旦刚过，春节临近。毛江森根本无暇顾及这些，手提着他心爱的宝贝，打探到河北医学院的地址，带上一个助手风尘仆仆地赶了过去。这是一台刚从国外进口的电子显微镜。河北医学院老师一听毛江森在研究甲肝病毒，为毛江森大开方便之门，还特意找了一位电子显微镜专家配合他工作。

终于，毛江森第一次在电子显微镜下清晰观察到了甲肝病毒颗粒。在24万倍电子显微镜视野下，甲肝病毒无处遁逃，终于显现原形。只见有数十个至数百个球形的病毒颗粒被抗体包裹着。病毒颗粒分实心和空心两类，直径约为27—28纳米，相互混杂聚合。由于抗体分子的相互作用，病毒颗粒高度集聚。病毒颗粒外壳体上子粒清晰可数，每个球面上有20个子粒，等间距离，工整规则；每颗子粒伸出须根连接起抗体，子粒借此通道汲取养分。这是毛江森梦寐以求的画面，也是毛江森前半生看到的最华美、最亮丽的图画。电子显微镜下的光斑明明是黑色的，但在此刻毛江森眼里恰如七色彩虹般绚丽夺目。看到的明明是万恶的病毒，但在此刻毛江森心里却恍若遇到了心仪的恋人、久违的故人。毛江森眼下面临的场景、呈现的心情，正如著名科普作家克莱夫·汤普森所描写过的那种“片刻的狂喜”。

毛江森抑制住激动而兴奋的心情，稳住神，憋住气，拍摄好两张照片，然后迅速写下几行文字：

电镜标本号：100，2294

来源：T086-1（葛 ××）粪便提取物

放大：240000

电镜：日立 H500、75KT（河北医学院）

日期：1979 年 1 月 13 日

记录：毛江森

1979 年 1 月 13 日，对毛江森而言，对中国甲肝防治历史而言，是一个有着特殊意义、值得永远铭记的日子。这是继美国病毒学家弗瑞斯特（Forrester）博士于 1973 年用免疫电子显微镜在世界上首次发现甲肝病毒颗粒以后，中国人第一次观察到甲肝病毒。

次日下午，毛江森和助手跳上石（石家庄）德（州）火车，欣然而归。返杭后，毛江森做的第一件事就是根据实验结果撰写论文《甲型肝炎患者粪便中分离的甲型肝炎病毒》，浙江人民卫生实验院院报迅速刊登并于 1979 年第一期推出。这是毛江森撰写的第一篇有关甲肝病毒研究的论文。

同年，毛江森因成功分离出我国第一株甲肝病毒，获得浙江省科技成果一等奖。

描摹出甲肝病毒潜伏“联络图”

胜利似乎比预想来得早。

但毛江森很快从喜悦中挣脱出来，按照既定技术路线，开始进行甲肝患者粪便的病毒抗原动态研究。毛江森想的是，要彻底弄清甲肝病毒在患者体内感染、繁衍、增殖、死亡、排泄的周期，描摹出甲肝病毒的抗原动态图。

此时，甲肝病毒研究越来越得到院所两级重视，病毒室规模有所扩大，参与研究人员逐渐增多。实验室操作，除毛江森、陈念良、黄海鹰外，柴少爱等一批专业人员先后加盟。毛江森特意编写了 4 本《实验室手册》，明晰提出实验室的基本知识与要求、仪器操作规程等。然后，他亲手用钢板蜡纸刻写出来，再油印成小册子，供大家学习对照。

如果把分离甲肝病毒、观察形状比作大海捞针、上山擒虎的话，那么测定甲肝病毒的繁衍周期，就仿如挑选新兵进行阅兵式训练：一招一式都得从头来，进行准确定位，任何偏离与不准确都不允许。

1978 年收集的患者粪便和健康者对照粪便在此时派上了大用场。此时，陈念良才明白过来，毛江森当时为什么让自己收集那么多粪便样本。

试验继续采用放射免疫方法进行。首先，准备好急性甲肝患者的病毒标本。放好血清，血清有 4 种：患者潜伏期血清、患者发病早期血清、患者急性发作期血清、美国国立卫生研究院用黑猩猩制备的参考血清。其次，将患者粪便病毒置入差速离心器中，加入聚乙二醇、氟利昂等，旋转、离心、纯化、浓缩，测定甲肝病毒抗原，然后再用放射免疫法进行沉淀反应。将选定的患者血清与杭州甲 -1 病毒株，测定患者甲肝抗体滴度，加入北京原子能研究所提供的 ^{125}I、脱盐，最后加入事先准备好的牛血清蛋白饱和。为了准确，毛江森要求每次试验都做 2 份标本。加上 2 份对照标本，往往是 4 个试管同时操作、同步旋转，大大增加了准确性。当然，也大大增加了工作难度和劳动强度。日以继夜、夜以继日，日复一日、月复一月。一次次重复，一次次失败，用了近半年时间，在望江山医院经文采院长的配合和同事们的支持下，实验终于有了结果。

毛江森团队用患者血清中谷丙转氨酶指数高峰日作为客观指标，清晰地看到并具体列出了甲肝病毒的动态时序：最早排泄甲肝病毒的患者在高峰日前 19 天，最晚排泄甲肝病毒患者在高峰日后 11 天，患者个体最长排毒跨度约 25 天。粪便中谷丙转氨酶指数检出率由高至低的顺序为：谷丙转氨酶指数高峰日前后各一周、高峰日前两周内、高峰日前第三周、高峰日后第二周。高峰日的第三周未能检测到，似乎说明高峰日后第三周甲肝病毒已消失。在这一实验中，毛江森团队还观察到几例排毒特早、持续时间特长的患儿：一名典型的甲肝患儿其排毒起始于谷丙转氨酶指数高峰日前 19 天，在高峰日后 6 天仍检测出其带有甲肝病毒，前后长达 25 天之久；另一位甲肝患儿前后也达 20 天左右。这两个病例代表了一种长时间排毒类型，与国外在少数黑猩猩及人工感染中观察到的现象不一致，印证了毛江森的另一个猜想：患者早期甲肝病毒有可能来源于患者肠道组织。也就是说，甲肝在自然感染中，人类的肠道组织有可能增殖甲肝病毒，甲肝病毒可能有两个排毒周期。1979 年 3 月，毛江森领衔研究的“建立放射免疫沉淀反应检测甲型肝炎病毒”课题获得浙江省科技成果二等奖。

1979 年 4 月，毛江森开始领衔撰写论文《甲型肝炎患者粪便中排甲型肝炎病毒抗原动态的放射免疫研究》。这是毛江森团队研究甲肝病毒的第一篇论文，值得写入传记。论文摘要如下：

> （1）用放射免疫沉淀反应检测了 13 名甲肝患儿共 44 份粪便中的 HAAg，结果 31 份阳性。粪便中 HAAg 检测率由高至低的顺序：SGPT 高峰前后各一周阳性 13/15，高峰前两周 16/21，高峰前第三周 5/8，高峰后第二周 3/5，高峰后第三周 0/2。
>
> （2）对 10 名甲肝病儿粪便中排 HAAg 进行了动态研究，提供了自然流行中排 HAAg 的若干模式。粪便中排 HAAg 最早检出者为 SGPT 高峰前 19 天，最晚在高峰后 11 天，个体最长的排毒时间至少为 25 天。早期的粪便标本排毒强度高，随时间而强度降低。
>
> （3）讨论了甲肝病毒在肠道增殖的可能性。①

毛江森团队在论文中描绘了一张动态图。毛江森认为这张动态图对考虑甲肝防治措施具有指导意义。另外，他指出甲肝患者排毒开始得那么早、持续时间那么长，这在流行病中并不常见，对此，应该引起严重关切。

---

① 毛江森，经文采，丁占初，等：甲型肝炎患者粪便中排甲型肝炎病毒抗原动态的放射免疫研究。《浙江人民卫生实验院报》，1979 年第 1 期，第 1–7 页。

另一篇介绍分离出甲型肝炎病毒抗原的论文《从病人粪便中分离的甲型肝炎病毒抗原》稍后发表于《微生物学报》1980 年第 2 期。毛江森等在论文中指出，他们从一批患者黄疸前期或血清谷丙转氨酶（SGPT）高峰前期的粪便标本中分离出 3 份病毒抗原，通过形态学观察及血清学检查等认为属于甲型肝炎病毒。研究结果表明，杭州甲—1 等病毒抗原有较好的抗原性，具有一定的使用和参考价值。目前已知甲型肝炎抗原即病毒颗粒本身，故可以认为杭州甲—1、杭州甲—2 及杭州甲—3 属于与 MS—1 病毒有相似抗原性的甲型肝炎病毒。①

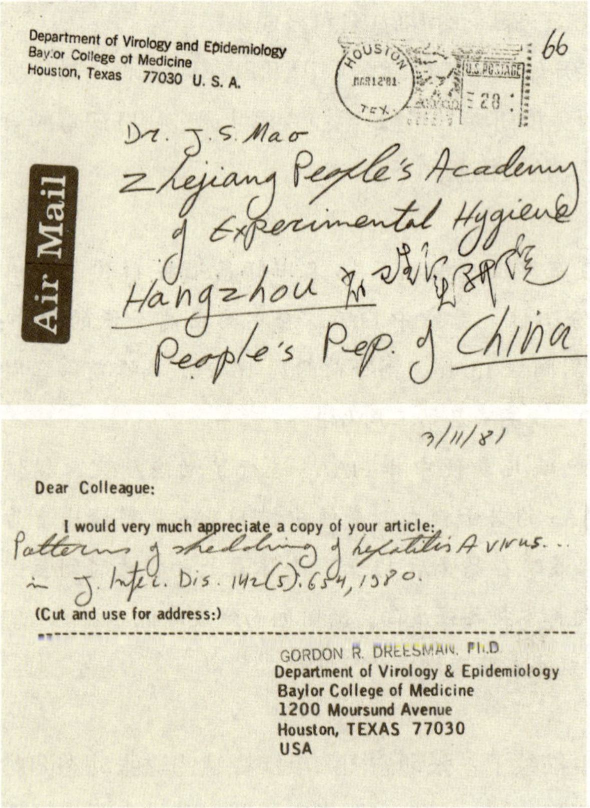
Department of Virology and Epidemiology
Baylor College of Medicine
Houston, Texas 77030 U. S. A.

Air Mail

Dr. J. S. Mao
Zhejiang People's Academy of Experimental Hygiene
Hangzhou
People's Rep. of China

3/11/81

Dear Colleague:

I would very much appreciate a copy of your article:
Patterns of shedding of hepatitis A virus...
in J. Infec. Dis. 142(5).654, 1980.

(Cut and use for address:)

GORDON R. DREESMAN, PH.D
Department of Virology & Epidemiology
Baylor College of Medicine
1200 Moursund Avenue
Houston, TEXAS 77030
USA

图 4-4 贝勒医学院向毛江森索要甲肝病毒研究资料的明信片（1981 年）

1980 年 1 月 24 日，浙江省科委在杭州召开科研成果鉴定会，对甲型肝炎病毒抗原、抗体提取和检测技术进行鉴定。专家们一致认为，这是一项重大科研成果，检测技术已接近国际水平。

似乎为了印证浙江省鉴定会作出的结论，美国《传染病杂志》② 在 1980 年 11 月第 142 卷 第 5 期 上用 6 页篇幅发表了毛江森领衔撰写的《自然感染甲型肝炎病毒

① 毛江森，余佩华，黄柏章，等：从患者粪便中分离的甲型肝炎病毒抗原。《微生物学报》，1980 年第 2 期，第 222–224 页。

② 《传染病杂志》是美国传染病学会的机关刊物，创刊于 1904 年，半月刊。

患者粪便中甲肝病毒排毒模式以及抗体反应》一文。《传染病杂志》是国际顶尖的学术刊物。据说，这是中国改革开放后，该刊第一次发表中国学者有关病毒学研究的论文。在这篇论文中，毛江森团队再次详细介绍了分离甲肝病毒的情况及过程，列出并论证了一个人从感染甲肝病毒到病毒繁殖、达到高峰日、产生 IgG 抗体和 IgM 抗体、黄疸出现、甲肝病毒消失的全部数据，清清楚楚、明明白白。这是在人类甲肝历史上，第一次如此清晰描述甲肝病毒藏匿、增殖、作恶、消亡的轨迹。

这篇论文在国际甲肝病毒研究领域乃至整个病毒学界引发了轰动，其影响和声势远远超出毛江森的预料。那时，世界上还没有使用互联网，但一段时间内，海外信函、邮包纷至沓来。有的赞誉肯定其研究成果，有的要求进行交流，有的恳请复印邮寄论文，有的大学计划纳入辅助教材，作为学生课外研究课题。美国芝加哥博物馆有位研究灵长类动物的专家还把自己的研究成果寄给毛江森，希望彼此进行合作研究。后来，有人做过粗略统计，来信来函总数达 479 人次。

第五章
众里寻他千百度

寻找能做实验的“孙悟空”

20 世纪 80 年代初，国外甲肝病毒研究呈现万马奔腾之势，科学家接连取得重大进展：已获得甲肝病毒的可靠检测方法，如放射免疫、免疫电镜等；发现对甲肝病毒易感动物猩猩和狨猴；对甲肝病毒的物化性质进一步清晰，确认为肠道病毒；已将病毒在组织培养细胞中连续培养至第八代。国内对甲肝病毒的研究也渐次铺开。据悉，毛江森的上医师妹胡孟冬[①]也在开展甲型肝炎病原学、方法学及甲乙型肝炎病毒的研究。

1980 年 6 月 19 日，毛江森着手起草又一份科研题目计划任务书，向院里提出下一年度科研计划。在这份任务书中，他分析了国外甲肝病毒研究的最新信息，通报了国内同行的研究情况，简述了病毒室两年半来取得的进展，并提出计划开展病毒在组织细胞中的连续性培养课题。这一课题

① 胡孟冬（1937-），安徽黟县人，旅美学者。毕业于上海第一医学院医疗系，后考入慕尼黑大学。从事甲型肝炎病原学、方法学以及甲乙型肝炎病毒研究。

的基本构想是：寻找国内能获得的敏感动物，进而将从自然界患者粪便中提取的病毒注入此类动物中，探索在灵长类动物细胞内增殖的可能性及其条件。

其实，早在1979年2月，美国同行赫尔曼等人就首先报告利用组织培养细胞增殖甲肝病毒获得成功。这是人类第一次用组织细胞培养分离出甲肝病毒，也是世界上唯一一例用狨猴做的实验。但用昂贵的珍稀动物狨猴和黑猩猩做实验，我们没有这个条件。此外，联邦德国科学家证明一株人肝癌细胞也可支持甲肝病毒繁殖。但他们并没有重复实验，更没有推广应用。因为联邦德国科学家意识到这是一株人肝癌细胞，用这种细胞培养出来的病毒具有极高的风险性，不能用于人体；而且这株细胞同时含有乙肝病毒基因，如果用了，有可能把乙肝病毒植入人体。再加上这株细胞很难培养，需要纯度极高的牛血清。这些理由和限制迫使毛江森只能另寻他路。

寻找容易获得的且对人甲肝病毒易感的动物，成为推进研究的一道高门槛。只有找到这种动物，才能研究甲肝的病原、发病与免疫机理乃至疫苗，才可以提供病毒的稳定来源，建立起动物模型。

毛江森想到了猕猴。当时他在中国医科院就曾用小白鼠、猕猴做实验。因为实验偶尔会用到猴子，毛江森对猕猴并不陌生。猕猴亦叫恒河猴、红面猴，体长五六十厘米，尾巴短短的，全身棕色和棕灰色混杂。猕猴分布广泛，栖息于草原、沼泽及各类森林，往往成群生活，以树叶、嫩枝、野菜等为食，也会捕食其他小动物。猕猴适应性强，容易驯养繁殖，生理上与人类较接近，常被用于进行各种医学实验。不过，迄今为止，还没有人从血清学及病原学上试验过猕猴对甲肝病毒的可感染性。没有，就意味着他们是先行者。毛江森决定试一试、闯一闯，组织培养实验先用猕猴探探路。

随着甲肝病毒室名气渐渐扩大，实验依次铺开，人手明显不够，毕业于宁波卫校的刘春江等人陆续进入病毒室。毛江森负责抓总，并将病毒室人员分为细胞培养组和动物组，细胞组由陈念良负责，动物组由黄海鹰负责，大家分工协作，密切配合。

科研，自然需要钱。为此，毛江森通过申请获得53元研究经费。

钱有了，但到哪里去找猴子呢？没有猴子，一切实验都无从谈起。正当毛江森心急火燎之时，有位青年技术人员跑了进来，向他讲述自己去杭州动物园游玩的新鲜事。毛江森立马灵光闪现，并交代黄海鹰马上与杭州动物园联系。但动物园里的猴子都是一个萝卜一个坑，没有一只多余的。但他们与遂昌山区有业务关系，可以帮忙留心一下猴子信息。没过几天，杭州动物园工作人员来电告诉黄海鹰遂昌县王村口公社有只猴子，毛江森马上让黄海鹰带着动物组的人赶了过去。

原来这是家猎户。前段时间，猎户捕获了一只猴子，一直养在家里。谁知这是一只已怀孕的母猴，前几天刚生下一只小猴，乡村里没人领养，他自家又养不起，所以想托人卖掉。黄海鹰一看，这是只恒河猴，十分瘦弱，不是很理想，但有总比没有好。杭州人到山区收购猴子的消息很快在小山村不胫而走，不一会儿就聚集起不少围观的村民。就在黄海鹰把钱付给猎户准备离开时，另一位一直在现场转悠的村民说他家昨天也抓到了一只猴子，是只精瘦灵光的老猴子，有点像《西游记》里的孙悟空，问黄海鹰要不要。这里还有孙悟空？黄海鹰一听“噗嗤”就笑了！但既然来了，过去看看也无妨。果真，那老猴子也是只恒河猴，但与众不同。猴子被主人拴了根铁链，铁链另一头被系在树桩上。此刻，一些小孩正在与其玩耍。那猴子看上去身强力壮、一副见多识广的神情。见有人前来，活蹦乱跳、爬上爬下、翻起跟斗，似乎在展示它的十八般武艺。主人把它说成《西游记》里的孙悟空，还真有那么一点点意思。黄海鹰知道毛江森要做许多实验，需要很多猴子，就一并买了回去。

捡回来的样本

经过检查，这一老一小猴子体内没有抗体，符合毛江森提出的实验条件。在黄海鹰的协助下，毛江森将实验室里分离出的甲肝野毒株，注射进两只猴子体内。从这一刻开始这两只猴子成了病毒室的宝贝。动物组 3 个人轮流照顾它们，每天好吃好喝地伺候着。同时，每周抽血化验一次，以便确认有无感染。如果感染了，那就说明恒河猴可以作为甲肝病毒感染实验的动物；如果没有感染，就说明此物不行，得另辟蹊径。毛江森经常站在猴笼边上，静静地观察它们。

3 个月后，那只体弱多病的小猴子大概经不起实验的折腾，死掉了。剩下那只老猴子显得孤孤单单。毛江森来的次数倒是更多了。每天，他总要围着这个名不副实的“孙悟空”转上几圈。没有想到的是，元旦前夕，老猴子快速消瘦，几天之后竟然倒地不起。黄海鹰准备悄悄处理尸体，也不枉与它相识一场。

那几天，毛江森恰巧到外地开会。等他回来时，听说那只老猴子正被处理，便二话没说，让黄海鹰把那老猴子捡回来。黄海鹰愣在一旁，不知毛江森要干什么。只见毛江森快速把老猴子尸身拖进实验室，果断地进行心脏穿刺采血，然后剖开猴腹、取出肝脏，在灯光下反复观察。很快，毛江森看到了死猴肝脏部位的病灶，并熟练将其做成病理检验切片。与此同时让黄海鹰找来一只棒冰壶，将那些血样装进去，放进冰箱里。

原来，外出开会期间，毛江森的思路并没有离开这只实验中的猴子。他开始怀疑是他们现有的检测仪器不够先进，无法检测出猴子已感染上甲肝病毒。正考虑更换检测设备。当他返回院里听说老猴子也死了，心中更是增添了许多疑惑：这么健康的猴子为什么突然死亡？病因是什么？通过对老猴子尸身进行观察，发现病征很像甲肝患者。由此，他高度怀疑这只老猴子感染了甲肝病毒，并下决心彻底把它搞清楚。这才动刀解剖，求得验证。

目测可能有误。毛江森需要科学依据和精确数据来支撑。他联系好北京协和医院检测中心，让黄海鹰抓紧带上死猴血样，用协和医院的先进设备检测一次，以求得确认。协和医院检测乳酸脱氢酶的结果很快出来，结论与毛江森的预判完全一致：那个被戏称为“孙悟空”的老猴的的确确感染了甲肝病毒，而且病得不轻，以致最终死亡。

检测说明，恒河猴能够感染甲肝病毒。

研究院仿佛成了养猴场

黄海鹰将检测结果拿回来了，但毛江森还是不满意、不放心。假如，这只猴子是一种特殊情况呢？假如，他们的试验是瞎猫碰上死老鼠——运气好呢？科学来不得半点虚假和假设。毛江森要用确凿的试验数据来证实，这种甲肝病毒感染现象是恒定的、普遍性的、可重复的。而且这一次，毛江森不仅要试验猕猴对甲肝病毒的可感染性，他还要跨越一步，试验猕猴甲肝病毒第二代感染。于是，他托人从遂昌山区找到了两只猕猴，其中一只作为第二代传染试验的对照对象。

毛江森团队开始猕猴感染甲肝病毒的第二次试验。先是将实验猴进行隔离喂养两周，在此期间做好各项指标检查，确认阴性，符合试验要求。接下来，方法、步骤与第一次基本无异。毛江森在旁指导，陈念良具体操作：对粪便离心、沉淀、氟利昂处理，加入生理盐水，还有其他液体。只见试管、液体、仪器在毛江森和陈念良手中不停地变化着、变幻着，看上去有条不紊。准备工作就绪，黄海鹰带人给猕猴采血和接种。之后，进行隔离喂养。实验猴的食谱比较高档：每天喂玉米 4 次、苹果 2 个、牛奶 100 毫升，实验期间定时采集其粪便及血液；另一只作为对照组的猕猴则被隔离在另一个房间，正常喂养护理。

实验真的很长，长达 134 天。在这 4 个多月时间内，毛江森指导团队人员不停跟踪检测着实验猴的血清指标、甲肝病毒抗体产生指标、粪便中甲肝病毒抗原指标、甲肝病毒在氯化铯上浮密度等。到第 134 天，那只实验猴病死。毛江森觉得必须进行实验猴的病理解剖及内脏组织学检查。结果发现，实验猴体重减轻 350 克，心肺肠胃脾肾等均属正常，唯肝脏明显肿胀。肝组织切片可见小灶性干细胞坏死。在接种 7 天后，粪便中开始排泄甲肝病毒颗粒；在第 4 周出现排毒高峰期，最后因严重感染甲肝病毒而死亡。从实验猴粪便中提取出的甲肝病毒与人甲肝病毒在抗原性上相同，用免疫电子显微镜可清晰观察到典型的甲肝病毒颗粒。

第一步试验获得意料之中的成功，毛江森决定乘胜追击，进行第二代传染试验。参照第一代试验方法，为参与第二代实验的两只猴子做好所有准备。团队从第一只病死的猕猴粪便中分离出甲肝病毒，其中一只实验猴采用静脉注射法，另一只实验猴采用鼻饲管灌服法。采用病毒接种法的实验猴从接种后第 7 天开始至第 29 天，排泄出甲肝病毒；到第 4 周，出现明显的被感染症状，血清谷丙转氨酶指标异常升高。与此同时，采用口服病毒的实验猴从接种第 11 天开始，排泄出甲肝病毒；到第 8 周至 10 周时，血清谷丙转氨酶也急遽升高，感染症状明显。试验从肝病理组织学检测、血清抗体反应、粪便取液分离三方面证实，猕猴对人体甲肝病毒易感。毛江森预设的甲肝病毒第二代传染在猕猴身上获得进一步证实。

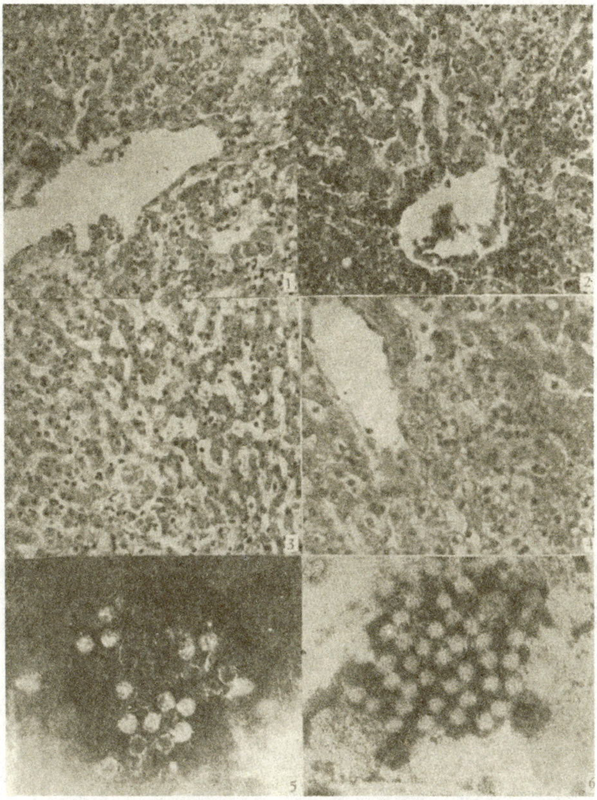

图 5-1　猴体接种甲肝病毒后的肝切片组织学检查和从该猴粪便提取液中观察到的甲肝病毒颗粒（1981 年）①

1981 年 6 月，由毛江森领衔主笔的长篇科研论文《甲型肝炎病毒实验感染猕猴的研究》在《中国科学》发表，引起科学界瞩目。

① 毛江森，郭杏英，黄海鹰，等：甲型肝炎病毒实验感染猕猴的研究。《中国科学》，1981 年第 6 期，第 765-772 页。

本文报道了无甲型肝炎病毒抗体的猕猴（红面猴 Macaca speciosa）实验感染人甲型肝炎病毒的结果。猕猴感染甲型肝炎病毒后的主要变化有：肝组织出现肝炎的病理学改变；血清谷丙转氨酶、乳酸脱氢酶同功酶（LDH5）活性异常升高；粪便中有甲型肝炎病毒排出；血清中出现相应的特异性抗体。

接种 13 天后，从猕猴粪便提取液中，用放射免疫、免疫电子显微镜及血清学检测方法证明，排出的是人甲型肝炎病毒，它在氯化铯上的浮密度主峰为 1.34 克 / 平方厘米。该分离到的甲型肝炎病毒已在猕猴中成功地传 2 代。此病毒定名为杭州甲 1–A1（HA–A1）甲型肝炎病毒株。

研究成果鼓舞了毛江森及其团队，大大促进了对甲肝病原、感染与发病机理的研究。毛江森及时向所里、院里汇报，并得到院所两级领导大力支持，他们同意猕猴的实验规模逐步扩大。一时间，饲养猴子成为病毒室全体人员的首要任务。院里原有的三层动物楼大部分被腾空出来，开辟为猴子饲养场，有的房间还按照猴子的生活习性作了改造装修。一批批猴子陆续从福建、广西、云南运抵研究院。最多时达到六七十只。那些猴子大多是小猴，活泼爱动，整天在笼子里上蹿下跳、嬉戏玩闹。院子里显得热闹异常。有人开玩笑说卫生实验院变成了水帘洞，有人跟毛江森打趣道当了猴司令。在同事们的玩笑声中，毛江森团队的“不同毒力毒株的猴体试验”悄然拉开帷幕。

毛江森确定选择毒力水平不同的 3 株病毒在猕猴身上进行试验。毛江森心中清楚，他的目标是甲肝疫苗。但要制作出甲肝疫苗，首先要在体外组织细胞培养中使甲肝病毒增殖成功，而要做这样的培养，就得证明国产猕猴对甲肝病毒易感。目标还很遥远，任务仍然艰巨。彼时，美国病毒学家勃郎维斯特（Provost）等人通过病毒在组织培养细胞中的连续传代，已获得了对狨猴和黑猩猩减毒并有保护作用的病毒减毒株。中国人要奋力追赶，争取在猕猴实验中获得突破。

实验具体由陈念良、黄海鹰操作，毛江森负责指导。专家何浙生也于此时加入研究团队，成为毛江森的得力助手。

3 株病毒都是从袁浦那几位甲肝患者粪便中提取出来、后用原生代猴肾细胞培养的。它们在不同温度环境里进行过减毒，保持着不同的毒力。经过 4 周细胞培养，陈念良、黄海鹰先是用免疫荧光检测，然后用冻融、超声波连续处理，并将它们置放进离心机中高速旋转，再加入常规量的抗生素、牛血清等，制作成试验用的液体。之后，将这些液体分装进 3 个试管，1 管用于猴体试验，1 管用于小鼠试验，1 管放进冰箱中备用。

用于此次试验的恒河猴共有 43 只，每只重约 2 千克，属于同一批次，全部来自昆明医学生物研究所猴岛基地。将猴子隔离饲养了一段时间后，进行检验检测，从中选出 17 只符合试验要求的恒河猴，再将这 17 只恒河猴隔离饲养检疫 7 周。

一切准备就绪，猴体试验正式开始。毛江森指导团队对 17 只猴子随机选择，共分成 4 组。实验组为 3 组，每组 4 只猴子，对照组 5 只猴子。分组确定猴子后，黄海鹰带人对实验组猴子进行接种：先从实验猴子一侧下肢中采血，再在另一侧下肢注射病毒悬液。3 株毒株分 3 组注射，共 12 只。而对照组 5 只猴子不采血，也不注射病毒。之后，将每只猴子置于一笼内，单独隔离饲养。注射同一毒株的猴子放在同一房间内。在试验期间，17 只猴子都喂食同一品类食物。若干天后，测定猴体内病毒抗体、血清谷丙转氨酶、乳酸脱氢酶等几项指标。

未出所料，接种 3 种不同病毒株的 12 只猴子其抗体全部阳转，而对照组的 5 只猴子，什么反应也没有。毛江森更关注预料之外的事。他发现其中一种毒株 $H_2M_{20}K_5$（32℃），滴度比其他两种病毒株要低得多。于是，他对全部实验猴进行肝穿病理组织检查，发现使用该病毒株实验的猴肝未有任何异常，而用其他两种病毒株的猴肝都出现了不同程度的淋巴细胞浸润或肝细胞灶性坏死现象。敏锐的毛江森马上意识到，$H_2M_{20}K_5$（32℃）病毒株的减毒水平所诱导的滴度水平对人体产生抗体保护效果至为理想。因为，从理论上讲，人感染甲肝病毒后产生的抗体滴度远较猴子高，已大体达到对恒河猴无毒力反应的水准，并接近美国病毒学家勃朗维斯特（Provost）等人获得的减毒株水平。毛江森由此得出结论：国产猕猴（恒河猴）可以作为检定甲肝病毒减毒水平较好的动物模型。

对于这样的结果，毛江森内心有点兴奋。确定恒河猴可以作为动物模型，能解决很多问题。这不仅是因为恒河猴容易获得，易于今后开展甲肝病毒研究和试验；而且恒河猴比狨猴更接近高级灵长类，其潜伏期与人相似，其对抗体水平、血清谷丙转氨酶、乳酸脱氢酶等指标的检测更为敏感，在肝穿活检上更易于操作。至此，具有中国自主知识产权的甲肝病毒动物模型宣告形成。

减毒，走向疫苗之巅的关键一举

1960 年 5 月 25 日，我国登山健儿以顽强意志，在世界上第一次从北坡登上被誉为地球第三极的珠穆朗玛峰。据登山队员事后回忆，一路上感到最难的不是高寒缺氧、也不是跋涉劳累，而是如何在一片白茫茫的冰雪世界里寻找出安全的行军路线，避开死亡地带，绕过雪崩冰崩。

如果把毛江森研制甲肝疫苗比作登山运动员攀登珠穆朗玛峰的话，他遇到的困难与登山运动员有相似之处：登山运动员难在找到登上珠峰的路，毛江森难在研制疫苗的技术路线。

研制疫苗是毛江森既定的目标。研制什么样的甲肝疫苗，决定于采取什么样的技术路线。从某种意义上讲，技术路线决定了科研的可行性和成功率。正确者，胜出；错误者，失败。

作为多年研究病毒、并亲身参与过小儿麻痹症疫苗调查工作的科学家，毛江森认定预防传染性强、分布面广的病毒病，最经济最便捷的途径是使用疫苗。换句话说，疫苗是人类预防病毒感染的最佳方法。当人们注射了某种疫苗，身体就会模仿自然感染出现初次反应，形成保护性免疫并产生免疫性记忆。这种记忆可以被长期甚至是终生保持下来。当再次受到同类或类似病毒源感染时，人们体内就会产生记忆性应答，且反应迅速，使人避免此类病毒病。这是病毒学家经过百余年研究，逐步告诉人们的有关疫苗的作用机理及价值。1885 年，法国微生物学家路易斯·巴斯德（Louis Pasteur）研制出人类第一支真正意义上的疫苗，用来治疗狂犬病。1955 年，美国病毒学家乔纳斯·索尔克（Jonas Edward Salk）率先研制成功脊髓灰质炎疫苗，并向全世界公开专利。后来，由中国病毒学家顾方舟领衔、毛江森参与的团队研制成功国产脊髓灰质炎疫苗糖丸。

毛江森很清楚，人源甲肝病毒的抗原结构非常保守，只有一个血清型，这对使用疫苗预防甲肝极为有利。研制甲肝疫苗、消灭天下甲肝，是他的既定方针。现在面临的选择是：研制一种什么样的疫苗？当时，国际上通常将疫苗分为灭活疫苗和减毒活疫苗，后来才出现基因疫苗，也就是人们常说的“死”疫苗和“活”疫苗。

应当说，两类疫苗各有优劣。从理论上讲，灭活疫苗没有毒性和感染的任何可能性，人们对此类疫苗信任度较高，但制作工艺复杂，成本高且需接种多次。毛江森认为，甲肝灭活疫苗比较适合发达国家。那些国家卫生经济状况良好，甲肝发病率低，预防对象是个体和某些特殊人群。而我国正处于发展之中，卫生条件较差。尤其是我国甲肝发病率很高，平常年景高达千分之二三，预防接种对象是群体性的，数以千万计。甲肝防治应以控制流行为主要策略，需要构建大面积的免疫屏障。而甲肝减毒活疫苗在这方面具有灭活疫苗无可比拟的优势：它仿照自然生物感染模式，一次使用便可持久甚至终生免疫，而且价格便宜。

但研制甲肝减毒活疫苗难度非常大。彼时，国际上还没有甲肝减毒活疫苗。之前，美国默克公司曾研制过甲肝减毒活疫苗，光试验就用了 2 万只猴子，但没有成功，最终转而研制灭活疫苗。但世界上没有，不等于说中国一定不行。就是要通过研制甲肝减毒活疫苗，让国际同行刮目相看。

需要插叙的是，毛江森在 20 世纪 80 年代初确立的研制甲肝疫苗的技术路线，与后来世界卫生组织提倡的主张竟然高度一致。在 1995 年意大利罗马召开的国际肝炎大会上，世界卫生组织明确指出在经济欠发达国家应推广使用甲肝减毒活疫苗。事后，人们不得不叹服毛江森的远见卓识和战略路径选择。诚然，那是后话。

彼时，摆在毛江森面前的难题是：如何让甲肝病毒株减毒达至理想状态？必须找到一种对人体绝对安全、能产生适度抗体反应而又不会感染甲肝病毒的病毒株。关键在于“度”，也即甲肝病毒的“毒”度：把野生毒株的毒性减弱到不会再引发甲肝疾病，但却能在体外进行无限繁殖复制。从原理上讲，甲肝病毒在体外非靶向细胞中培养、连续传代后，会逐渐变性，慢慢失去对宿主靶细胞的毒力。

毛江森别出心裁地采用短尾猴肾脏单纯细胞作为分离和传代病毒的对象。这个办法在甲肝病毒研究中应用是首次，后来成为研究成功的主因之一。有人曾询问过毛江森，为什么会想到这个办法？毛江森笑笑回答，说不知道。不过，毛江森能说得清的是，如果把甲肝病毒比作寻常意义上的种子，那么这种猴肾细胞就像“土地”。植物长得茂盛不茂盛，除选对种子外，很大程度决定于土地的适宜性。这一点，农民家庭出身的毛江森自然懂得，并将这一原理应用到最尖端的科学实验上。

毛江森团队好不容易找到一只新生一天龄的红面猴。这样的猴肾细胞高度纯净、无毒无菌，对甲肝病毒易感，是理想的实验对象。毛江森和试验人员一起抓紧时间，把那只红面猴的肾脏取出来，用胰蛋白酶制备成单个细胞。然后，再制作成细胞悬液，定量分装后置放于液氮中保存，为甲肝病毒传代试验做好准备。接着，试验团队又用以前已成功的方法提取出甲肝球形病毒颗粒。为谨慎起见，检验人员用免疫电镜法进行检测，毛江森也每每从电子显微镜中进行观察。等到毛江森确认这的确是含直径 27 纳米大小的病毒颗粒后，团队成员再将这种甲肝病毒颗粒与猴肾细胞悬液混合在一起，进行不同温度环境下的测试。

没有一本教科书或一位科学家告诉过毛江森多少温度最为适宜。科学上没有捷径可走。减毒试验是一个绕不过的漫长的艰苦的过程。为此，毛江森团队采取老办法、笨办法，试验温度从人体温度 37℃开始，直至温度降到 35℃时，传代病毒出现理想状态。毛江森团队将甲肝病毒传至第 15 代，然后，以更低温度 32℃再传至第 5 代。

这是我国最先分离出的一株甲肝病毒株，也是国际上用猕猴分离出的唯一甲肝病毒株。这个甲肝病毒株不会再引发甲肝疾病，但却可在动物体内繁殖复制。国内外同行评价，这是毛江森对中国医学事业作出的杰出贡献。

病毒株初步成型后，毛江森团队还需回答一个大问题：当温度再次回升到35℃或37℃时，已经减毒的病毒株是否还会恢复原有毒性？这在医学上叫作“返祖”现象。如果有，则说明甲肝减毒株不成功。据说，美国放弃使用甲肝减毒活疫苗的主因就是因为甲肝疫苗发生了返祖现象，导致每年有七八个接种对象感染甲肝病毒。这既是社会的疑惑，也是毛江森自己心中的课题。作为一名科学家，他需要回答人们的疑问。试验，必须自己先通过，必须在自己心理上先确认：人们使用这种疫苗安全且健康。

H_2病毒株的“返祖”实验旋即在猕猴身上展开。毛江森再次带着团队，将在两种温度下进行过减毒试验并已传至20代的病毒株置放于35℃或37℃环境里。然后，将此种病毒株注射进猕猴体内，进行观察检测。一段时间后证明，已减毒的病毒株不会再升高毒性，也就是说不会发生“返祖”现象。经过若干次重复试验后，最终证实上述结论是准确、可靠的。

攻破传代细胞增殖的难关

作为病毒学家，毛江森了解研制甲肝疫苗的难点在于病毒在体外培养细胞内的繁殖。如果繁殖成功，就有可能继续向疫苗研制的顶点进发；如果失败，那就一切免谈，得另起炉灶、重新寻觅上山道路。

毛江森清楚他的同行、美国病毒学家勃朗维斯特（Provost）、赫尔曼（Herman）和费雷明（Ferrermin）已经证明甲肝病毒可以在体外培养细胞内增殖。毛江森也清楚他们所用的细胞是来自猴胚肾细胞和狨猴肝原代细胞。这种细胞来源稀少且价格昂贵，浙江人民卫生实验院肯定买不到、买不起。再说，毛江森从开始时就采用猕猴做试验，而且已证实猕猴为易感动物，那就仍可以继续采用猕猴做实验。

有专家打比方说，病毒株就像水稻的秧苗，体外培养细胞就像种植秧苗的农田。只有找到土壤、水况、肥力、气候等相匹配的水田，才能种出优质高产的稻米。这样的“水田”在哪里？

毛江森想起了远在昆明的老同学、时任中国医科院医学生物学研究所（昆明所）领导的董德祥①。昆明所是中国医科院直属单位，毛江森在中国医科院工作时，因为研究上的事，与他们多有交往。毛江森知道生物所有一优良的传代细胞，叫人胚肺二倍体细胞，简称KMB17株。这一传代细胞于1972年获得，因其性能优良，遂被国内医科界广泛应用于肠道病毒和麻疹病毒研究，至此已有20余年。KMB17株有很强的适应性，在体外较易培养且细胞增殖指数极高，可谓取之不尽、用之不竭。毛江森将自己初步考虑的思路和方案迅速向所里、院里领导作了汇报，在征得同意后，立即与董德祥取得联系，并在其二人的努力下，促成了两个单位的合作。

操作试验对毛江森团队而言已是轻车熟路。唯一需要略作说明的是对人胚肺传代细胞的处理。团队人员在人胚肺传代细胞中加入培养液，譬如新生牛血清溶液、乳蛋白水解液，还有各类青霉素、链霉素、庆大霉素等。其中，新生牛血清是培养细胞的天然培养基，相当于人体生长所需的营养剂，作用十分重要。新生牛血清用量也最多，约占液体总量的1/10。甲肝病毒培养对牛血清质量要求很高，必须采用新生牛血清。但项目资金十分紧缺，能用于购买牛血清的钱更是少得可怜。物以稀为贵，市场上成品血清的价格不菲，胎牛血清的价格更是高得离谱，毛江森团队无论如何也接受不了。价格接受不了，试验又不能中断，毛江森只能自己动手采集新生牛血清。听说研究院不远处有个养牛场，可以买卖各类菜牛。在征得所里同意后，买了一辆脚踏三轮车，不时出入于养牛场。

解决了新生牛血清问题，毛江森眼下关注的焦点是甲肝病毒能否在体外培养细胞中生存和增殖。研究团队同样用两组人胚肺进行对比实验。在实验组，毛江森一边指导陈念良、何浙生等人做实验，一边给他们讲解有关病毒、人胚肺的原理和故事。现场的情景似乎不是实验室，而是课堂。彼此的关系也仿佛不是同事，而是师生。实验室虽显得破旧，空气中却弥

---

① 董德祥（1931–），浙江镇海人。在卫生部北京流行病学研究所、中国医学科学院病毒学研究所从事森林脑炎、肠道病毒等研究，曾任中国医学科学院医学生物学研究所研究室主任、副所长、代所长等职。

漫着一种温馨。培养好人胚肺细胞，弃去原培养液，加入甲肝病毒悬液，放进 35℃环境里；两小时后取出，再加入细胞维持液。到第 14 天开始换液，细胞用胰蛋白酶液进行消化，得到收获物后，再从中获取甲肝病毒，用于下一次接种。这个过程是单调的甚至是枯燥的。每一传代，毛江森团队都对甲肝病毒抗原进行放射免疫测定和免疫电镜检测。

此时，病毒室已升格为浙江人民卫生实验院下属病毒所。卫生部因浙江人民卫生实验院在甲肝方面取得了丰硕的研究成果，破例给院里下拨一台簇新的电子显微镜，这让病毒所的人着实兴奋了好几天。

新电子显微镜自然令人欣喜，但更令人欣喜的是出现在新电子显微镜下的画面。待人胚肺细胞传到第五代时，电子显微镜下呈现的画面让毛江森等人兴奋不已。在二代、三代、五代标本，毛江森均观察到典型的清晰的甲肝病毒颗粒。这些图景，毛江森最早于 1979 年 1 月 13 日在河北医学院的电子显微镜下就已见过。只是，今天见到的这些病毒颗粒已不再是人粪便原生代的甲肝病毒颗粒，而是体外培养细胞人胚肺上形成的甲肝病毒颗粒。7 年时间，毛江森团队在研究甲肝病毒中取得重大进展。

在电子显微镜检测中，毛江森还有一个重要发现，他观察到一囊状体。这个囊状体呈椭圆形，大小为 700–800 纳米，囊中有大量甲肝病毒颗粒，近中心区为致密中心体。这种囊状体在正常的人胚肾细胞检测中从未出现过，显然是因甲肝病毒而生。或许，这是病毒合成与装配的场所。回过头来，毛江森团队再用同样的方法和程序检测未接种甲肝病毒的人胚肺细胞，发现囊状体依然清晰可见。试验从正反两方面证实：传统的传代细胞可以支持甲肝病毒增殖；直接来自患者粪便的含甲肝病毒的材料也可以感染组织培养细胞。这一事实说明，他们从甲肝患者粪便中分离出来的甲肝病毒在传代细胞中增殖获得成功，这就意味着毛江森团队攻克了研制疫苗的最后一个堡垒。因为，从医学理论上说，在人胚肺二倍体细胞繁殖后的 H_2 减毒株加上平衡液就等于疫苗。

这是 1986 年 1 月 28 日。试验进入最后一个环节：甲肝减毒活疫苗的用药途径。口服、皮下注射、静脉注射？在毛江森记忆中，疫苗给药一般都是口服。美国医学界开始研究甲肝疫苗时，目标也是减毒活疫苗，但他们沿袭固有思维，采用口服，结果发现口服减毒活疫苗毫无效果，并由此认定研制减毒活疫苗行不通，才转而研制灭活疫苗。

1986 年 1 月 17 日，甲肝病毒返祖现象、疫苗口服、疫苗皮下注射、疫苗静脉注射的对比和免疫球蛋白结果试验先后展开。一批实验需要的恒河猴、红面猴被筛选出来。实验前，均隔离饲养 6—9 周。为确保实验的科学性和可重复性，这些猴被随机分组。口服组 3 只红面猴，皮下注射组 5 只恒河猴，静脉注射组共有 7 只猴（其中 5 只为恒河猴、2 只为红面猴）。实验猴又被隔离分养了一段时间之后，实验才正式开始。实验人员先后将甲肝减毒株 $H_2M_{20}K_5$ 以口服、皮下注射、静脉注射 3 种不同途径接种到 15 只实验猴身上，然后各观察 16 周。在观察期间，每周检测血清谷丙转氨酶及有关指标。从第 6 周开始，实验猴血清出现了不同状况。到第 13 周，采用皮下注射和静脉注射的 12 只实验猴甲肝抗体全部阳转；而采用口服的 3 只红面猴甲肝抗体无一阳转，3 只红面猴的粪便中未见甲肝病毒颗粒，这说明减毒株没有在哪组实验猴的肠道内繁殖。这一试验结果说明，皮下注射接种是甲肝疫苗使用的有效途径。接着，毛江森一鼓作气，继续带着大家在实验室里用美国国立卫生院费尼斯托博士赠送的血清和黑猩猩甲肝免疫球蛋白荧光结合物作为参考对照，得出 $H_2M_{20}K_5$（32℃）是一株对猴体具有高度减毒作用且有着较好免疫反应性的减毒株的结论。同时，采用毒种 $H_2M_{20}K_5$（32℃）和细胞基质 KMB17 成功生产出世界上第一批甲肝减毒活疫苗。1986 年 7 月，疫苗送卫生部药审检定后获得通过。而这正是毛江森所期望的结果。科学，就是用数据说话、用事实说话。

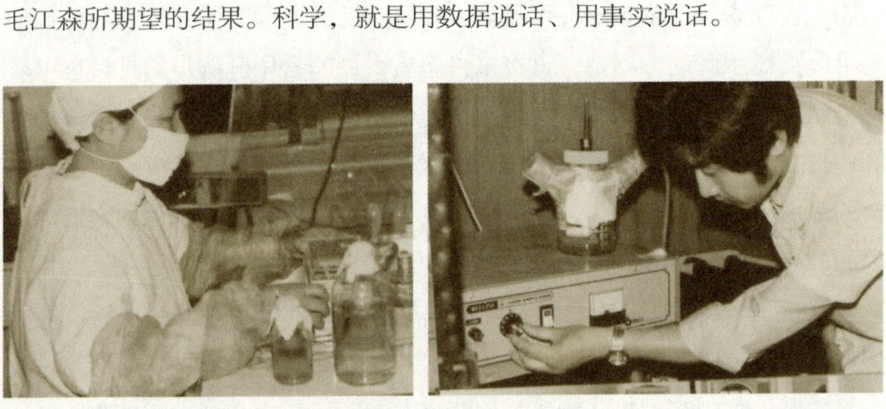

图 5-2　工作人员正在研制甲肝减毒活疫苗（20 世纪 90 年代）

之后，由毛江森领衔执笔的反映该项科研成果的学术论文《甲型肝炎减毒活疫苗研究——不同毒力毒株的猴体试验》再次登上《中国科学》杂志的重要版面。该论文摘要指出：

> 3株减毒水平不同的甲型肝炎病毒株H_2M_{20}(35℃)、H_2M_{20}(32℃)、$H_2M_{20}K_5$(32℃)，各接种4只恒河猴，3—10周后甲肝抗体全部阳转，接种后16周的抗体滴度：H_2M_{20}(35℃)达1∶160—1∶640，H_2M_{20}(32℃)为1∶40—1∶160，$H_2M_{20}K_5$(32℃)为1∶20—1∶40。猴接种病毒后16周内，每周检测了SGPT、LDH5，部分猴进行了肝穿活组织检查。结果说明，H_2M_{20}(35℃)属强毒力反应，而$H_2M_{20}K_5$(32℃)接种的4只恒河猴未观察到有任何肝炎指征，属弱毒株反应。在毒力和抗体反应方面，$H_2M_{20}K_5$(32℃)是值得进一步研究的甲型肝炎减毒疫苗候选株。文中提出了恒河猴检定甲肝病毒毒力反应的判断标准。①

看上去令人眼花缭乱的字母和数字，包含的却是科学的判断与严谨的表述，留下的是毛江森团队研制甲肝疫苗征程上长途跋涉的清晰足迹。

① 毛江森，谢汝英，黄海鹰，等：甲型肝炎减毒活疫苗的研究——Ⅰ.不同毒力毒株的猴体试验。《中国科学》，1987年第6期，第625-630页。

第六章
攀登光辉的顶点

从猴到人的“惊险一跃”

有些事离大功告成只有一步之遥，但这一步跨越却往往决定事物之成败。有位伟人曾说过一句名言：人能够用他的手把第一块岩石做成石刀，终于完成了从猿到人转变的决定性一步。毛江森在研制甲肝疫苗征途中，似乎同样面临着从猴到人的“惊险一跃”。“志在顶峰的人，决不会因留恋半山腰的奇花异草而停止攀登的步伐。”用苏联作家高尔基这句名言来描写刻画那个时期的毛江森，也许是最合适的。

甲肝减毒活疫苗已在动物猕猴身上获得成功，拿到了科学的、确凿的、可复制的数据。现在，毛江森迅速将目光转过来，思考在人体上进行应用。既往的科学史和医学史均证明，试验成功的疫苗往往会在实际应用中遭遇失败。即使你能研制出世界上最好的疫苗，但如果没有人用它，那么它就一点价值也没有。

此时的毛江森既自信又犹豫，既坚定又期待。毛江森是自信的，他是病毒学家，相信自己研制的甲肝疫苗携带着低毒抗原，能产生预期抗体，他也相信这种甲肝疫苗是安全的。七八年时间，在动物身上进行的反复试验已经证实。但猴子毕竟是猴子，人毕竟是人，动物与人有共性，但更有差异。万一在人体产生毒副作用，如引起发热，或是在人体肠道里繁殖出甲肝病毒。毛江森还是有点不放心。

他决定先在自己身上偷偷试验一把。毛江森找到助手陈念良商量。陈念良初听之下，满脸惊愕。陈念良自己得过黄疸肝炎，也知道毛江森曾患过肝炎，从医学科学角度来讲，他俩身上都已有了肝炎抗体，在这种情况下再接种甲肝疫苗，似乎作用不大，为什么还要试呢？对于陈念良的疑惑，毛江森解释道：他要用自己的行动打破人们对甲肝疫苗的疑惑，同时他也更想实验甲肝疫苗会不会引起具有抗体的人发热。

当明白了毛江森的真实意图后，这位跟着毛江森研制甲肝疫苗多年的助手毫不犹豫地答应了。她相信自己的老师，相信亲手研制的甲肝疫苗。实际上，不少从事研制疫苗和其他药物的科研人员大多怀着这样的心理以身试药。社会上广为流传的小儿麻痹症疫苗糖丸主要研制者顾方舟让自己的儿子首先服药试验，就是典范。

毛江森、陈念良把自己当作实验小白鼠试用甲肝疫苗，是暗地里偷偷进行的，并没有告诉身边任何人。接种疫苗、观察、测试，一切正常，一切安好。一段时间过去，毛江森才向院里提出进行甲肝减毒活疫苗的人体观察试验。

1987 年 3 月，毛江森已晋升为研究员，并被提拔为浙江医学研究院（今浙江省医学科学院）微生物研究所所长。院务会议讨论决定，由浙江医学研究院出面向卫生部报告，申请开展甲型肝炎病毒减毒株人体观察试验。1987 年 4 月 8 日，卫生部作了批复：

对你院报来的《申请甲型肝炎病毒活疫苗减毒株人体观察的审评报告》批复：

同意进行小量人体观察。人体观察要在完全自愿、严格与外界隔离、保证不会通过粪便传播、严密的医学监护下进行。先在少数抗体阴性的成人观察后，再分两批进行抗体阴性、学龄前儿童接种试验，共 10 名。在人体观察过程中，如发生什么问题，及时向卫生部药品审评委员会生物制品分委员会报告。[1]

主管部门对疫苗人体试验管理极其严格。这一纸批文说明国家主管部门为甲肝疫苗走向临床实验开启了绿灯。

绿灯是打开了，但谁愿意做第一拨绿灯实验者呢？一般医药临床实验都有医学志愿者。彼时，浙江医学研究院还没有形成这样一支志愿队伍，又一个难题摆在院领导和毛江森团队面前。为此，院领导班子召开专题会议，毛江森作为甲肝疫苗研制课题组长和微生物所所长列席会议。会上，毛江森简要介绍了自己初步考虑的人体接种观察方案。他首先阐明，这次接种试验目的是观察 $H_2M_{20}K_5$（32℃）在人体的反应性，特别是安全性及免疫原性，从而为甲肝疫苗进行第二阶段人体试验打基础，并为最终生产甲肝减毒活疫苗提供科学依据。其次，注射甲肝减毒活疫苗实质上相当于一次医药临床实验。根据有关规定，必须由具备资质的医院和医师来负责。有鉴于此，他已与浙江医院[2]联系落实，并推荐张淑雅医师担任临床管理。

经过反复研究，浙江医学研究院决定自己的事自己带头，在全院职工及其子女中招募志愿者。道理就是医学界人们常常说的：如果自己人都不相信，怎么让社会、让人们相信这个疫苗？当然，志愿者要有前提：甲肝抗原阴性。道理很简单，体内有肝炎抗体的人很难检测出甲肝减毒活疫苗的抗体作用。

令人欣喜的是，报名参加甲肝疫苗实验的人远远超出预期。更使人感动的是，长期参与甲肝减毒活疫苗研制活动的谢汝瑛、柴少爱等人替自己尚在小学读书的儿女报了名。她们的理由科学而充分：甲肝减毒活疫苗今后的使用对象主要是少年儿童，这次试验最好有少儿参加，她们的儿女是

---

① 存于普康公司档案室。

② 浙江医院隶属浙江省卫生健康委员会，始建于 1954 年。建院初期以干部医疗保健及涉外医疗为主，1979 年后对外开放。目前是一所集医疗、教学、科研、预防和保健为一体的三级甲等综合性医院。

最合适的实验人选。毛江森强忍着热泪，答应了谢汝瑛、柴少爱提出的独特请求。

接下来，抽血、化验，确认其体内有无肝炎抗体。但凡肝炎检测呈阳性者，出列。最终，确定首批实验人员 12 名。其中，10 名是卫生部批准的限额，2 名作为预备队。这与军队打仗时的预备队同理。万一哪个人临时出现状况，预备队员就可及时顶替，确保试验顺利进行。这是毛江森深思熟虑之处。毛江森逐一找他们谈心，进一步做思想工作，叮嘱试验中的注意事项。他还别出心裁特意安排 10 名参试人员合影。

试验即将开始，毛江森还在思前想后、反复斟酌。他一次次与妻子张淑雅商量，为确保试验不出意外、努力减少有可能出现的风险，决定将首批参加试验的人群再细分成两组：先挑选两人做试验，然后再让其余人做。从这个再分组方案中，我们可以强烈感受到毛江森的稳重与审慎。

1987 年 5 月 15 日，甲肝减毒活疫苗人体接种试验正式开始。急救医生和抢救药品都在旁边房间待命，一时，气氛紧张而凝重。

毛江森夫妇亲自披挂上阵，医技娴熟，有条不紊。第一位接种疫苗的

图 6–1　甲肝减毒活疫苗一期临床试验人员合影（1987 年）

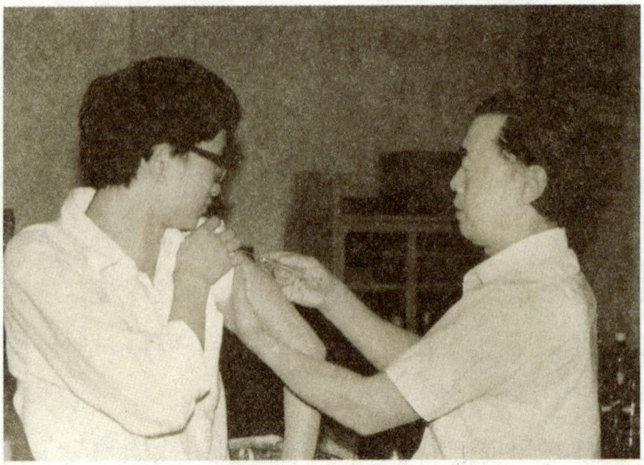

图 6-2 毛江森为试验人员注射甲肝疫苗（1987 年）

是院总务科青年职工朱小龙。张淑雅在旁指导，一位女医生上身略微前倾、全神贯注，缓慢地推进着针头。毛江森也站在旁边，目不转睛地盯着正在进行接种试验的朱小龙，一直等到他活蹦乱跳地走出隔离病房。接着，毛江森亲自为第二名实验者、院职业病防治所青年职工顾刘金抽血并注射。在简陋的实验室里，毛江森穿着一件白色短袖衬衫站立着，眼神中流露出自信和从容，也充满着对这位年轻人的感激之情。看着自己多年心血终于转化为甲肝疫苗液体，毛江森颇觉欣慰。

注射接种完毕，根据观察方案，朱小龙和顾刘金两位实验者 40 天内应在医学监护下隔离观察、隔离居住、单独就餐、单独使用卫生洁具，严禁与别人接触。为此，院里给他俩找了一间平房作为临时宿舍。其间，比较忙碌的自然要数毛江森夫妇。张淑雅在浙江医院忙完门诊后，还要骑着自行车赶到朱小龙、顾刘金居住的小屋内，为他俩做各项检查。毛江森的心也总是揪着。每天从旁观察着朱小龙、顾刘金，不时询问他俩的感觉。

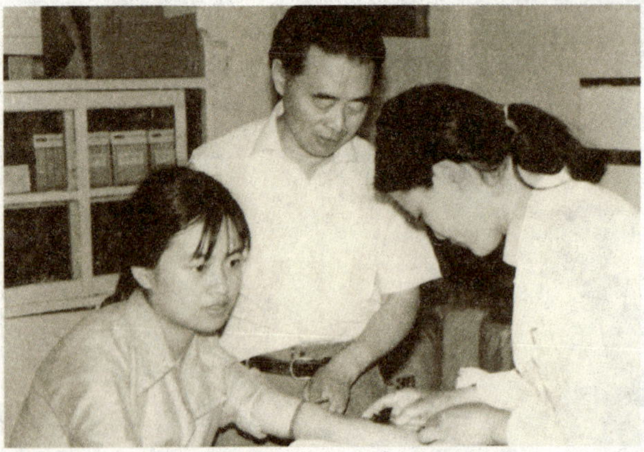

图 6-3 毛江森和陈念良为试验人员注射甲肝疫苗（1987 年）

可喜的是，试验获得预期结果。朱小龙、顾刘金身体正常、工作如常，甲肝抗体如期出现。

1987年6月18日，第二拨 8+2 人体观察

图 6-4　甲肝减毒活疫苗二期临床试验人员合影（1987 年）

试验紧接着进行。也正是那一天，毛江森被任命为浙江医学研究院副院长。

参加试验的人员有王茵、陈涟、徐盈之、蒋明、蒋英、杨华、陶倩萍、罗铉、焦捷军、钱芸。其中，徐盈之是疫苗研制组成员谢汝瑛的女儿，罗铉是柴少爱的儿子。这些名字值得人们记住。

对于第二拨参试人员，毛江森也是逐一做工作、征求意见。让人感动和感慨的是，当年浙江医学研究院对参加甲肝减毒活疫苗人体观察试验人员的唯一奖励是每人发一篮水果和一只烤鸡，意思是让大家补补身体。后来，补助一只大烤鸡就成为浙江省医学科学院员工口中的笑谈与美谈。

一次神奇而精准的科学预测

整天将自己关在实验室里集中精力研制甲肝疫苗的毛江森，并没有将自己与世界隔绝开来，他的目光仍关注着现实中的甲肝疫情。毛江森注意到浙江各地此起彼伏发生的甲肝病例。一个病毒学家的预感告诉他，这不是好现象。

1987 年年初，毛江森带领甲肝疫苗研制团队在杭州市城乡进行了一次较大规模的人体甲肝抗体状况调研，想找到甲肝疫苗使用的对应人群。调研中，他敏锐地注意到人群甲肝抗体发生的巨大变化。以前，人们居住生活条件较差，很多人家居住在筒子楼，七八户人家共用一个自来水龙头、几十户人家共用一间公共厕所的现象相当普遍，彼此之间传染甲肝病毒极其容易，留下许多隐性患者。到了 1987 年，人们居住环境逐步改善，封闭式套房增多，但人们的环保意识十分薄弱，人体对甲肝病毒的抗御力大为减弱。特别是水环境污染十分严重。

毛江森发现一些沿海渔民直接将粪便排入河海中。万一那些粪便携带着甲肝病毒，被浪潮推涌到沿海滩涂上，那么，生活在滩涂上的毛蚶、蛏子、毛蟹等就会吸入这些甲肝病毒。沿海地带生活的人们又那么嗜好这些海产品。如果那些被甲肝病毒污染了的海产品被摆上餐桌，被那些没有甲肝抗体的人食用，那是多么可怕的情景呀！

调研到这些情况，联想到可能出现的惨状，毛江森真是寝食难安。他奋笔疾书，将自己看到的、想到的、预测的一股脑儿付诸文字，形成一篇题为《杭州地区部分人群甲型肝炎抗体的调查》。毛江森在该文中写道，“一旦有意外传染发生，如由带甲肝病毒的泥蚶所引入，由于大量易感人群的存在，将会引起大规模的甲肝流行。”[①]1987 年 5 月，《中华流行病学杂志》发表了毛江森的这篇调研文章。似乎并没有多少人关注过这篇调查报告，生活仍在寻常轨道上常态化前行。

直至 1988 年 1 月 18 日。这一天，上海南市区唐家湾医院开门后，一下子迎来 43 位甲肝患者。第二天，上海各医院上报甲肝患者 134 例。1988 年 1 月 31 日，上海甲肝患者猛增至 12399 例。一场特大的甲肝流行病以迅雷不及掩耳之势，在人们最重视团聚和吃喝的春节前后在上海大暴发。

政府迅速组织专家调研，竭力控制甲肝疫情、稳定社会。

---

① 毛江森，陈念良，余佩华，等：杭州地区部分人群甲型肝炎抗体的调查。《中华传染病杂志》，1987 年第 5 卷第 2 期，第 102–104 页。

病因病源很快被查清。专家在上海人日常食用的毛蚶中找到了甲肝病毒，并顺藤摸瓜、追根溯源，追查到在上海市场上销售的毛蚶多数来自江苏启东，那一年，启东毛蚶大丰收。再到启东地区调研，发现启东地区入海口环境严重污染，人畜排泄物随处可见。毛蚶吸附力超强，一只毛蚶一天一夜能过滤 40 升海水。它在吐纳海水之时，将甲肝病毒浓缩起来并蕴藏于体内。而上海人又特别喜欢食用生毛蚶，再加上当时上海人居住空间比较拥挤，共用自来水和厕所的情况极为普遍，使得甲肝病毒在上海畅行无阻。据最终官方统计，全市有 230 万人食用过毛蚶，甲肝患者近 31 万人，死亡 11 人。

真是不幸被毛江森言中。甲肝流行的时间、传染源、规模等方面，与毛江森预测如出一辙。或者说，上海甲肝疫情就是毛江森预测的现实版本。一时间，江浙沪各地政府发布公告禁止毛蚶销售。一段时间后，甲肝疫情趋于平稳、逐步回落。

上海甲肝大流行使政府主管部门增加了压力与动力，推动甲肝疫苗研制和审批的进程遽然提速。同时，也使毛江森研究甲肝疫苗的紧迫感陡然增强。1988 年年初，毛江森带领团队制备出试验性减毒活疫苗 10 万人份。经卫生部检定所检定，各项指标均合格。其中，疫苗原滴度高于国内外任何机构所获得的滴度。

浙江省医学科学院再次向卫生部报告，请求扩大人体接种试验。1988 年 2 月，卫生部迅速批复同意。毛江森率领浙江省医学科学研究团队再度与浙江医院张淑雅团队合作，在杭州求是小学、文三路小学和海洋二所幼儿园开展小儿人体接种试验。研究团队在两校一园中挑选了 127 名小朋友，年龄为 4–12 岁，其中，4–7 岁的幼儿约占七成。此次人体接种获得意料之中的成功。127 名小朋友接种甲肝减毒活疫苗后，没有一人出现全身或局部不良反应。在医学观察的 12 周内，无一例急性肝炎患者出现。至此毛江森那颗原本悬挂着的心彻底踏实了。

眼下，毛江森迫切希望卫生部能抓紧时间对甲肝减毒活疫苗毒株进行科学鉴定。根据行文程序，浙江省医学科学院须向卫生部提交申请鉴定的报告。这类报告，其实医科院办公室完全可以完成，但毛江森认为没有人比他更熟悉整个甲肝疫苗试制情况。胜败在此一举，他不敢掉以轻心，便自告奋勇承揽了报告起草任务。

整个报告有 43 页。在报告中，毛江森回顾道，在疫苗研制过程中，团队发明了检测甲肝 IgM 和 IgG 抗体的试剂盒，找到了检测抗原和抗体的简易方法；找到了从粪便中抽提甲肝抗原并进行定量检测的办法，首创猕猴模型；找到了检定疫苗毒力和免疫原性的方法，解决了我国缺乏用来检定甲肝疫苗动物模型的困难。毛江森以大量事实和数据，详细阐述了 H_2 毒株的来历、作用原理、试验情况，报告了两次人体接种试验的过程及结论，论证了 H_2 毒株的独特性、显效性和可复制性。上述这些，均为疫苗生产打下了基础。在报告中，毛江森还进一步对现实情况展开分析。中国是甲肝高发区，人群总感染率达 70%，30 岁以上年龄组的感染率在 90% 以上。甲肝会出现季节性流行或大流行，对人民健康危害很大。1988 年春节前后，上海地区暴发的甲肝大流行就是一个显例。毛江森态度明确地指出，根据我国现实情况，控制甲肝的有效措施在于发展疫苗，并恳请卫生部对浙江省医学科学院研制的甲肝疫苗毒株进行鉴定。

图 6–5　卫生部召开甲肝减毒活疫苗毒种鉴定会（1988 年）

毛江森当然知道，卫生部领导都清楚他所说的这些理由，甚至比他更清楚、比他更着急。但他要对得起科学的良心，尽到一名科学家的职责，把他想到的、看到的、做到的毫无保留地报告给主管部门，也许可以起到解释、触动、强化、促进作用。

果不其然，卫生部很快作出反应和安排。1988 年 7 月 22 日，甲型肝炎减毒活疫苗毒种部级鉴定会在卫生部大礼堂召开。鉴定会可谓群贤毕至、少长咸集。中国预防医科院朱既明、中国医学科学院顾方舟等国内病毒学界的顶尖级专家悉数到场。清瘦高个的卫生部长陈敏章[①]站在会场一角，亲自主持鉴定会。

与会者能从陈敏章这些举动中，感受到卫生部对此次鉴定会的重视与审慎。经过一天时间的热烈讨论、缜密论证，鉴定委员会给出了明确的鉴定结论：

> 一、甲型肝炎 H_2 毒株经猴体试验及人体接种观察，证明有良好的安全性和免疫性，是目前国际上有人体接种观察结果的最佳的甲肝减毒活疫苗毒种。
>
> 二、该毒株符合中间试制甲肝减毒活疫苗毒种的要求。
>
> 三、活疫苗研制的关键是选育安全有效的毒种。甲型肝炎减毒活疫苗毒种的选育成功，是一项重大突破。这项研究成果在国际上处于领先地位。对于检测我国甲肝流行有重大意义，并将造福于人类。

更让人激动的是，鉴定委员会还建议减毒活疫苗毒株进行甲肝减毒活疫苗中试，发展生产工艺。陈敏章部长则殷切期望甲肝疫苗能早日生产，造福人类。这就为浙江省医学科学院进行甲肝减毒活疫苗的中试打开了大门，离毛江森所期望的目标又前进了一大步。

---

① 陈敏章（1931–1999），浙江杭州人，出生于上海市，毕业于上海医学院。先后任国家卫生部副部长、部长、党组书记，全国爱国卫生运动委员会副主任，中央保健委员会副主任，中国红十字会总会会长，中华医学会会长，中国科协副主席，第九届全国人大常委会委员、教科文卫委员会副主任委员。

不久，陈敏章代表卫生部及国家药监局致函浙江省省长沈祖伦[①]，特批浙江省医学科学院开展甲肝减毒活疫苗的试验性生产。之后，毛江森接到了陈敏章的亲笔信[②]：

江森同志：

祝贺您在甲肝疫苗方面取得的进展，同时也祝贺您担任领导职务。对甲肝疫苗从实验室成功到人群普遍应用和工业化生产规模，是有一段历程的，也将是艰巨的。但有了好的开端就鼓舞了信心。我赞成科技成果的效益观察，宁可时间长些、例数多些，不急于求成。把基础打扎实些。无论如何您开了个好头，还需坚持不懈地做保质保量的科研和开发工作。祝您这次出国访问能圆满成功！请代向淑雅同志问好！

祝

夏安！

陈敏章

7 月 26 日

发明证书

F 00201

为了表彰在科学技术现代化方面作出重大贡献的发明者，特颁发此证书，以资鼓励。

发明项目：甲型肝炎减毒活疫苗毒种

发 明 者：浙江省医学科学院，中国医学科学院医学生物所，毛江森，董德祥，陈念良，张华远，柴少爱，曹逸云

奖励等级：二等

奖章号码：01172-01177

中华人民共和国

国家科学技术委员会主任 宋健

一九九三年十二月

图 6–6 “甲型肝炎减毒活疫苗毒种”课题获国家发明奖二等奖（1993 年）

在毛江森取得科研成就时，这封信像是一支清醒剂，让毛江森保持清醒和冷静。对今后的路怎么走，这封信给出了思

① 沈祖伦（1931– ），浙江宁波人。先后任浙江省副省长、省委常委、省委副书记、省长。

② 陈敏章给毛江森的信，1988 年 7 月 26 日。资料存于毛江森家中。

路，让毛江森目标更为明确、举措更为扎实。

就在那一年，甲肝减毒活疫苗毒种获得浙江省政府科技进步一等奖。紧接着，获得卫生部科技成果进步一等奖。

双花并蒂而开，煞是亮丽。

中试，一个起跳的平台

在一般人印象中，科学试验在实验室成功之后走向企业生产、进而实现工业化规模化是一件轻而易举的事：不就是同比例放大、同流程控制么？其实，大错特错。因为，实验室里进行的试验是小规模、小范围，而工厂化生产则意味着大批量。量变会导致质变这一哲学原理在科研中同样适用。表现在实验室成果转化问题上，流程是否可以复制、整个过程是否可控成为这种转换能否成功的关键。纵观国内外，有很多实验室科研成果一直躺在实验室内出不来，没有转换为产品和商品；而且作为批量生产的商品，还要有市场接纳度，并考虑生产和销售成本。由此种种，说明中试和工厂化生产并非易事。

毛江森团队中试甲肝减毒活疫苗面临着同样的考验。而且，国家对疫苗的管控大大严于普通商品。道理很好理解：疫苗直接作用于人体终生且对象多是婴幼儿和少儿。一旦出现问题，就会触及人类道德底线、触犯众怒。前不久发生的长春长生疫苗事件①引发国人震怒、口诛笔伐，深层次原因盖在于此。

对甲肝减毒活疫苗中试生产，毛江森有着清晰的思路和明确的目标。

---

① 2018年7月15日，国家药监局通报，长春长生生物科技有限公司违规生产狂犬疫苗，存在记录造假等行为，并在其官网上发布了《关于长春长生公司违法违规生产冻干人用狂犬病疫苗的通告》。7月16日《光明日报》《新京报》等媒体相继推出了有关长春长生疫苗造假事件的报道。随后，事件开始在网络上发酵，引发全民关注。7月22–23日，习近平总书记和李克强总理先后对长生生物疫苗案件作出重要指示，指示依法从严处理。后吉林省有关机构对此次事件进行调查追责，并依法提起公诉。

他在一份甲肝疫苗中试计划书中写道：一是摸索进行大规模生产的生产条件，建立最佳生产工艺；二是在疫苗毒种、病毒－宿主细胞系统、大规模细胞培养、疫苗后处理等方面继续进行深入研究，并逐步应用于生产；三是建立灵敏可靠的质控方法，特别是对动物模型展开进一步研究；四是进行疫苗稳定性、有效剂量、免疫方案及免疫效果研究，考察应用效果；五是制订生产及检定规程和细则。中试生产目标分为近期、中期、远期三个阶段。近期 3 批，每批 5 万剂量；中期达到 50 万 -200 万剂量；远期有望达到 1000 万 -2000 万剂量，并设想对我国 10 个主要城市北京、上海、广州、杭州、南京等进行大规模人群免疫保护。

有人认为，毛江森提出的方案胆大得简直有些不可想象。在许多人眼里，此时的浙江省医学科学院并不具备甲肝疫苗中试条件。毒种培育和疫苗生产必须符合药品生产质量管理规范。按照这个规范，至少需要一个千余平方米的敞亮空间，需要全封闭和恒温、恒湿环境。一直以科研为正业的浙江省医学科学院，其主战场和主阵地都在实验室。中试需要较大规模的场地，新建还是改建？这是摆在毛江森和院领导面前的一个选择。经专业人员测算，若新建，需投入 600 万元，预计建设周期两年半。若改建，

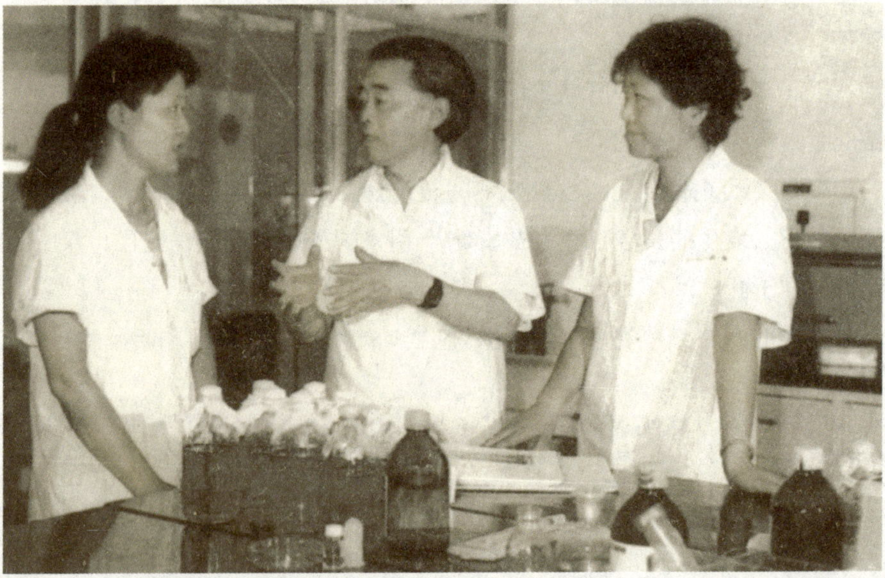

图 6-7　毛江森与陈念良、黄海鹰商讨科研工作（1989 年）

则利用医科院三所三室现有实验室 1120 平方米，需投入 150 万元，改造装修期一年。一番比较论证后，大家一致同意采用旧楼改建方案。

浙江省医学科学院旧楼建于 20 世纪 60 年代。囿于当时眼界，布局不太讲究。3 幢楼都是中间一条狭长走廊，两边分别为空间狭小的办公室。现有格局显然不符合甲肝疫苗中试要求。毛江森根据规范，请施工队对 3 号楼三层进行调整装修，将实验室、办公室统一归整到 2 号楼 4 楼的会议室。同时，将现有一部分实验室打通，装修成一个个“小开间”。然后，里里外外粉刷一新，在这些小开间门口挂上“生产车间”“质检部”“仪器室”“成品仓库”等字样。在有限空间内，置放下那些试验所需的仪器设备，俨然一个小工厂模样。那些桌椅板凳早已破旧不堪，但毛江森仍舍不得扔掉，要求团队将就着继续使用，这也节约下一笔费用。他的指导原则是把基建装修方面节约下来的钱都用在购买仪器设备上。

一年时间很快过去。一个简陋但基本符合规范要求的甲肝疫苗中试基地在浙江省医学科学院内初步建成，可以满足毒种培养和年产 50 万 −100 万人份之需。

浙江省医学科学院全院上下对甲肝疫苗中试极其重视，做到了要人给人、要钱给钱、要设备给设备、要协助给协助。卫生部特别支持了一台日立制造 80 万倍电子显微镜。疫苗中试基地也陆续添置了一些必需的新仪器、新设备。各种超速离心机、双波长薄层扫描仪、高冷度电冰箱、大容量液氮罐、转瓶培养机陆续到位。还陆续投入资金，新建了一个 30 平方米专用冷库，建起了浙江省实验动物中心，养殖了一批专供甲肝疫苗中试生产的短尾猴。

当然，身临其境、亲历其事的人知道还有许多难关亟待克服。譬如，原先实验室的操作流程比较简单、随意性大，做错了，重复一下就是。进入中试后，原先那种手工作坊式的方法显然不行，需要制定科学规范的《甲型肝炎减毒活疫苗制检暂行规程》，把中试生产的每个环节、每道程序、每种成分都明确细化，变成可操作、可复制、可检测的数据。特别是进一步确定疫苗滴度测定方法、疫苗抽提方法、动物检定指标、中和抗体测定方法等。这中间，一次次试验、一次次重复，没有人能统计出次

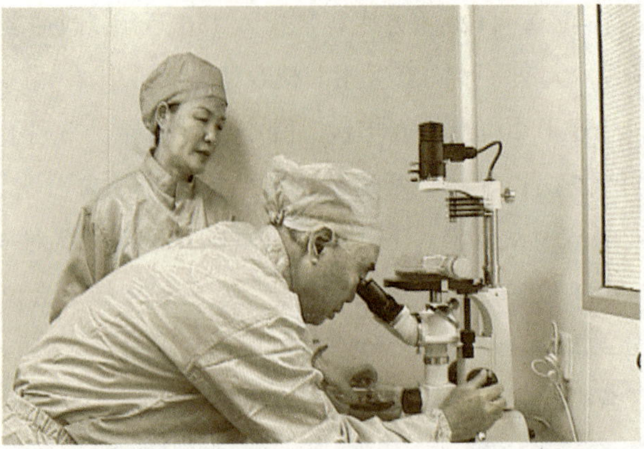

图 6-8　毛江森在实验室

数来，包括亲身参与中试的毛江森、柴少爱、陈念良、黄海鹰等人。留下的只是当时记录的一沓沓数据纸，现在静静地躺在档案室内。

毛江森注重的另一方面是培养一支能胜任甲肝减毒活疫苗新生物制品开发任务的人才队伍。这种培养几乎是手把手教、一对一带。整天跟随在毛江森身边做实验的人就成为毛江森培养的重点对象。一段时间下来，毛江森团队人员逐渐从外行变成内行、从内行变成专家。第一批、第二批试验性甲肝减毒活疫苗在中试基地先后问世，甲肝疫苗的中试工程开始强行起飞。

经卫生部批准，毛江森团队分三期进行了 11312 人的甲肝减毒活疫苗接种。接种对象为 6–12 岁的小学生，具体接种工作委托绍兴县、嵊泗县、慈溪市和南京梅山冶金公司的防疫部门进行。绍兴县防疫站有计划地观察了流行病学保护效果。该县在 36 所小学中，采用自愿报名方式共接种 1968 名小学生。以同班未接种小学生作为对照组，共 13162 人。同时，与全县未开展甲肝疫苗接种工作的小学进行比较。结果发现，非接种小学 57711 名小学生的甲肝发病率为 363.8/10 万；接种点小学对照组小学生 13162 名，甲肝发病率为 357/10 万，彼此无明显差别。而接种组 1968 名小学生无一人发现甲肝病例。这种分组均衡性和可比性良好的案例是甲肝减毒活疫苗效果的最好说明。嵊泗县、慈溪市、南京梅山冶金公司及后来加入试验的武汉市，接种效果大同小异。

1989 年 9 月，国家计委、科委、财政部为在“七五”国家重点科技攻关专题执行过程中作出优异成绩的浙江省医学科学院病毒病研究所颁发集体荣誉证书。

1990 年 4 月初，第七届国际病毒性肝炎与肝病大会在美国休斯敦召开。大会主席邀请毛江森在会上作学术报告，并主持发展甲肝病毒疫苗的专题讨论。这也是该次大会上唯一获得人试成功的甲肝减毒活疫苗毒种的报告，与会专家反响热烈，英国《疫苗》杂志编辑当场邀约毛江森撰写有关甲肝活疫苗的评论文章。此后，毛江森的身影及名字常出现在这些场合或杂志上，代表着中国甲肝疫苗研究在世界上的位置，这些位置靠近该领域的最前沿。

病毒学家巧借东风

疫苗中试获得成功，应该说，作为科学家的任务已经完成。按照规定，卫生部准备选择部属生物制品研究所制作甲肝疫苗，并希望毛江森他们予以配合，能派专人前去指导教习。

但沈祖伦省长从李德葆副省长处听说了毛江森研制成功甲肝疫苗一事，立即把毛江森找去。在听完毛江森的介绍后，作出指示：争取申请在浙江工厂生产甲肝疫苗。回到浙江省医学科学院，毛江森向院领导转述了沈祖伦省长的意见，并迅速找副院长丁宗武商量，着手起草申请甲肝疫苗工厂化生产的报告。毛江森对这份报告的框架构想已经过深思熟虑，胸有成竹。他建议报告开头部分为一段概括性综述，分析了甲肝流行的现状，指出浙江省医学科学院对甲肝进行了长达 12 年研究取得的一系列成果，现处于世界领先地位，为甲肝疫苗的工厂化生产奠定了一切必需的理论基础与技术条件。尽快将高科技成果转化为产品，对于中国和世界都将是一项贡献。接着是报告主体 6 个部分作大体阐述：一是生产甲肝疫苗所依据的科研成果和技术水平；二是甲型肝炎减毒活疫苗的生产工艺流程及检定项目；三是甲肝疫苗中试生产情况；四是浙江省医学科学院生产甲肝疫苗的可行性和有利因素；五是甲肝疫苗产品方案和需求预测；六是生产甲肝疫苗的社会效益分析。报告结尾则写明：在生产疫苗的同时，浙江省医学科学院仍将继续优化毒种研究，研究如何缩短培养周期、如何提高病毒产品质量、如何完善制造检定规程等，以保持浙江省医学科学院在甲肝疫苗研究和生产领域的领先地位。这就叫走一步、看两步、想三步，体现了毛江森的远见与谋略。与毛江森一起参加研制的同事何浙生将此称为毛江森的科学思维。

1991 年 3 月 15 日，由丁宗武为主起草、经毛江森修改签字的报告报送到浙江省卫生厅，然后转报浙江省政府和卫生部。沈祖伦省长的批示很快传达下来，要求浙江省医学科学院和毛江森团队不要耽误，两手抓，一手抓申报，一手抓筹建。一旦筹建完成，再次向卫生部申请限额生产甲肝减毒活疫苗。

毛江森此时胃口不算大，提出年产 50 万人份的目标。似乎万事俱备，只欠东风，但东风迟迟未来。

甲肝疫苗能不能在浙江生产，真不是毛江森能说了算的，甚至连省长说了也不算。因为国家有明文规定，疫苗属于特殊药品，全部定点生产。当时，卫生部所属几家疫苗定点生产厂家了解到毛江森团队研制成功甲肝减毒活疫苗的信息后，纷纷向卫生部打报告，要求承担制作。卫生部开始进行考察比较筛选。

毛江森眼前就面临着这样的困境。他何尝不希望甲肝减毒活疫苗能在浙江生产？但理想很美好，现实很骨感。毛江森或许能够主宰甲肝疫苗研制的每个程序，但却无力改变体制巨大的惯性。

浙江省政府没有放弃，继续全力争取。彼时，沈祖伦省长因到龄卸任，新任省长葛洪升①也是同一态度，绝不收回。分管教育卫生的副省长李德葆带着毛江森等人几次进京，反复向卫生部领导申诉理由。

恰在此时，一个意外机遇降临到毛江森面前。1991 年 5 月中旬，时任中央政治局常委、中央书记处书记李瑞环来浙江考察。5 月 19 日，李瑞环在西湖汪庄召开浙江科技界人士座谈会，毛江森是参会者之一。会上，李瑞环向与会人士深入浅出地宣讲邓小平同志关于科学技术是第一生产力的

① 葛洪升（1931– ），山东莒县（今属莒南）人，先后任中共浙江省委副书记、副省长、省长，国务院特区办公室副主任、主任。

重要思想，并希望新的科技界对此思想的宣传工作畅所欲言。轮到毛江森发言时，他没有顾忌、没有隐瞒，如实地向李瑞环汇报了浙江省医学科学院科研工作情况，重点谈了科研单位如何介入生产和经济领域的困惑，特别是眼下碰到的开发生产甲肝疫苗的实际困难。在阐述理由时，毛江森首先从流行学角度说道，水源是造成甲肝流行的重要因素，浙江地处沿海，省内河湖港汊、水网密布。千百年来，浙江人喜欢食用毛蚶等海鲜。浙江向来是甲肝高发地之首，所以浙江对甲肝疫苗的需求特别迫切。据卫生部门测算，每年至少需要 60 万人份。其次是运输问题。甲肝疫苗是一种减毒活疫苗，必须低温储存和运输，时间过长或温度过高会影响疫苗效价（效价是常用术语，指的是某一物质引起生物反应的功效单位。简单点说，就是效果和价值）。假如甲肝疫苗能在浙江生产、又在浙江使用，就可以减少运输压力和风险，确保甲肝疫苗的疗效。

“你们的理由成立！”

对此，李瑞环非常认可。座谈会结束时，在与省领导和毛江森握手时，李瑞环再次叮嘱：“你们回去抓紧筹备，我回北京后，找机会跟陈敏章同志商量一下。这是大好事嘛！我们上下努力，争取早日把它干起来！”

1991 年暮春之季，浙江省医学科学院根据指示，准备进行疫苗批量生产。卫生部提出，如果要研制生产疫苗，必须实行企业化管理，承担相应的经济和法律责任。浙江省医学科学院经过研究，决定以浙江省医学科学院甲肝疫苗技术为依托成立一家生物技术公司，由时任浙江省医学科学院

图 6-9　20 世纪 90 年代浙江省医学科学院院区

副院长的毛江森兼任公司负责人。

眼看着公司就要成立，毛江森像怀孕十月的母亲期待着新生儿一样喜悦。该给公司取个名字了，一定要取个叫得响、留得下、传得开的名字。毛江森冥思苦想。叫普康吧！毛江森从小学念书开始，就非常喜欢这个普通的“普”字。“普”字对称性非常好，没有别的字能像它这么美。“普康”的意义更不用说了，人人都能明白，就是希望大家都能健康。“普康”二字很普通，但能确切地表达出毛江森的一片心意，能够体现疫苗的功能，能够体现他们工作的目标和意义。研制生产甲肝疫苗的目标就是为了消灭甲肝。成立公司的目的，就是为了让普天之下的人健康长寿。

1991 年 7 月 1 日，毛江森被任命为浙江省医学科学院院长、党委副书记。从此，他一手抓人才队伍建设，一手抓科研开发利用；一边管理浙江省医学科学院，一边管理普康公司，忙得不亦乐乎。1991 年 11 月，毛江森当选中国科学院（生物学部）学部委员。成为中科院院士和浙江省医学科学院院长，既是对他研制甲肝疫苗成果的肯定与激励，也是对他继续研制甲肝疫苗的推动。

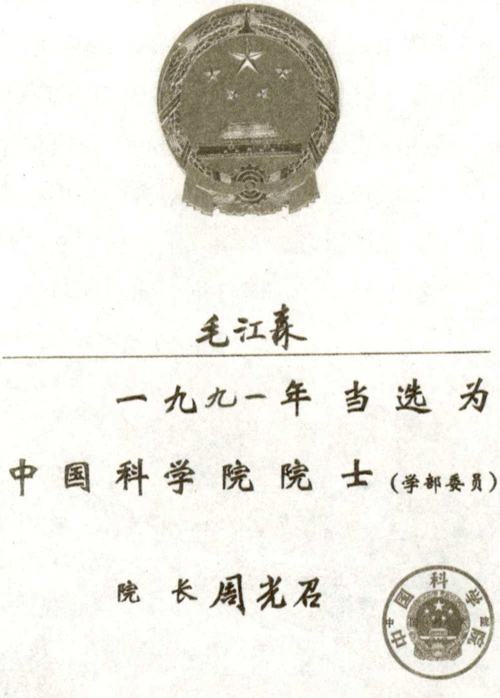
毛江森

一九九一年当选为

中国科学院院士（学部委员）

院长 周光召

图 6-10　1991 年，毛江森当选为中国科学院院士（学部委员）

1992 年春节前后，邓小平同志视察南方并发表重要讲话。人们原先被禁锢的思想得到空前解放，一些阻碍生产力发展的条条框框被彻底破除，一大批改革开放新举措、新政策先后推出。正是在这样的历史背景下，1992 年 8 月，卫生部同意浙江省人民政府意见，批准甲肝减毒活疫苗在浙江投产，并发给试生产文号。

两个月后，毛江森作为党代表光荣出席在北京人民大会堂召开的中国共产党第十四次全国代表大会。在开幕式奏唱国歌时，毛江森望着主席台上的红旗和党徽浮想联翩，禁不住流下热泪。

图 6-11　毛江森参加十四大归来，在萧山机场接受少先队员献花（1992 年）

第七章
让疫苗走向千家万户

省长与市场的双重推力

1992年夏天，葛洪升把毛江森找到办公室。他要兑现在李瑞环同志面前的表态，支持毛江森团队进行甲肝疫苗工厂化生产。

处于改革开放前沿地带的浙江省，在邓小平南方谈话精神推动下，真有一种“春风又绿江南岸”的感觉，全省上下铆足了一股劲，大干快上。号称不缺钱的浙江，发展资金也十分紧张。但即使如此，葛洪升省长还是打算挤出4000万元给甲肝疫苗研制生产开个“小灶”。毕竟是新生事物，不能没有区别、没有倾斜。但他没有想到的是，毛江森居然只需要250万元，而且还是借。

“不是你这个意思！是我们希望你搞成甲肝疫苗，这是政府行为，应该拨款呐！”

“真的，葛省长！我们测算过，只需要借250万元。我们医科院

图 7-1　普康公司生产的首批高科技产品甲肝疫苗上市（1992 年）

有土地，不要再买什么土地，也不需要新建厂房。这 250 万元用于现有实验室改造。所需流动资金 60 万元，用我们甲肝试剂盒赚来的钱解决。我可以向葛省长保证，这 250 万元是借的，明后年我们会一分不差地还给您！”

葛洪升当即在毛江森递交的报告上签了字。

有了这 250 万元借款，事情似乎就变得好办多了。毛江森团队用一年多时间，把浙江省医学科学院部分用房改造成了基本符合疫苗工厂化生产规范的场所。

甲肝减毒活疫苗推向市场后，获得了意料不到的热烈反响。毛江森多次看到，一些营销人员通宵达旦地排队守候在浙江省医学科学院门口，希望早一点拿到甲肝疫苗。当时，有许多人建议他提价疫苗。这在毛江森看来是绝对不行的。毛江森一贯主张疫苗平民化，反对疫苗贵族化。“但愿世间人无病，何愁架上药生尘”，那才是真正的仁医济世之心。每每这个时候，毛江森就想起自己在贵州遇到的那一幕。

那天，他和公司销售人员一起去贵州贫困山区走访疫苗使用疗效。他们来到一个较为偏僻的县城医院，正碰上当地一批儿童在接种普康公司生产的甲肝疫苗。毛江森便混在人群中现场观察。付款窗口贴着一张白纸告示，“每支甲肝疫苗收费12元”。这是当年普康公司确定的医院药价。

只见排队的人堆里挤着一个衣衫褴褛的老农民。他一边小心翼翼地排着队，随人流慢慢挪动着脚步，一边从衣兜中掏出一把零碎钞票，一张一张翻来覆去地数着。排到窗口时，老农伸出双手把手中的零碎钱哗啦一声倒在桌子上。

收款人员显得有点不耐烦，嘟囔了一句：“怎么都是零碎呀？”

那位老农竟觉得自己有点理亏似的，嗫嚅着：“家里穷，这些零钱还是凑的呢。麻烦啦，对不起，对不起！”

看到这里，毛江森眼眶内突然感觉湿润。他快步走上前去，一打听，方知这位老农家境贫困，平时以砍柴卖柴为生，凑足小儿打疫苗的零碎钱已非易事。他听完后赶紧掏出12元纸币，把一堆零碎钱重新塞进那位老农衣兜中。

此后，毛江森常常用这个事例教育普康公司员工，同时也警醒自己：我们国家不少地区还很贫困，老百姓看病难、看病贵的问题远未解决。疫苗本来就是用来造福社会和百姓的，一定要多从老百姓角度考虑。

考察回来后，毛江森首先与公司高层商量决定，普康公司生产的甲肝疫苗不但不能涨价，而且应该降价，每支销售价从10元降到8元，真正让老百姓都用得起。

出乎许多人的预料，毛江森仍将自己定位为科学家，仍是一位甲肝疫苗的研制者、提升者。他深知科学没有止境、人生贵在探索。普康公司眼前生产的甲肝减毒活疫苗未臻至善至美。再说，普康公司还应该研究开发新的疫苗产品，造福更多的人。之后，毛江森亲自出面聘请刚从武汉生物所[1]所长位置上退下来的老友出任普康公司总经理，又聘任两位熟悉甲肝疫苗研制情况的人做助手，共同负责日常企业管理。而自己却一头沉浸在科研之中。普康公司开始走上正常运行轨道，产销两旺，声誉鹊起。

一段时间过去，毛江森提出在普康公司内部实施甲肝疫苗精品化战略，促使普康公司研制生产的甲肝减毒活疫苗再上一个新台阶。

第一个提升目标对准的是甲肝疫苗保护剂。保护剂是用来保护甲肝病毒存活的化学和生物物质，一般由高浓度的氯化酶、硫酸镁以及明胶、乳糖等组成。其中，明胶从哺乳动物的骨头中提取。国内厂家提取的明胶往往内含毒素较高，而国外企业供应的进口明胶又有可能携带疯牛病毒。一些明胶存有潜在危险，还会引起某些过敏反应。针对明胶存在的问题，毛江森团队发明了一种高度安全的保护剂，能够延长病毒疫苗的存活期、降低复发率。若干年过去。直到 2007 年 7 月，国家药典委员会[2]在北京会议纪要中才明确提出要求："作为稳定剂成分的明胶注射到人体后，可发生过敏反应，生产企业应进行取代明胶成分的相关研究工作，以进一步提高制品的安全性。"可见，普康公司走在了国家标尺的前面。

解决明胶问题不久，毛江森又提出要着手研制冻干疫苗，这便是第二个提升目标。原来，毛江森发现普康公司生产的甲肝疫苗质量已达到国家标准，但疫苗有效期却只有半年。每批疫苗从生产线上下来都要送经卫生部有关检测机构检测，一般需要两个月时间，加上销售运输环节，留给医院和使用者的时间也就三个月。如果每个环节再拖延些时间，那剩余时间就更短了。

毛江森闻悉已有人提出冻干概念，这成为他头脑中挥之不去的问题，也增强了他的紧迫感。逆水行舟，不进则退。现在，研究走上了正轨，生产已初具规模，他有时间也有条件来解决这个长期困扰他的难题了。

---

① 武汉生物制品研究所有限责任公司，简称武汉生物所，始创于 1950 年 9 月，现隶属中国医药集团有限公司旗下的中国生物技术股份有限公司，是生物制品产、学、研、销一体的大型高新技术企业和全国主要生物制品生产基地之一。

② 国家药典委员会，原名卫生部药典委员会，成立于 1950 年。根据《中华人民共和国药品管理法》规定，负责组织编纂《中华人民共和国药典》及制定、修订国家药品标准，是法定的国家药品标准工作专业管理机构。

图 7-2　毛江森等科研人员在恒温室观察疫苗生产情况（2010 年）

疫苗适合在液体中生存，这是一个科学常识。冻干又被称为冷冻真空干燥技术，主要功能是减缓衰变、保存活性。甲肝疫苗会随着时间推移发生化学反应而衰变，其衰变速率取决于甲肝病毒浓度、活性和温度。水在衰变中起到决定性作用，要让已减毒的甲肝病毒长久生存，必须去除水分。这就相当于把甲肝疫苗的液体抽空，而给它穿上冷冰冰的干衣服。换句话说，就是要整个儿改造甲肝疫苗的生存环境。

制作冻干保护剂要综合考虑很多因素，尤其是冻干保护剂的组方配比。组方配比被誉为药物领域的“葵花宝典”，人们密不外泄。公开资料显示，甲肝疫苗冻干保护剂，世界上尚无先例可循。既然这样，也只能自己动手了。毛江森对于一般性冻干保护剂还是熟知的。冻干保护剂可分为填充剂、防冻剂、抗氧化剂和酸碱调整剂。团队根据普通疫苗冻干环境的需要，采用海藻糖、牛血清蛋白、可溶性明胶、甘露醇、谷氨酸钠、蔗糖等组方，换着各种配比做了大量试验。但令人沮丧的是，那些在液体状态下生存好好的甲肝减毒活疫苗，一经冻干便立刻失去活性。似乎，毛江森又一次面临蜀道难的困境。他陷入冥思苦想之中，期待着灵感的再次出现。

某个夜晚，毛江森走进梦境。他依稀来到蔚蓝色的海边。他似乎赤着脚，牵着孙儿的小手在捡拾贝壳。远处，传来一阵阵悦耳的钢琴声，毛江森知道那是夫人张淑雅在弹奏她心爱的小夜曲。又过了一会儿，他和孙儿手中的贝壳都幻化成毛蚶。怎么回事，明明是贝壳呀，怎么会变成毛蚶了呢？

正在着急之时，毛江森被生物钟从睡梦中叫醒。一看时间，又是凌晨三点左右。多年来，毛江森已习惯于凌晨两三点钟醒来。在别人那里，这是一件蛮痛苦的事，但在毛江森看来，这个时间段是他昼夜中头脑最清醒、最管用之时。毛江森每每利用这个独特时段思考一些重大问题或关节点。可以说，毛江森的许多科研思路或方案大多是在这种时刻涌现的，他称之为灵感喷涌时间。

刚才怎么会做那样的梦呢？毛江森知道是自己一天到晚思考冻干疫苗的缘故。举一反三、由此及彼、由表及里，是毛江森的强项。

突然，梦境似乎给了毛江森一个跳跃式联想。他想到了 1988 年由毛蚶造成的甲肝大流行。毛蚶为什么活得那么滋润，具有那么强的病毒繁殖力？关键在哪？是海水！是海洋型环境！毛蚶喜欢生活在内湾浅海低潮线的泥沙中。甲肝病毒能在毛蚶中集聚，就说明海水有利于甲肝病毒生存。照此看来，冻干疫苗的保护体模仿毛蚶生存的海洋环境，说不定是一条可行之路。

一个石破天惊的想法，仿如电光火石，瞬间迸发闪亮。术业有专攻，隔行如隔山。可作为病毒学家的毛江森，并不清楚海水和海滩的构成成分。正当毛江森日夜为这个海水成分犯难时，助手陈念良得到了她在海洋二所工作的爱人协助。没过几天，陈念良就把一张信笺纸交给了毛江森。纸上写满了她家先生提供的海洋二所人工制造海水的成分数据。毛江森如获至宝，他很快把普康公司科研人员集中起来，进行甲肝减毒活疫苗冻干保护剂的研制。

思路虽然对头，但试验其实很难。并不是简单地把海水各种成分简

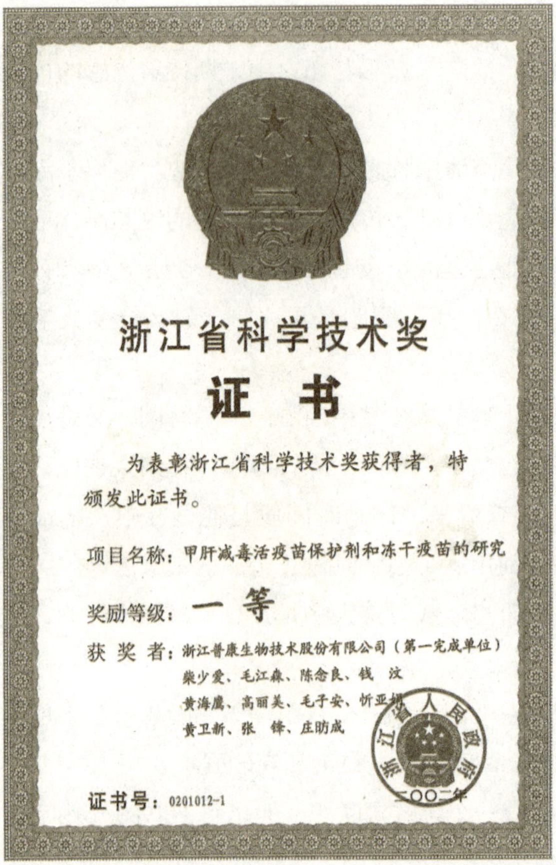

浙江省科学技术奖

证　书

为表彰浙江省科学技术奖获得者，特颁发此证书。

项目名称：甲肝减毒活疫苗保护剂和冻干疫苗的研究

奖励等级：一　等

获 奖 者：浙江普康生物技术股份有限公司（第一完成单位）
柴少爱、毛江森、陈念良、钱　汶
黄海鹰、高丽美、毛子安、忻亚娟
黄卫新、张　锋、庄昉成

证书号：0201012-1

图 7–3　“甲肝减毒活疫苗保护剂和冻干疫苗的研究”获浙江省科学技术奖一等奖（2002 年）

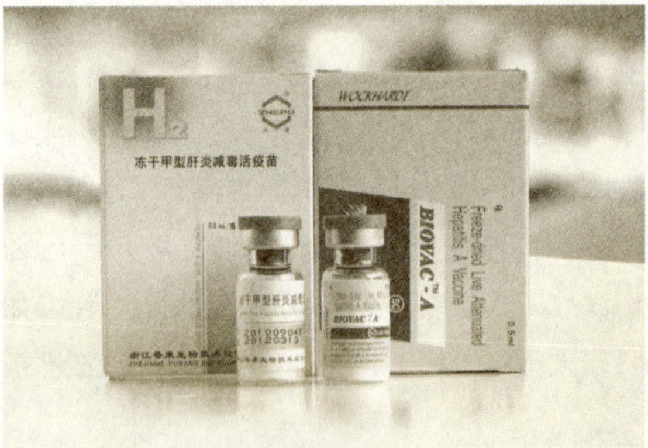

图 7–4　冻干甲型肝炎减毒活疫苗

单配比组合即可。毛蚶终归是毛蚶，疫苗毕竟是疫苗。将原先稳定剂中的水抽干后，如何仍让疫苗保持住架子，不会坍塌和挤压？组成近似海水的主要成分有十多种，而每一种多少数量为宜，必须通过试验来确定。如果将每一种成分的比例数量从零到百地试验，将是一个天文数量级的试验。

自然不能那样做。毛江森团队采用了高效、快速、经济的实验设计方法——正交试验。这种设计根据正交性原理，从全面试验中挑选出部分有代表性的点进行测试，这些有代表性的点具备了均匀分散、齐整可比的特点。找出这些点的数据就是一条捷径。

不同原料成分、不同配比组合，一次接一次试验、一次又一次失败……改变、改进，调整、调换，重复、重置，人们已记不清试验了多少次。只看到普康公司窗外的梧桐树叶掉了绿、绿了又掉……等第三个冬天携带着朔风降临杭城时，毛江森团队才找到最佳的甲肝疫苗冻干稳定剂，一种类似奶酪状的物质。

图 7–5 毛江森在浙江省医学科学院（2000 年）

那是 2000 年 12 月底。第一批冻干甲肝疫苗出来后，毛江森与团队几位骨干又一次在自己身上做试验。当测试冻干后的甲肝疫苗没有引发红肿热痛、没有出现任何问题后，冻干甲肝减毒活疫苗开始大批量生产。此后，但凡普康公司生产的冻干甲肝疫苗都贴上了类似这样的说明书：

本品系用甲肝病毒减毒株接种人二倍体细胞，经培养、收获病毒液、提取后，加适宜的稳定剂后冻干制成。为乳白色疏松体，复溶后为澄明液体。有效成分：甲型肝炎减毒活病毒。辅料：海藻糖、右旋糖酐 40、L- 半胱氨酸、精氨酸、谷氨酸、甘氨酸、氯化镁、硫酸镁、甘露醇、山梨醇、三羟甲基氨基甲烷、稀盐酸。

疫苗稀释剂：灭菌注射用水。

中国第一位“知本家”

不知从什么时候起，中国开始流行起“知本家”这个新词。大概是

1999 年 10 月，有人在北京举办了一个研讨会。会议以“知本家风暴和风暴中的知本家”为题，研讨知识标准和知识价值。[①] 2000 年，一本《知本家风暴》的书被放上书架，随之成为当年畅销书。该书告诉人们，知本家是指以自身知识为资本和资源创造财富的人。书中宣告：中国一批以知识创新作为自身最大资源的知本家已登上历史舞台。[②]

1998 年，浙江省政府借鉴产权制度改革经验，制定了《浙江省鼓励技术要素参与收益分配的若干规定》，率先实行技术要素参与股权和收益分配的政策。明确技术含量特别高的技术入股可突破 35% 的限制，由合资双方自行约定。由此鼓励科研成果产业化，鼓励知识分子成为“知本家”。正是这个政策，使得毛江森与“知本家”一词发生关联甚至成为全国技术入股第一人，成为“知本家”队伍的领头羊。

这的确是毛江森从来没有想过的。

1999 年春，浙江在全省推开企业股份制改造，其中包括事业单位所

图 7–6　2000 年，浙江普康生物技术股份有限公司揭牌

① 王春冉：“知本家”与“资本家”。《现代语文》，2009 年第 8 期，第 140 页。
② 姜奇平，刘韧，王俊秀：《知本家风暴》。北京：中国友谊出版公司，1999 年。

属各类企业。摸着石头过河、典型示范、逐步推开，是中国改革的成功经验，也是浙江率先改革的诀窍之一。省体制改革办公室在分类推进股份制改革时，先在全省物色遴选事业单位试点。他们找到了普康公司和毛江森。在他们眼里，普康公司属于浙江省医学科学院下属单位，是典型的事业单位办企业；甲肝疫苗又是独一无二的创新发明；而毛江森个人在研制甲肝疫苗过程中起到的作用显著而独特。省里决定按照政策和试点思路，对普康公司进行股份化改制，将知识产权量化为股权，让知识产权拥有者占有企业股份，成为名副其实的“知本家”。这个思路属于浙江省首创首试。

之后，省体改办公室、省政府办公厅、省科委等组成的试点工作组找到时任浙江省医学科学院院长的毛江森，商量试点工作。他们没有想到的是，对这种从天上掉馅饼的“大好事”，毛江森却婉拒了几次。有时，被追问得急，毛江森就直白地告诉对方：他不太愿意做这样的“领头羊”。试点组有 4 个人，他们轮番作战、一而再再而三地动员毛江森，直至他答应此事。

省试点工作组由此进驻浙江省医学科学院及普康公司，开展前期调研和方案制定。毛江森自然是试点方案中主要涉及的对象。为避嫌，他对试点组前期工作没有过问太多。

一天，试点组同志把毛江森找来，了解一件令他们惊讶万分的事。原来，试点小组在普康公司清产核资时，竟然找不到国家先期投资。不仅之前从省政府借来的 250 万元已连本带息归还，另外，普康公司账面上还存有 2 亿多元现金。这让试点组同志感到十分意外。一些要求改制的企业大多资不抵债、亏空严重，而这家普康公司居然还存有那么多真金白银！

从来源上说，这些资金都属于普康公司的税后利润，不应算国家投入。既然国家没有投入，那普康公司似乎可以视作集体所有制性质的企业。试点组在向省政府汇报的文件上作了这样一个界定。① 如得以确认，普康公司的股权结构将会是另外一种模式。为此，毛江森向试点组同志解

① 毛江森访谈，2017 年 6 月 25 日，杭州。资料存于采集工程数据库。

释道，当时他向葛洪升省长借的250万元在第二年就全部归还了。普康公司早期使用的60多万元流动资金是普康公司所属科技开发公司多年经营积累起来的盈利。彼时，甲肝试剂盒供不应求，获利不少。根据科技开发公司与浙江省医学科学院签订的协议，那些钱完全可以分配给科技公司职工。但毛江森没有简单分掉，而将它留作流动资金。这就是普康公司原始资本的来龙去脉。同时，对试点组拟议将普康公司界定为集体企业的说法，毛江森不太同意。他认为，当时研制甲肝疫苗的所有场地、设施、设备都由浙江省医学科学院提供，这就是国家的投入；再者，参与研制的人员都由国家培养，拿着国家工资，个人没有出过一分钱。所以，现在的成果都应当视作国家先期投入产生的效益。从根本上说，甲肝疫苗知识产权应当归属浙江省医学科学院，也就是归属国家。试点组接受了毛江森提出的部分建议，普康公司股份制试点进度骤然加快。

实施股份制改造方案的难点在于股份结构和分配比例，焦点在于给知识产权拥有者的股份比例。恰恰在这个难点和焦点问题上，毛江森与试点组发生严重分歧。根据《浙江省鼓励技术要素与收益分配的若干规定》，试点组从普康公司历史和现状出发提出股份制改革方案。设想从普康公司现有结余资金中切出一块作为奖励，量化到有关人员身上。设定普康公司全部股权为7000万股，包括现金资产为5000万股、无形资产即知识产权为2000万股。其中，属于毛江森个人2800万股。

对此，毛江森扪心自问，最初开始关注甲肝、研制甲肝疫苗时，他想过钱吗？没有！绝对没有！他在袁浦公社卫星大队立下宏愿时，为的是救治那些受甲肝病痛折磨的老百姓，为的是证明自己的能力与价值。在研制过程中碰到一道又一道难关时，他想过值不值吗？也没有！当时，他想用自己的科研成果造福人类，先消灭中国境内的甲肝，最终消灭全世界的甲肝。如果是为了钱，他早就不干了。他坚决不要那么多钱。追求金钱不是科学家的目标。

为扩大持股面，毛江森向试点组提出，一定要让普康公司全体员工都有股份，也就是全员持股，实现“工者有其股”。很显然，原定股改方案中的国家股不可以量化到职工身上。因为从理论上讲，把国有股份让渡给个人涉及国有资产保值增值这根红线，这让试点组同志感到左右为难。此时，毛江森态度明朗地表态，他愿意把股权让出来，分配给那些与他一起夙兴夜寐研制甲肝疫苗的人，也分配给那些日夜辛劳生产甲肝疫苗的人，使他们每个人都成为普康公司的股东。他要以股权这种特殊方式告诉大家，他们十几年的付出没有白费，他们理应品尝共同种植桃树后收获的桃子。面对着眼前这位争着推让股份的科学家，试点组同志开始妥协。

一次次洽商，一次次讨价还价。一边是放弃，退让；一边是坚持，妥协。按照毛江森的意思，他要让出大部分股权。但那样做，股改方案就与试点初衷南辕北辙，在面上推开后也不利于激发科技人员的积极性、创造性。最后商定，毛江森保留 2000 万股，让出 800 万股给普康公司每个员工多少不一的股权，以实现公司在职职工股权全覆盖。最终，浙江普康生物技术股份有限公司变成了由浙江普发科技开发中心一家法人单位和毛江森院士等 15 名自然人共同出资发起的企业。

至于普康公司原有结余的 2 亿多元资金，试点组原先提出的方案是上缴给省科技厅统一管理，作为全省科技投资基金。报告上报到省里，省领导批示大意是，这个钱来之不易，是科研人员辛辛苦苦积累起来的。至于科技投资，应当是政府行为，现在还缺乏经验，建议将这些钱还是留在浙江省医学科学院管理为宜。据此，试点组重新拟订方案，将这 2 亿多元资金从已改制的普康公司划出来留给浙江省医学科学院，由省医学科学院普发科技开发中心统一使用管理。

经过近一年时间，解决了七七八八的难题。2000 年 3 月 5 日，浙江省政府批复同意《浙江省医学科学院普康生物技术公司改制实施方案》，浙江普康科技生物股份有限公司正式宣告成立，毛江森兼任股份公司董事长。

当下，以专利技术作股份的科技型企业已俯拾即是。但当年，普康公司作为全国第一家专利技术入股企业，轰动了国内外。消息传开后，即在浙江各界引起热烈反响。人们认为这 2000 多万股份凝聚着毛江森毕生的研究心血，是他为国家和单位创造巨额经济效益、社会效益的同时应得的个人份额。这更是落实党的十五大精神，鼓励技术要素参与收益分配、深化产权制度和分配制度改革的有益探索，必将激发科技人员的积极性，促进科技成果转化和高新技术产业化。中新社以《浙江一专家获两千万股份》为题作了长篇报道，文中说到，“一位科技人员获得如此巨额股份，在浙江省尚属首次，在中国也未见报道。”

自此之后，毛江森作为普康股份公司董事长，开始了另一种的人生历练。一拨拨考察者、参观者、检查者如过江之鲫般来到普康公司，言谈之中，人们提及最多的是劝说普康公司尽快上市，快速发展成生物医药集团。普康公司董事会内也有人希望上市。特别是看到国内一些起步比普康公司晚得多、原先规模比普康公司小得多的生物制药公司因为上市而瞬间变成大集团时，他们心理上产生了某种不平衡感乃至失落感。当然，他们知道毛江森的态度，不敢直截了当提出，只是旁敲侧击或比兴暗喻，劝说毛江森“顺应潮流、与时俱进”。但毛江森不为所动、不为所惑。如果想上市，普康公司第一波就可以上市，毛江森有这个自信。每个企业情况不同。资金固然重要，不上市会少赚很多钱，也许对于公司发展会有点影响。但普康公司是生产疫苗的，疫苗是用于普通老百姓的。从根本上讲，它是一项社会公益事业，不同于一般工商企业。生产疫苗需要绝对的心静如水、屏气敛息。

令人欣慰的是，普康公司绝大多数员工支持毛江森这个不上市的决策，不仅没有怨言，而且因为人人占有股份，利益看得见、摸得着、分得到，科研和生产的积极性持续高涨。直到今天，普康公司也没有上市，可见毛江森对公司上市的态度一以贯之、持之以恒。

图 7-7　毛江森为浙江省医学科学院题写的院训（2001 年）

毛江森担任董事长后的第二个大动作，便是辞去浙江省医学科学院领导职务，集中精力从事疫苗研制和生产。在得到夫人张淑雅支持后，毛江森给组织上写了一封情真意切、言辞诚恳的辞职信[①]：

李厅长、卫生厅党组并呈省委组织部：

今年，我已67岁，古时算近古稀之龄了。按当今人事规则，也远远超过退休年龄。

近年来，身体大不如前。睡眠不佳，外特异性结直肠炎常发。虽属人生之常，却也难免不安。对工作也已心有余而力不足。

自1987年任副院长，1991年任院长，在院领导岗位已近15年之久。虽还勤恳，贡献微微。所幸院里人才已有成长，中青年壮苗成林，青出于蓝而胜于蓝。及时选拔中青年出任科技领导是世界之潮流、我党之要策。

自走上社会，已近半个世纪，对自己也不能算不了解了。我虽奉命做过单位领导，实非我之所长。我一直深爱科学与技术，如若能即今专注，可能还会略有所成；若再拖延时日，将属老朽无用之徒了。

凡此种种，近年来一直想辞却浙江省医科院院长及党委副书记之职。值此21世纪来临之际，身负重任，更感惶惶。

陈情如上，恳请批准。

毛江森

2001年1月10日

2001年6月18日，浙江省卫生厅同意毛江森卸任浙江省医学科学院领导职务，改任名誉院长并继续兼任病毒所所长。

对于普康公司日常管理工作的繁忙和复杂，毛江森作了充分的思想准备。他以董事会名义聘任了两位懂行的人来管理公司，自己仍把工作重点放在疫苗的优质优化上，并提出制备精品疫苗的主攻方向，努力把疫苗做

① 毛江森辞职信，2001年1月10日。资料存于毛江森办公室。

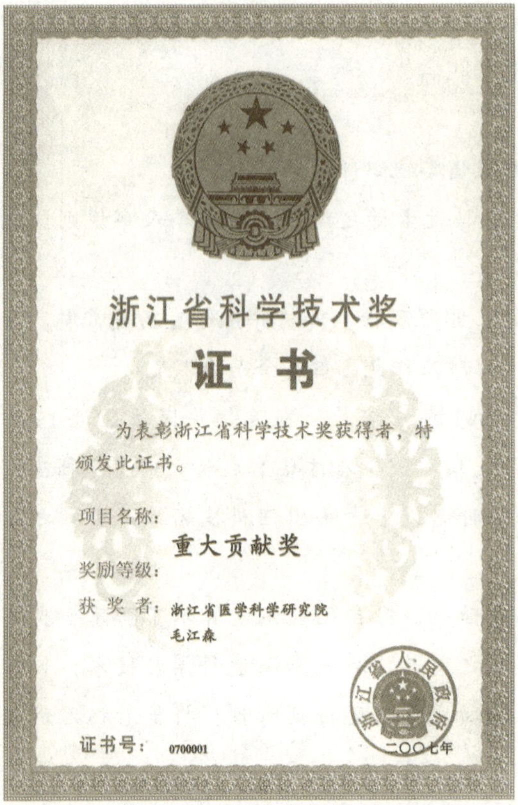
浙江省科学技术奖

证书

为表彰浙江省科学技术奖获得者，特颁发此证书。

项目名称：

奖励等级：重大贡献奖

获 奖 者：浙江省医学科学研究院
毛江森

证书号：0700001

浙江省人民政府

二〇〇七年

图 7–8　毛江森获浙江省政府重大贡献奖（2007 年）

到极致。

国家对疫苗生产的要求与标尺逐年提高，原先栖身于浙江省医学科学院内的普康公司日益显出它的不适：先前因经费匮乏，一些隔断用毛竹替代钢筋支撑，牢固度显然不够；老式建筑的屋顶是人字形结构，跨度受限，大型机器设备进不去、装不下；一些木头柱梁老旧侵蚀，存在火灾隐患。毛江森和公司同事们一致认定，甲肝疫苗生产基地该搬迁了，普康公司该有个新家了。

对普康公司新址建设，毛江森首先考虑的是从体

图 7–9　2005 年，毛江森与普康公司员工在浙江普康生物医药园开工典礼上合影

图 7-10　浙江普康生物技术股份有限公司鉴定综合楼

制和空间上将科研部门与生产车间合为一体，真正实现科工贸一体化。为此，他在规划新址建设时，将科研所需的空间、环境、条件考虑得极其充分、尽量满足，并为未来科研发展留足余地。同时，为达成此目标，他还与浙江省医学科学院领导反复磋商，将病毒病研究所与普康公司合为一体。

另一个着眼点，即是新的生产线。设施设备采购工作由新址筹建办公室负责。但毛江森明确要求，甲肝疫苗的核心设备洗烘灌联动线一定要当今世界上最先进且价格最便宜的。一开始，筹建办公室同志根据毛江森提出的世界技术最高标尺，把全球闻名的设备制造商找了个遍。物色到德国 BOSS 和 B&S 两家公司，初步谈定价格为 1100 多万美元。毛江森认为价格太贵，就自己带上一个考察小组跑到德国调研。最后，在德国一个小镇上找到一家品质近似、但便宜 110 多万美元的生产线。

2010 年，普康公司主体搬迁到新址，着手设备调试磨合，逐步达到 GMP① 规范标准。2011 年年初开始正式投产。从此，一幢造型酷似“打

① GMP，全称为 Good Manufacturing Practices，即“生产质量管理规范”或“良好作业规范”“优良制造标准”。GMP 是一套适用于制药、食品等行业的强制性标准，要求企业从原料、人员、设施设备、生产过程、包装运输、质量控制等方面按国家有关法规达到卫生质量要求，形成一套可操作的作业规范，帮助企业改善企业卫生环境，及时发现生产过程中存在的问题，加以改善。

开的书本”的科研办公大楼和一座现代化疫苗生产工厂矗立在杭州滨江新区，成为高新区地标性建筑之一。

泗县疫苗风波

毛江森和普康公司研制销售甲肝疫苗，一路看上去十分顺利。一环紧扣一环，一波连着一波，几乎很少遭遇挫折和坎坷。但事实告诉人们：世界上所有的事都不会一帆风顺，没有人能随随便便成功。只是，人们在走过那一段路程后，一般不愿意回顾和提及罢了。

如果要让毛江森挑选一桩刻骨铭心的事，无疑应该是 2005 年 6 月发生于安徽泗县的甲肝疫苗风波。如果当时主管部门处置不妥或者毛江森应对不当，普康公司甲肝减毒活疫苗将遭受灭顶之灾。

那是 2005 年 6 月 21 日。毛江森如往常一样，早早来到普康公司办公室。突然，公司总经理柴少爱推门而入，将安徽泗县前几天发生的疫苗事件以及公司销售部门向她报告的情况简要地向毛江森复述了一遍。

原来，6 月 16 日，安徽泗县大庄镇[①]卫生防疫保健所在未经县卫生、教育主管部门同意的情况下，擅自与学校联系，由乡村医生组成 8 个接种组，为大庄镇 17 个村 19 所学校的学生接种了普康公司生产的甲肝减毒活疫苗，先后有几百名学生出现各种症状，被送进医院。县防疫站诊断是群体性心因性反应[②]症状，但学生家长们不相信。安徽省一家媒体首次对接种甲肝减毒活疫苗学生的异常反应作了报道。现在，全县上下人心惶惶、不知所措。泗县领导要求普康公司对这些疫苗作出解释。

出现这种情况，毛江森自然也十分焦急，但他相信自己研制和生产的疫苗。眼下需要进一步了解情况、搞清问题。他马上责成柴少爱赶赴泗

① 现隶属安徽省宿州市。

② 又称群体性癔症，是指某种精神紧张相关因素在许多人之间相互影响而引起的一种心理或精神障碍。该病的主要特点是人群之间产生相互影响。

县。柴少爱连夜带着销售经理赶赴泗县，第三天就返回杭州，把她了解到的情况一五一十地向毛江森和医科院领导班子作了汇报。

情况的确很严重。柴少爱在泗县人民医院了解到，全县接种学生为2444人，先后有311名学生出现反应。6月20日，县里请来的会诊专家发现两名重症患儿的心肌酶谱（心肌酶谱是反映心肌受损程度的一项指标）偏高，由此对其他患儿展开普查，发现均是如此。专家们据此作出诊断，部分学生出现不良反应是由接种甲肝疫苗引起的过敏反应。也就是说，疫苗是病原，普康公司是直接责任者。

不可能！毛江森在心里迅速否定了这个推测。

但当时社会舆论根本没有理智地听取毛江森和普康公司的解释说明，有的媒体甚至将普康公司出面作的说明理解为生产企业的托词与辩解。一件重大的公共卫生事件就这样继续发酵。6月25日，国内一家主流网站发布了《安徽泗县百余学生接种甲肝疫苗出现异常，1人死亡》的消息。第二天，央视《焦点访谈》《经济半小时》也报道了相关消息，境内外共有43家媒体先后报道了泗县疫苗事件。有的媒体还冠之以“毒疫苗”“夺命疫苗”“问题疫苗”等字眼，一下子击中了社会公众的软肋。泗县疫苗事件迅速扩大化、公众化。一时，舆情鼎沸，压得普康人透不过气来。

国务院领导迅速作出批示，主管部门闻讯紧急行动。6月28日，国家卫生部和食品药品监管总局领导、专家抵达泗县展开全面调查，同时派出3人检查组到普康公司；并在第一时间宣布，为确保人民群众用药安全，在调查结论出来之前，在全国范围内暂停使用浙江普康公司生产的6种批次疫苗。

专家们在泗县调查核实，或真或假的信息源源不断地传来。与此同时，一拨拨媒体记者涌进普康公司办公楼和浙江省医学科学院，要求接受采访，要求说明真相。普康公司生产和办公场地上空似乎云团密布、空气凝结。要说此时的毛江森没有压力，那是假的。毕竟有那么多学生入院治疗，有那么多媒体在传播渲染，有那么高层的领导在关注。性命关天、信誉攸关，搁在谁身上谁知道。但毛江森觉得自己对得起“中国科学院院士”这个称号，对得起自己的良心。他坚信甲肝减毒活疫苗没有问题。普康公司已生产销售了1.3亿支疫苗，从来没有出现过这种情况。由复旦大学公共卫生学院流行病学教研室徐志一[①]教授承担的国家“九五”科技攻关课题——“规范性甲型肝炎减毒活疫苗现场效果考核”曾对上海、河北、广西19个县市共46万名儿童进行了甲肝减毒活疫苗疗效的考核评价，其抗体阳转率达90%以上、保护率高达95%。这一结论也经卫生部专家组鉴定通过。专家们认为我国首创、普康公司生产的甲肝减毒活疫苗具有很好的安全性、免疫性和保护效果，疗效达到国际先进水平。这可都是顶尖级的专家依据事实作出的结论。也许，个别人在注射疫苗后，有可能出现过敏反应，但这样众多数量的反应绝对不可能。毛江森坚信科学，坚信事实，坚信专家调查最后会给甲肝减毒活疫苗一个客观而公正的结论。

他期待着这一天。同时，他也意识到自己的责任，他没有回避、没有退缩，而是尽可能利用媒体向社会表达态度，从而解疑释惑。一天清晨，毛江森如常到办公室上班。时任浙江省医学科学院院长张幸打电话给他，说香港凤凰卫视记者要求采访他。张幸觉得没有把握，征询毛江森的意见。毛江森自信从容的语气，让电话那头的张幸略感惊愕。毛江森十分干脆地答复，同意接受采访，并请各家媒体记者到普康公司采访。毛江森还主动约见新华社记者，谈了他对泗县疫苗事件的分析及看法。新华社记者据实作了报道。

29日下午，卫生部部长高强[②]及专家组在泗县召开新闻发布会。会上，高强明确宣布，据专家组初步分析，泗县疫苗事件是一场集体接种导致的群体性心因性反应，从而推翻了之前省市专家组作出的“部分学生出现的

① 徐志一（1933-），浙江人，流行病学教授。毕业于哈尔滨医科大学。历任上海医科大学流行病学教研究室主任，世界卫生组织乙肝免疫、甲肝免疫、计划免疫、新生儿传染病等项目顾问，全球艾滋病项目流行病学研究顾问，卫生部肝炎科研究领导小组成员，国际乙型肝炎免疫专家组成员，美国基因技术公司艾滋病疫苗研究顾问，卫生部肝炎咨询委员会委员等。

② 高强（1944-），河北盐山人，毕业于中国人民大学经济系世界经济专业。曾任国务院副秘书长、卫生部部长等。

不良反应是由接种甲肝疫苗引起的过敏反应”这一诊断。专家组判定这起事件是“群体性癔症”的依据主要有两点：一是发生不良反应的孩子显现的症状，二是这次甲肝疫苗接种过程和事件发生后的其他环节。从事青少年心理问题的专家介绍，所谓“群体性心因反应”就是癔症，或叫歇斯底里，多发生在 6—15 岁少年儿童和女性当中。症状主要是头晕头疼，严重的甚至会出现四肢麻木抽搐、口吐白沫乃至昏迷。与此次泗县部分学生发生的现象极其相似。专家组组长、中国疾控中心冯子健[①]教授阐释道，通过将 2407 名接种甲肝疫苗的学生心肌酶谱与 236 名未接种甲肝疫苗的学生、45 名成人的心肌酶谱进行对比，发现不论有没有进行疫苗接种、不论是大人还是小孩，所有人心肌酶谱均偏高。说明心肌酶谱高低与甲肝疫苗无关，而可能与地域环境有关。发布会上还披露，虽然疫苗进货渠道非法，也未经相关部门批准，属于擅自组织学生集体接种。但经中国药品生物制品检定所初步检测，目前可以确定这批疫苗是真疫苗。大量学生在疫苗接种后出现的不良反应跟甲肝疫苗本身暂无直接关系。集体场面接种、家长焦急询问、媒体不当传播等加剧了怀疑心理和不安气氛，使得癔症心理暗示范围被扩大。专家组还以确凿的证据告知人们，那位死者死亡的真实病因是中毒性菌痢，与甲肝疫苗毫无关系。

2005 年 7 月 14 日 15：50，央视国际播发新华社消息：经中国药品生物制品检定所检验，安徽省泗县大庄镇学生集体接种所用的甲肝疫苗为合格品。据此，国家食品药品监督管理局已作出解除暂停销售和使用浙江普康公司部分批次甲型肝炎减毒活疫苗的决定。

疫苗风波终于尘埃落定。

电视新闻一播出，普康公司员工都兴奋得奔走相告、相互擂拳祝贺。据说，那时毛江森正在睡午觉。有人急匆匆跑来，想告诉他这一好消息。但见毛江森坦然大睡，就觉得没有必要。也许，毛江森在心里早已作出了这个结论。

① 冯子健，研究员，从事计划免疫、传染病防控、监测和预警等方面工作，曾任中国疾病预防控制中心副主任。

为中国甲肝疫苗插上远飞的翅膀

毛江森研制甲肝疫苗的初心宏愿是彻底消灭甲肝。由此，毛江森的视野显得开阔而宏大。甲肝减毒活疫苗研制成功后，毛江森在继续关注脚下这片土地的同时，已将目光迅速投向全球。他要让他的甲肝减毒活疫苗走向世界、造福人类。彼时，环顾全球一百八九十个国家中，与中国国情、人口、经济社会发展阶段最接近的，当属中国的邻居——印度。能否用我们的甲肝疫苗控制住印度的甲肝流行呢？毛江森自产生这个念头后，就开始关注起这个邻国。

机会不期而至。1993 年，毛江森受国家委托，接受印度政府生物技术部邀请，对印度进行考察访问。这个疆域面积约为中国 1/3 的国度，1991 年末全国人口达到 8.4 亿，2 岁以下儿童甲肝阳性率高达 98%。在与塔尔瓦（Talwar）教授为代表的印度科学家代表团进行中印生物医药合作会谈时，毛江森介绍了中国研制甲肝减毒活疫苗的情况，并从科学角度进行阐释甲肝减毒活疫苗是安全有效的疫苗之一。

交流中，毛江森还向印度同行畅谈了自己首次考察印度的感受。他动

图 7-11　20 世纪 90 年代，毛江森访问印度

情地说，不管从经济发展水平、人口、气候条件，还是从卫生环境看，中印两国都十分相似，目前都处于甲肝高发期，也都发生过甲肝大流行事例。中国正是因为甲肝疫苗问世，才使得甲肝发病率得到有效控制与减少。他希望用他们团队刚刚研制成功的甲肝疫苗控制住印度的甲肝流行。既然中国已做到，他相信印度也能做到。毛江森这番情理交融的话引起印度科学家热烈而持久的掌声，双方决定优先开展甲肝乙肝疫苗和计划生育项目的合作。

从此，向印度出口甲肝疫苗成为毛江森时刻牵挂的心事。他叮嘱并敦促普康公司主管人员千方百计联系甲肝疫苗出口印度的途径，并向政府主管部门申报。

正在毛江森盘算着如何向印度出口甲肝疫苗时，一个机缘从天而降。一天，销售部门领来了深圳迈高实业发展公司[①]的一位副总。这位副总告诉毛江森，他们非常愿意与普康公司合作，由他们代理向印度出口甲肝疫苗。经过几十次谈判洽商，2002 年 1 月 15 日，普康公司与深圳迈高公司及一家印度公司草签了联合进口冻干甲肝减毒活疫苗的意向文本，开始甲肝疫苗进出口合作事宜。此后，销售人员一次次跑印度、找客户。印度有关公司、诊所的专家也来普康公司考察了解。细心的毛江森发现，印度一些人员在普康公司考察时，眼神常常流露出某种疑惑：中国与印度同样是发展中国家，中国生产的甲肝疫苗行么？毛江森院决意用事实来说服印度同行。2003 年 4 月，毛江森带着疫苗研制专家庄昉成、普康公司副总钱汶等前往印度药品监督管理总局考察交流，落实合作事宜。毛江森事先做了充分准备，他让庄昉成带上一大沓材料和数据，让钱汶带上样品和必要的测验工具。

在印度期间，毛江森与印度药品监督管理总局专家多次交流探讨。遇到印度同行或监管部门人员，毛江森总是不厌其烦地向他们介绍甲肝减毒活疫苗的缘起、性能、功效，列举大量事实说明甲肝减毒活疫苗的安全性、可靠性和可操作性。那种场景下的毛江森，既是甲肝减毒活疫苗的研

① 现名深圳市迈高生物科技有限公司。

制者、发明者，也像一位雄辩滔滔、具有非凡说服力的演说家。他以缜密的科学原理、翔实的数据、可复制的实验加上绘声绘色的生动故事，打消了印方的顾虑，说服了一个个印度同行。为让印度同行更加信任、更加放心，毛江森答应帮助印度国家卫生实验中心建立检测系统。当得知印度同行对“半数组织培养感染剂量检测法”（TCID50）不甚了解时，毛江森亲自操作示范、进行检测试验。他一边动手，一边讲解，把每个环节和要领解释得清清楚楚、明明白白。

彼此之间信任一建立，合作进度立时加快。印度国家药管药检部门进行了 3 年多时间的评估、检验，印度 Wockhardt 公司做了多批次人体试验，结果接近完美。皇天不负苦心人。2005 年 12 月，在中印双方共同努力下，浙江普康公司拿到了中印政府主管部门关于同意出口甲肝疫苗的批文，成为中国民营企业向国外出口疫苗第一家。

2006 年 1 月 14 日，普康公司在杭州举行仪式，庆祝自主知识产权的甲肝减毒活疫苗正式进入国际市场。此后，一批批印有浙江普康公司字眼的甲肝疫苗产品源源不断地运往印度各地。时至今日，普康公司每年向印

自主知识产权的甲肝活疫苗进入国际市
006年1月14日·杭州
沈祖伦

图 7–12　2006 年，浙江普康生物技术股份有限公司召开拥有自主知识产权的甲肝活疫苗进入国际市场庆祝会

图 7-13　2006 年，毛江森与印度著名儿科专家 Zinoba 博士探讨关于普康公司生产的甲肝活疫苗疗效问题

度出口甲肝疫苗已达七八十万支。

自从研制的甲肝减毒活疫苗从印度打开销路后，普康公司取得了经验和例证。随后，接连出口到印度尼西亚、巴基斯坦、危地马拉、乌兹别克斯坦、菲律宾、泰国和中美洲一些国家及地区。眼下，正在开发巴西、阿根廷、土耳其及中东地区甲肝疫苗市场。为此，普康公司还专门在滨江新区开辟生物医药园，兴建甲肝疫苗出口生产基地。毛江森感到，离他的理想和目标又近了一步。

甲肝减毒活疫苗的实际疗效与世界影响力摆在那里，被世人认可和接纳是必然的。哈佛大学医学院博士生教材《费氏病毒学（第一卷）》第 5 版在第 936 页系统介绍了甲肝病毒的历史、病原学、流行病学、临床症状及诊断、急性甲肝病管理及治疗、甲肝预防与控制等，并明确指出：

过去 10 年，至少有两种减毒活疫苗在中国使用。一种疫苗叫 H_2 株，一种疫苗叫 LA-1 龙甲株。病毒株在人二倍体细胞内生长。近期的临床试验和在超过 45 万余人的应用证明，它们的保护率达到 95%。[①]

这是世界权威的病毒学通用教材对毛江森团队研制的甲肝减毒活疫苗的评价。与此等量的是，复旦大学医学院汪萱怡[②]教授团队历经 17 年跟踪观察，对普康公司生产的甲肝减毒活疫苗效果及安全性作出了客观评估。

① David M. Knipe，Peter M. Howley. Fields virology（VOLUME ONE）.5th ed . Philadelphia：Lippincott Williams & Wilkins，2006：936.

② 汪萱怡，复旦大学生物医学研究院研究所导师，博士、研究员。主要从事重要传染病、致瘤病毒相关的流行病学与疫苗学研究以及治疗性疫苗等新型免疫治疗方法的临床研究。

第八章
院士的情怀与乡愁

爱国情：睁大科学家犀利的双眸

2003年开春后，非典突袭神州大地及东南亚。它来势汹汹，令人猝不及防。这是中国继天花、霍乱之后，与病毒遭遇的一场正面战争。亲身经历过非典的人，都深切体会过彼时彼地的惶恐与无奈。

毛江森较早知悉了非典疫情。后来，又从多个渠道听说了广东发生大规模非典流行的消息，医学界、学术界对非典病因众说纷纭、莫衷一是。有人说是支原体，有人说是出现了新的病毒。

非典，的确是个新冒出来的敌人，谁也没有遇到过、较量过。毛江森同样不清楚。但他毕竟是位经验丰富的病毒学家，像一位闻说敌情就自动归队、一听枪声就直扑战壕的战士一般，自觉站上了第一线。

首先要弄清敌情，了解对手是谁。

毛江森习惯性地踱到书橱前，从书橱中取出上下两册的《费氏病毒学》。这本美国哈佛大学医学院编撰的通用教材是毛江森经常翻阅温习的参考书，书里夹满了他平时看书留下的小纸条，还有数不清的圈圈点点、涂涂抹抹。

他一边翻阅着《费氏病毒学》，一边回想起去年自己的一次演讲。2002年6月，中科院在京举行院士大会，中科院领导特意让他作一个学术报告。毛江森似乎有一种预感，平时不喜欢抛头露面的他竟欣然接受了这次安排。他将学术报告主题确定为《病毒性疾病特别是新病毒病对人类的危害及人类如何应对》。毛江森用意很清楚，希望借此增强大家对病毒危害的意识，提高大家与病毒抗争的积极性。那是一次异常畅快的学术交流。研究病毒多年、对病毒学极为熟悉的毛江森凭借他的理论功底、渊博知识、实践经验、开阔视野、语言能力，广征博引、设譬举例，把一场学术报告变成了一次病毒学历史和知识的盛宴。时间才过去半年多，当时会场上的热烈掌声仿佛还在毛江森耳畔回旋。非典就以人们一时无法辨认的面目粉墨登场、长驱直入。中国乃至全球医学界都在探讨研判非典是由什么原因造成的，社会公众也都在焦急地等待。

那天，中国疾控中心一位首席病毒科学家接受央视记者采访，高调宣布中国疾控中心专家已从非典患者的肺部分离出病原体，证明非典由衣原体引发。一时，关于非典是由衣原体引起的说法成为各级领导讲话的基调，占据了各类媒体的版面和荧屏。

毛江森从电视上听到了这个衣原体的说法，但他没有人云亦云、随波逐流，而是高度怀疑。看完电视新闻后，毛江森立刻给时任浙江省卫生厅厅长李兰娟[①]打电话。直言不讳地告诉李兰娟：“你千万不要相信衣原体这个说法。我高度怀疑它是病毒病，一种新的病毒病！”并答应李兰娟，待她从温州返回后，会详细阐释他对非典病毒的看法，用知识和事例来证实自己的感觉与推测。

想到这里，毛江森再次翻开搁在案头的《费氏病毒学》。果真，该书第36章专门阐述“冠状病毒科”，详尽介绍了冠状病毒发病机理，指出冠

---

① 李兰娟（1947-），浙江绍兴人，感染病（传染病）学家。毕业于浙江医科大学，曾任浙江省卫生厅厅长，现任浙江大学附属第一医院主任医师、传染病诊治国家重点实验室主任、中国工程院院士。

状病毒可以让动物腹泻、让人感冒。书中还提出一个名词叫“肺炎病毒”，也就是病毒性肺炎。当然，书中论述主要针对动物。毛江森认为，大家熟知病毒性肝炎、病毒性脑炎、病毒性心肌炎、病毒性脊髓灰质炎等，但很少有人提到病毒性肺炎这一病名。而从费氏描写的冠状病毒病征来看，与眼下出现的非典症状比较吻合。思虑至此，毛江森陡然增添了自信，觉得自己有把握说清楚非典。

经历过非典时期的人都能回忆起来，那段时间，全社会风声鹤唳、草木皆兵，人们的疑惑、猜测和恐惧如海啸时漫灌的潮水无孔不入。人们需要得到权威性回答，犹如野火漫山遍野燃烧时需要宽阔的隔离带。恰巧此时，新华社浙江分社记者朱立毅、何玲玲了解到毛江森是研究病毒的专家，遂登门采访。朱立毅、何玲玲亮明记者证、打开录音笔，开门见山、直奔主题。毛江森也没有犹豫躲避、闪烁其词，而是直截了当地回答：这很可能是一种新的病毒病！

“几乎可以肯定是病毒病，但不是人类新发现的病毒。”毛江森进一步阐释道：

> 科学界习惯将病毒分为科、属、种、株等，病毒的大家庭一共有23个。一般来说，经过千万年时间的衍化，大部分病毒基因是稳定的，易变的基因比较容易被淘汰，出现科或属一级新病毒的可能性不是太大……人类出现新的病毒病，但不说明是出现了新的病毒。譬如，艾滋病，人类发现它时间不长，但艾滋病毒在动物身上早已有之。只不过那种病毒过去在动物之间传播，没有侵蚀到人类而已……非典是一种新的病毒病，或者叫病毒性肺炎，但它不是一种新的病毒，很可能从动物身上传染过来。如果是衣原体的话，根本无法解释一个现象：为什么注射大剂量抗菌素，患者最终还是死亡？唯一可解释的是，抗菌素只对衣原体有效，而对病毒无效。

还未等毛江森说完，朱立毅以一个新闻记者的敏感，立刻感觉到毛江森这个判断非同一般。他猛地从沙发中立起身来，惊讶地反问：“您是怎么知道的？您是听说了什么？”

毛江森口气笃定地回答说，他从来不东打听、西打听，看的也是他能看到的材料。既没有小道消息，也没有什么高级“内参”。他只是一个学者，只是凭着自己的知识和分析作出判断，他对自己作出的判断坚信不疑。

说到这里，毛江森情绪似乎有点激动起来。哈佛大学医学院教科书《费氏病毒学》在这里，人家在第36章《冠状病毒科》中已明确提出来了。这本《费氏病毒学》不止我一个人有。那些研究机构、图书馆，包括中国疾控中心，都应该有的。所谓知识，包括了前人曾经的经验。看看艾滋病、黄热病等是怎么流行起来的，几乎都是先在动物间流行，然后传染给人类，再在人群间流行起来。

还有，从医学原理上讲，你提出一个医学观点或判断，总得解释清主要的医学表象和症状。如果解释不了，那就不能成立。人们凭什么相信你？所以，钟南山[①]医生和整个广东医学界都不同意支原体的说法。

毛江森认为更重要的是，我们民族应从非典疫情的蔓延和治理中总结经验、汲取教训。有些人不重视已有知识、不重视规律和逻辑，故而造成认识上的盲区和判断上的失误。

毛江森对非典疫情的分析判断，迅速通过新华社内参分几次送到中央领导的办公案头，成为高层领导决策和指导全国抗击非典工作的重要参考。同时，毛江森提出了生态预防、隔离预防的观点。

2003年4月25日，新华社以《病毒学家提醒：与野生动物保持一定距离》为题发布新闻稿，报道了毛江森关于非典很有可能来自野生动物的分析。

在全国非典肆虐的高峰期，在病原未确定之时，毛江森提出SARS很

① 钟南山（1936–），福建厦门人，著名呼吸病学专家。毕业于北京大学，现任广州市呼吸疾病研究所所长、广州呼吸疾病国家重点实验室主任、中国工程院院士。

可能是新的病毒性疾病、病原有可能来自野生动物的研判，提出 SARS 的生态性预防与控制理念。这一研判和对策犹如给高热中的人们打了一针镇静剂、清醒剂，全国捕捉、食用野生动物的狂热骤然降温。

几天后，浙江电视台在《院士谈健康》系列节目中播出了《毛江森院士谈病毒与非典》。接着,《两院院士谈健康》一书邀请毛江森再谈病毒与非典。在两次访谈中，毛江森一口气回答了当时人们最关心的 18 个问题。譬如，引起非典的是什么病毒？为什么动物携带病毒可以安然无恙而人类却不行？目前我们对非典病毒了解到什么程度？人体感染非典后为什么会有发热、咳嗽等症状？患者血液有没有可能成为非典病毒的传播途径？当前遏止非典蔓延的最有效措施是什么？眼前有没有必要采取大剂量大面积的消毒？普通市民家里需不需要进行消毒？研制非典疫苗大概需要多少时间？人类与非典斗争最终结果会怎样？针对上述问题，毛江森尽自己所知一一作答、解疑释惑，澄清了人们的认识误区、感觉误区。

非典成为社会的焦点和难点，不少科研机构和医疗部门闻风而动、组织攻关，还有一些机构提出要研制非典疫苗。这些机构和单位各自为战，搜集各种非典患者的器官标本、非典病毒；有些根本不具备研究非典条件的机构竟然把一些标本和病毒放在普通冰箱里。毛江森看到这些现象，感觉到了问题的严重性。非典病毒可以通过空气传播，那些放在普通冰箱里的非典病毒一旦泄漏，将造成极其严重的后果。一种病毒学专家的责任感驱使着毛江森。得想办法让上面领导知道，出面制止这类事情。于是，他又想到了新华社浙江记者站的朱立毅。通过几次采访，他感觉到新华社内参是一条很好的渠道。朱立毅认真听取了毛江森的意见和建议，立即形成内参稿报送上层。

那段时间，防范非典、战胜非典成为全国人民的共识。当然，与此相伴的既有热血沸腾的人群，也有头脑发热的机构。头脑发热的表现之一就是研究非典疫苗。

北京有位中专毕业、在某家生物制品公司工作的年轻人找上门来。言谈交流中，那位年轻人说有领导同志指示他搞非典疫苗，他想与毛江森院士“共同研制”。毛江森对此予以明确反对。那位年轻人颇为想不通，语气激烈地质问毛江森。毛江森则以深邃的思考、丰富的经验告诉他不赞成此事有三个理由。第一，他积极提倡“生态预防”。如果证明非典病毒来自野生动物，而这类野生动物容易被控制，那么最好的思路和办法应当是去控制这类野生动物。第二，几乎所有病毒都有特定宿主和靶器官。现在已证明人类不是这种病毒的终生宿主，不会在人与人之间反复传染。第三，开展大量的非典病毒培养非常危险。非典可经口鼻飞沫传染，病死率高，一旦有人故意破坏或者出现严重事故，将会毁掉一座城市。

那位年轻人灰溜溜地离开，去向不明。但能够佐证毛江森预判的是：世人至今尚未看到任何非典疫苗之类的产品问世；有关研制非典疫苗的动向犹如泥牛入海、杳无音讯。

送走那位年轻人之后，毛江森开始思考：该怎样把自己对非典预防的理念告诉世人呢？他觉得应该就此写篇论文。后来，毛江森与曾光教授联袂撰写了论文《传染病的生态预防》，发表在《国际流行病学传染病学杂志》上。

母校情：农民式的感恩回报

母校，对于毛江森的成长和成就具有决定性意义。而毛江森对母校的思念之情和报恩之举也让人感动。

有人曾问毛江森：为什么要捐出大额资金在杭高、上医设立奖教基金？初衷是什么？

毛江森回答得很干脆：“没有什么道理。因为感恩，这是农民式的报恩思想。杭高、上医有恩于我，我就应该报答杭高、报答上医、报答社会。”

毛江森最念念不忘的母校是杭高。毛江森的人生高度由杭高标定。如果说毛江森是一艘破浪前行的航船，杭高就是起锚的港口；如果说毛江森是一位攀登悬崖峭壁的勇士，杭高就是起步的基石。

1999 年 5 月，杭高迎来百年华诞。杭高给毛江森发来百年校庆请柬，

图 8–1　毛江森向母校捐赠 100 万元人民币，设立“上医优秀教师奖”（1997 年）

并希望他代表所有从杭高毕业的莘莘学子发表一篇贺词。毛江森一时百感交集、思绪纷纭。实事求是地说，眼下工作繁忙，除了甲肝疫苗的生产与深度研究外，他现在还是浙江省医学科学院院长，不说日理万机，至少也是日理百机。但他婉拒了助手帮助起草文稿的提议，决定自己动手撰写。不是担心助手写不了这类稿子，而是觉得自己对杭高的这份特殊牵挂与绵长思念，别人无法体验和表达。一笔一画，一字一句，倾泻在纸面上。然后，一遍又一遍地默诵、修改、润色，直至自己认为比较满意时，才放下笔。

5 月 14 日上午，杭高百年庆典在学校操场隆重举行。循惯例，领导讲话完毕，毛江森上台代表校友致辞。台上台下响起热烈掌声，一束束热切而敬佩的目光投射过来，集中到毛江森身上。

今天，我们欢聚在一起，热烈庆祝杭州高级中学 100 周年华诞。我代表所有杭高校友，在这具有历史意义的盛大庆典上，向母校致以热烈祝贺！

我校诞生于中华民族受西方列强侵略、国土受宰割、人民受压迫的清朝腐朽统治末年，诞生于民族处于生死存亡的紧急关头。所以，我校的诞生，一开始就肩负着民族觉醒、科教救国、挽救国家于危难的重任。

一个世纪以来，我校不负民族的重托。历史上，浙江最早宣传社会主义思想的《浙江新潮》诞生于此，震惊全国的"一师风暴"爆发于此，陈望道先生翻译我国第一部《共产党宣言》中文全译本的初衷亦萌发于此。百年来，杭高成了为祖国培育英才苗子的摇篮。这些英才苗子成长为一代又一代建设祖国的骨干、为革命献身的英雄、著名的学者和科学家、出色的领导人，在我国近现代史中闪烁着光芒。杭高桃李满天下，荣誉满人间。

杭高历来名师荟萃、师德高尚，学生学习勤奋、作风淳朴。杭高学生都有"蓬生麻中、不扶自直"之感。我们多数人是在杭高求学时立下志愿，那就是一辈子服务祖国和人民，一辈子为中华民族富强而奋斗，一辈子为科教兴国而努力！如果说，我们后来在某些方面稍有成绩、在学术上稍有建树，则要归功于杭高老师们的基础教育和人格影响。杭高的教育使我们一辈子受益匪浅。我们为能在杭高求学而深感庆幸和骄傲。我们对母校的教育之恩一辈子铭记在心。在我们事业有成时感激杭高，在我们遭受挫折时也感念杭高。在此，我要代表校友们发自内心地高呼：杭高是我们的母亲！我向她深深鞠躬，以感激昔日的培育之恩！

同学们，一个世纪以来，我们祖国已发生了翻天覆地的变化。特别是近20年来，我们的综合国力已大大提升，中国人民真正站起来了！但是，实现建设现代化工业强国的目标依然任重道远。在世纪之交，你们将是新世纪国家的栋梁，建设伟大祖国的接力棒即将传到你们手中。我们相信，你们一定会继承杭高光荣传统和优良校风，立下志愿，努力学习，练好本领，百折不挠地为我们伟大祖国现代化事业、为科教兴国、为中华民族灿烂未来而努力奋斗！①

① 毛江森在杭高百年校庆上的致辞，1999年5月14日。资料存于毛江森办公室。

毛江森第二次回杭高，是2008年春天。

作为对毛江森从事病毒学研究50年、发明甲肝减毒活疫苗的鼓励，浙江省委省政府将2007年度浙江省科学技术奖重大贡献奖颁发给了毛江森，同时发给他个人奖金50万元人民币。

从省领导手中接过大红证书和50万元支票时，毛江森感到了沉甸甸的荣誉。50万元不是一个小数字。思考再三，毛江森意向将这笔钱捐给母校杭高，用于奖励教书育人成就突出的教师。夫妻俩商定之后，毛江森将这一决定告知杭高领导。以毛江森捐献的50万元作为基础，杭高设立了"毛江森奖励教育基金"，每年奖励一批优秀教师。为此，学校还组成评奖委员会，专门负责此项工作。在教师节那天，学校举行了隆重而简朴的基金成立仪式，并邀请毛江森致辞。在众人热切的目光和热烈的掌声中，毛江森健步走上讲台，作了一番饱含深情的演讲①。

今天是教师们的节日，我谨向杭高的教师们致敬！

非常高兴，杭高把建立奖教基金一事放在今天举行，这很有意义。大家知道，浙江省委、省政府给了我一个大奖——2007年度浙江省科学技术重大贡献奖。对我50年来在病毒学和疾病控制方面做的工作进行鼓励，我深表感激。其实，工作和研究是大家做的，产业化工作政府起了主导作用，荣誉应归于浙江省医科院。

至于这笔50万元奖金，我和我夫人张淑雅医师决定捐赠给我的母校杭州高级中学。我们认为，这是这笔钱的最佳用处。

我出生在浙江西部山区一个农民家庭，没有有利的背景，也没有靠山，命中注定是当农民的料。今天，能站在科学技术的前沿为国家服务，并作出一点贡献，这突显出教育的神圣力量和公正。我要感谢江山的基础教育，感谢杭州高级中学、上海医学院、中国医学科学院以及我进修过的大学——中国协和医科大学、北京师范大学、美国国家卫生研究院。感谢这些学习、工作和进修的地方。能在这些国内外

① 毛江森在"毛江森奖励教育基金"成立大会上的讲话，2008年9月10日。资料存于毛江森办公室。

名校名院学习和工作，是我的荣幸。

高中阶段教育对一个青年学子来说非常重要。我有幸能在杭高受到高质量的高中阶段教育。老师们为人师表的教育，使我们立志走上奉献之路，热爱祖国，服务人民，崇尚科学，诚实为人。杭高高质量的知识传授，使我能在 1951 年以同等学力考入上海医学院，上医是当时国内最好的医学院。

当时杭高教过我们的老师大多已驾鹤西去，但他们的教子之情、师表之风，我永远铭记在心。他们是沈廷华先生、潘守诚先生、韩葆玄先生、倪祯棠先生、俞易晋先生、徐葆炎先生等，还有时任校长袁颂兰先生。

回想年轻时，每当站在十字路口、迷茫不知所措时，指点迷津的多半是老师，是老师们的教导。

我们都知道，一个学校办得好不好，关键在老师。杭高好在有一批著名的老师。他们精于教学，人格高尚，爱护学生，为人师表，名师出名校。正是基于这一理念，我们倡导建立这个基金。学校已聘任了一个非常好的、令人振奋的评委班子。希望能有助于继承和发扬杭高精神。在起始阶段，基金额度还很微薄，但我们会坚持和不断壮大它。

我们相信杭高老师一定会继承优良传统，教书育人，人才辈出！

自此，“毛江森奖励教育基金”一路发展而来，逐步壮大。犹如一股清澈的山泉，经年累月渗入杭高教师的心田；亦如润物细无声的春雨，培植出杭高校园内一朵朵教坛新葩。

毛江森第三次回母校杭高已是杭高 120 周岁华诞之时。也就是说，时间在不经意间又匆匆流逝了 20 年。毛江森亦由壮年进入耄耋之期。2019 年 5 月 18 日，毛江森早早来到杭高门口。他微笑着与先到的老同学打招呼，与前来迎候的校长寒暄，顺手拉着同班同学、前世界卫生组织常务副总干事胡庆澧往校门口走去。途中，他被一群年轻校友认出来，大家在毛江森身边围成一圈，七嘴八舌、叽叽喳喳，像一窝小黄鹂在嫩黄的柳树枝头争相啼鸣。

“毛爷爷，对于母校杭高，您有什么特别值得回忆的地方？”

“毛爷爷，当年杭高的教育好在哪里呀？能说说吗？”

“毛爷爷，今天是杭高120周年校庆，作为前辈校友的您，有什么感想要与小学弟小学妹们分享？对我们这些学弟学妹有什么嘱托？”

毛江森开心而慈祥地笑了，他习惯性地用右手将散乱在额角上的白发往后捋了捋，思路清晰地回答着小学弟小学妹的问题。

能考入杭高，是一件非常荣幸的事，杭高值得回忆的地方太多啦！杭高像母亲对待孩子一般对待学生，在学业上给我以诸多教益，还给了我一瓶鱼肝油，让我长成现在这个样子。

说起杭高，毛江森总是念念不忘那瓶鱼肝油。

说到杭高对我的教育和影响，主要还是在精神上。老师们教导我

图 8–2　2019 年，毛江森出席杭州高级中学 120 周年校庆

们做什么事都要精益求精。

至于说到对你们的希望，我希望你们记住，学习是个无止境的过程，要注意吸收新知识，一辈子都要注重学习，好好服务国家、服务人民。

庆典活动主会场设在杭高大操场上，操场中心是造型别致的体育馆。远远望去，蓝天白云下，体育馆犹如一艘扬帆远航的巨轮。巨大的 LED 屏幕播映着海内外著名高校和全国各地校友的贺信。全场几千个席位座无虚席，更多的校友及亲属站在甬道上、树荫下观赏。

暮春天气显得有点燥热，毛江森头上渗出了细密汗珠。陪伴在旁的人员细心地给毛江森递上一顶遮阳帽。但他想也没想，用手坚决地推开了。也许，他希望以满头银发、平和笑容示人，更愿以一位年长学生的形象留在校友的印象中、留在杭高历史里。

庆典活动最后一个环节，邀请毕业于杭高的 10 位院士致辞，每人一句话。轮到毛江森时，只见他动作利索地站起来，环顾一下会场，掷地有声地说出“杭高精神永存！祝杭高繁荣昌盛！”

当年负笈出乡关，归来仍是少年郎。毛江森仍是当年求学杭高的那位山村少年，变的只是他头上的一缕缕白发，不变的是他对母校的那份敬重与感恩。

故乡情：割舍不断的那处山水

人，都会热爱自己的故乡。毛江森也不例外，且爱得比一般人强烈、深沉、持久。如果用一句文绉绉的话来描述，毛江森的乡愁深入骨髓、溢于言表。当然，对乡情乡音的赞美与留恋，仅是毛江森心理情感的一个侧面。他更多关注的，是贺仓村那块土地和生活在那块土地上的父老乡亲。

1996 年，毛江森回到贺仓，在村干部陪同下，看得很认真、很仔细。

经过近二十年的改革开放，贺仓村与其他农村一样发生了显著变化。不少农户新建了楼房，一般都是两三层，也有四五层的。毛江森是从农村出来的人，他自然懂得农民通常会将省吃俭用积攒起来的钱统统用到造房上去。看农村富不富、农民生活好不好，看房子就知道。还有，村里新建了通往外界的砂石路。但细心的毛江森发现，现有机耕路沿着溪沟铺筑，需要绕个圈子。如果能在溪沟上建一座桥，进出就会更方便。毛江森把这个疑问提了出来，陪同的村干部感觉有点难为情，因为村里没有这笔钱。毛江森把这件事悄悄藏在心底。后来，他为村里出资 3 万元，修建了一座直通外界的桥梁。

图 8–3　毛江森家乡村口（2018 年）

那天，毛江森看得最多、问得最多的还是村里孩子的上学问题。他站在当年自己上学的“上众屋”前，打听村里孩子们的上学情况，感慨万千。当年要不是父母早早把他送进这间“上众屋”，要不是当年那位康先生诲人不倦，哪还有他的后来和今天。在毛江森看来，农村贫穷主要是知识贫穷。农村孩子要想有出息，必须接受好的教育。而现实是贺仓村没有小学，村里孩子读书必须去临近的和睦乡中心小学。那所学校离贺仓村较远，有十几里路。有的孩子因路远而辍学，家长们也时常抱怨。但村里没有钱办学校，只能委屈孩子们。离开贺仓村没多久，毛江森找到江山市教育局，表明他计划捐献 30 万元在贺仓村新建一所学校。市教育局已同意接受他的捐助，并纳入全市学校建设规划。学校建成后，贺仓村不仅会有自己的村小，而且教育局会调派优秀教师来村小任教。贺仓村一下子沸腾了。人们奔走相告、口口相传，这个喜讯迅速传遍全村，还传到邻村。同样面临村里学龄儿童无法上学窘境的邻村愿意拿出一块土地来，与贺仓村共建共享小学。

新校舍很快开始建设。同时，村里、局里一致建议校名要与毛江森有关联，以褒奖他捐资助学的高风亮节。对于褒奖不褒奖，一贯低调的毛江森并不考虑，但学校有个好名字却是应该的。毛江森也在思忖着。他回忆起自己幼小时进入宗族小学的情景，想起父母给他取名“维书”时的殷殷嘱托。耕读传家、礼义兴邦，一直是毛江森心中对故乡的期望。最终，学校取名为“维书小学”。此后，因物价上涨，毛江森又先后拿出3万元和13万元购置课桌椅子、修建校舍围墙。

一年过后，贺仓村新校舍顺利落成。三层高、千余平方米的新校舍形似一本打开的书卷，四周群山环抱、绿树掩映。墙面上的白色马赛克在朝霞夕照下熠熠生辉，一下子点亮了山村学童的眼睛。栽下梧桐树，引来金凤凰。贺仓村和邻村孩子们开始在维书小学上课读书，市教育局领导也践行承诺，从其他地方调配来一批优秀教师，维书小学逐渐成为附近一带教学质量较好的学校。

此后，毛江森几次回到贺仓村为父母亲扫墓。每次来，村干部总会陪着毛江森到村里转一转。毛江森去的最多的地方自然还是维书小学。他喜欢一个人站在新校舍的空旷处，远远地听着从教室里传出的琅琅书声。此时，那些稚嫩的动听的声音仿佛充满了冲击力，撞击着他的耳膜和心灵。他仿佛在聆听世界上最优美的音乐，在欣赏拔节长高的树林。他觉得自己做对了一件事，这是他一生中最满意、最引以为傲的一件事！

2012年春，衢州市副市长、市卫计委主任、市科协主席、市疾控中心主任方春福等来家中拜访毛江森，时任浙江省医学科学院院长张幸也陪同在侧。无事不登三宝殿。一番寒暄过后，带队的副市长开始向毛江森介绍他们此番的来意。年前，衢州市委、市政府开会研究提升当地经济发展水平、提升衢州在全省乃至全国的影响力问题。会上决定在全市各部门各行业创建院士工作站，尤其希望衢州籍院士能带头回乡建立院士工作站，为家乡建设出谋划策。鉴于毛江森是病毒学家，为便于专业对口衔接，市里确定将院士工作站设置在市疾控中心，并要求分管副市长做好具体落实工作。这次就是来征询毛江森的意见。

2013年9月，毛江森院士衢州工作站正式设立，毛江森专程赶到衢州到工作站讲课。那天，毛江森讲的主题是年轻专业人员应当用什么精神和态度对待科学研究事业。他围绕自身成长过程，从江山贺仓村开始讲起，回忆自己人生经历中的几则小故事。讲幼年时的体弱多病，讲杭高上医的学习氛围，讲协和医院图书馆，讲陇西“出血热”事件的真相，讲袁浦收集粪便的糗事。他告诉那些年轻的科研人员，在面对人生学习难题、生活逆境、风险考验时，应当秉持一种什么精神、采取一种什么态度。毛江森告诫年轻专业人员不忘初心、不忘人民，终生为老百姓服务做事，热爱生活、热爱科学，养成实事求是、踏踏实实的科学精神，坚持刻苦钻研的态度，遇到挫折不放弃。只有那样，才能在科研道路上走得很远，取得连自己年轻时都难以预料的成就。毛江森这一课给市疾控中心的青年人留下很多记忆。一位八十高龄、功成名就的院士，讲的话是真实的、真切的，也是可信的。它像一张砂纸，擦亮了原本有些生锈的专业光斑；像一把火，点燃了年轻人心中的青春梦想。疾控中心领导感受到，自从毛江森院士那堂课后，全中心上上下下科研氛围顿时浓厚起来，看书学习专业、钻研探讨问题的年轻人多了起来。

院士站建立后，市疾控中心充分发挥这一平台的作用，注重解决危急疑难问题。那年，衢州市多人发生了一种怪病。患者临床表现为皮肤颜色改变且皱襞处较少，脸与手等暴露部位易见，尤其在结膜、甲龈等处着色

图 8-4　2013 年，毛江森与院士工作站同仁合影

更为突出。市内一些医院和疾控中心都没有见识过此种病征，初始诊断为尘肺病[①]。但采用治疗尘肺病药物后，患者病情不见好转。市疾控中心就把这一难题交给毛江森院士工作站。院士工作站立即启动应急机制，团队内一批专家专程赶赴衢州进行会诊，并最终确认为“金属沉着症”。患者由于长时间接触某些重金属（如银、铁、金、铋、汞化合物等），经血液循环吸收到皮肤或通过皮肤直接由外部渗入，从而造成皮肤颜色改变。一个使许多人困惑、让外界纷纷传言的难题顷刻而解。毛江森院士工作站一下子名声大振。

平时，院士工作站做的大多是默默无闻甚至是琐碎的工作。在毛江森指导和联系下，浙江省医学科学院派出一拨又一拨专家到衢州市疾控中心开展检验检测能力培训，组织学术讲座，介绍有关学科前沿信息。他们指导疾控中心申报科研项目、规范制作标书等，从而提升科技项目申报质量及命中率。专家们还利用这一平台开展食品考察之行，举办衢州市健康产业论坛，为食品工业企业把脉会诊。

图 8–5　2018 年，毛江森在江山行暨公共卫生讲座上讲话

① 尘肺病是由于在职业活动中长期吸入生产性粉尘而引起的以肺组织弥漫性纤维化为主的全身性疾病。

自此，毛江森成了“衢州疾控中心的人”，彼此来来往往，仿如走亲戚一般。

在家乡人眼里，院士是科技界塔尖上的人物，是高大上的形象。但让家乡人感动和敬佩的是，毛江森从来不摆院士的架子，没有居高临下、盛气凌人的口吻，有的只是平和、谦逊，酷似平辈之间的交流与协商。正因如此，家乡人才愿意什么话题都与毛江森商量，并向他求教。

一天，市疾控中心主任方春福再次到毛江森家拜访。闲谈之间，提及前不久他们在普查中发现衢州石棉行业一些职工生了腹膜间皮瘤[①]。但对于要不要向领导部门报告、要不要让社会知情，他们心存疑虑。毛江森清楚，腹膜间皮瘤起源于腹膜的上皮和间皮组织，石棉粉尘为主要致病因素。要根治此病，首先要阻断石棉粉尘的来源，做好防护工作。听完情况后，毛江森感觉有点震惊，并明确表示：这关系到一大批石棉行业工人的生命健康问题，不应该有所顾虑，应当赶快向市里报告，让市里引起重视，抓紧解决这一问题；也应当告知社会，让石棉行业职工知情，大家一起共同防范。返回衢州后，方春福等人迅速向市领导汇报并向社会披露。

图 8–6　2018 年，毛江森出席江山人发展大会

① 腹膜间皮瘤为原发于腹膜上皮和间皮组织的肿瘤。病理上可将之分为腺瘤样间皮瘤、囊性间皮瘤和恶性间皮瘤，前两者属良性肿瘤。临床表现为腹痛、腹水、腹胀及腹部包块等。腹膜间皮瘤约占所有间皮瘤病例的 20%。

最后，在市里统一部署安排下，妥善处理了这一难题，铲除了一个行业“恶瘤”。这样的事实际已超出院士工作站范畴，但凡毛江森知道的或者他能做的，一定不遗余力。

建站六七年，毛江森院士工作站从宏观上营造了科研学术的浓厚氛围，对科技医务人员进行思想引领和精神激励，对具体项目和科研问题进行指导点拨，使疾控中心的人才队伍、科研项目、科技成果乃至整体面貌发生了显著改变。在浙江省对各市疾控中心整体工作的一次考核评价中，衢州市疾控中心名列全省第四，进入优秀行列。这是过去连想也不敢想的事。在强手如林的浙江疾控界，衢州疾控中心过去往往叨陪末座。2016 年，毛江森院士工作站被评为衢州市优秀工作站。

2017 年春节刚过，毛江森向院士工作站捐款 10 万元，以奖励工作站的工作人员。对此，市疾控中心准备用这笔钱设立毛江森奖励基金，用于激励那些为科研献身的青年科技人员。

西北情：爱屋及乌再及其他

诚如毛江森当年离开甘肃时说的那样，8 年大西北生活使他对苍茫辽阔的大西北印象极深，对淳朴厚道贫困的大西北人民感情极深，以至产生一种“大西北”情结：但凡与大西北有关的人和事，毛江森往往都会显出异样的热情，作出自己都无法相信的选择。

有一次，温州医学院慕名诚邀毛江森前去讲学。讲学结束后，温州医学院领导提出想聘请毛江森担任院长顾问和客座教授的想法。毛江森一如既往地低调。说实在的，不少高校和研究机构都想方设法聘请毛江森，但毛江森感觉自己精力能力有限。他不图虚名、不要虚职，每每婉言谢绝。但在医学领导介绍生源时，毛江森获知温州医学院并不仅仅是省内招生，生源也不都来自大城市，相当多的学生来自甘肃、陕西、山西、河南一带农村。大西北！农村生！毛江森十分清楚大西北农村状况。那一带农民家

图 8–7 毛江森为温州医学院师生作学术报告（2005 年）

里能出一个大学生非常不容易，一个大学生也许就可以让一家农户脱贫。于是，毛江森破例答应下来，并允诺将尽自己最大努力当好这个顾问和教授。同时，他决定将温州医学院每年给他的 5 万元顾问费转为奖励基金，专门用于资助那些来自大西北农村的贫困学生。之后，温州医学院设立了奖励贫困地区贫困学生的基金。每年，学院摸排出一个获奖学生名单报给毛江森。那时，毛江森会戴上老花镜一个一个名字过目，再认真地阅看附在人名后的家庭状况。然后，凭着他对大西北贫困状况的了解，确定谁该获得资助。那种严肃认真劲儿，堪比录取报考自己的研究生。

其实，这种情感在毛江森身上到处存在。在培养研究生时，毛江森同样也戴着这副情感眼镜看人选人。那还是在毛江森担任浙江省医学科学院院长期间，院里向有关部门申报了一个硕士培养点并获得批准。自此，浙江省医学科学院开始培养自己的硕士生。在一次院里组织的硕士论文答辩中，工作人员事先把准备答辩的论文分送各评委审阅。毛江森也是此次答辩评委之一。他拿到材料后，当晚就着灯光逐一审看。突然，一个地名跳入眼帘：民勤县。这让毛江森兴奋得一夜无眠。

图 8-8　毛江森指导研究生做实验

第二天，论文答辩开始前，毛江森先问各位评委是否知道甘肃民勤县，见大家都答不出来，就讲起当年他下放康县时，还去过民勤县，民勤农村贫困状况比康县还要严重。当地老百姓曾告诉毛江森，沙漠化逼得树死人退。有的人家，晚上入睡时还好好的，第二天一早起来，居然打不开门。一看，沙石已堵死大门。毛江森动情地说着，评委们侧耳倾听。但大家一时还是不明白：毛江森说的这些陈年旧事与今天论文答辩有什么关联。正在大家疑惑之际，毛江森提高声调讲道：昨晚，他在论文答辩者名单中看到了一位民勤县的硕士生。他希望各位评委了解一下当地的落后和贫困，充分考虑那种地方出一位医学硕士生的艰难与不易。请大家适当高抬贵手，千万不要求全责备。在座的评委终于弄懂了毛江森的意图。大家为民勤县贫困状况所震惊，也为毛江森那种特殊的大西北情结所感动。非亲非故、非师非生，无冤无仇、无利无益，只是爱屋及乌兼及爱其他。这就是毛江森。最终，那位硕士生论文答辩得以顺利通过，毛江森如释重负。那神情，似乎像一位自己指导的学生通过了考试一般。

当然，世界上的事千变万化、千奇百怪，能如意事十之二三，已属不错。有时，阴差阳错、失之交臂，让人遗憾不已。毛江森就遇到过这样令人遗憾一辈子的事。

那是2008年汶川大地震发生之时。毛江森最先从电视上震惊地看到汶川大地震的惨烈画面。当他从电视画面上看到熟悉的汶川、北川、青川，想起了自己工作过的康县。他非常敏锐地意识到，地震发生在四川岷山一带，而岷山的北面就是康县，康县对面就是青川。当时，央视还没有报道陇南地区灾情，但毛江森凭自己的判断猜想，康县灾情不会小。他清楚，康县山高沟深，生存条件十分恶劣，老百姓住的大多是土坯房，在强震中必然坍塌受损，亟须八方支援。毛江森内心非常悲痛，也非常着急。“文化大革命”中，他全家下放康县数年。其间，康县人民给了他很大支持和鼓励，支撑着他一家闯过重重难关。他觉得此刻康县、汶川、青川的老百姓在等待自己行动，似在呼喊着毛江森伸出援手。当即，毛江森联系了普康公司几位高管，并建议普康公司捐款100万元（这相当于普康公司

图8-9 毛江森代表浙江省医学科学院和普康公司向汶川大地震捐款（2008年）

全年利润的 10%），得到大家一致赞同。当晚，毛江森全家人一共凑了 7 万元。加上普康公司 100 万元，合计 107 万元，在第一时间捐给了甘肃省慈善总会。

毛江森捐赠行动属全国最早一拨。省慈善总会负责人非常重视，有一位副会长亲自到普康公司接受捐赠，并询问他们有什么要求。

毛江森提出，希望拿出其中的 5 万元捐给甘肃康县。那位副会长当即答应。但后来不知什么原因，毛江森希望捐赠的 5 万元钱并没有送达康县。后来，康县及陇南地区的严重灾情陆续被报道出来。毛江森似乎觉得自己办错了一件事，甚至有点埋怨自己，认为在康县老百姓最需要他帮助的时候，自己没有尽到责任。后来，抗震救灾工作大体告一段落，甘肃省卫生厅托人带来口信，康县老百姓邀请毛江森回去走一走、看一看。此时，遗憾之情又袭上心来，毛江森觉得无颜见康县父老。

这是一种遗憾。这种遗憾，也许将一直陪伴毛江森的晚年。

但，人们能从毛江森种种遗憾中读懂他的心愿，感受到他那颗时刻搏动着的大西北之心。

尾 声
英雄暮年的声音与身影

（一）

戊戌金秋之夜，浙江电视台“激荡四十年——改革开放看浙江”录制现场。

这一年，毛江森被选为浙江省改革开放四十年标杆人物。

身着藏青色西装、系着蓝色领带的毛江森，与其他三位标杆人物坐在一起，接受电视台记者采访。一头银发在灯光和夜色的交互下闪烁着一道道白色光波。85 岁高龄，早属耄耋之年，但毛江森精神矍铄、思维清晰，轻松自如、侃侃而谈。

记者问道：什么才是您的目标呢？

毛江森说到动情处，竟缓慢地从座椅上站起来，一改平时内敛舒缓的语调，变得慷慨激昂起来。他朗声说道：“我有一个心愿，或者说是一个很大目标，在中国消灭甲肝！我深信，在我有生之年，能够实现这个目标！”

哗哗哗，哗哗哗，一阵阵掌声响起，在座的观众都情不自禁地为毛江森英雄暮年的雄心壮志而鼓掌。那掌声好似盖过了钱塘江汹涌波动的潮音。

（二）

2019 年 9 月 4 日，新中国七十周年华诞前夕。

中共浙江省委书记车俊、杭州市委书记周江勇等领导走进毛江森那个简朴的家，看望慰问这位功勋卓著的老科学家。在一幅漂亮的风景画前，车俊书记亲手给毛江森佩戴上一枚镀金纪念章。这枚纪念章是由中共中央、国务院、中央军委颁发，为庆祝中华人民共和国成立 70 周年而特制，对象是中华人民共和国成立前参加革命工作的老同志和中华人民共和国成

图 9-1　浙江省委书记车俊为毛江森佩戴庆祝中华人民共和国成立 70 周年纪念章（2019 年）

立后获得国家级表彰奖励及以上荣誉的人员。毛江森有幸成为其中之一。

满头银发、满面笑容的毛江森手捧着绚丽的鲜花，目视着胸前那块闪闪发光的金色纪念章，神情显得有点激动。他感谢党和政府的培养，感激国家给他如此高的褒奖。他向领导们汇报了自己研制甲肝疫苗的初心和过程，并深情回忆起习近平总书记当年视察浙江省医学科学院和普康公司时的情景。他表示要继续为人民健康事业作出自己的贡献。

（三）

己亥金秋降临江南。

钱塘江畔，滨江新区展现出勃勃生机。眼下，滨江已成为闻名海内外的高新产业区，正紧追北京中关村和上海张江产业园区。

普康公司就坐落在滨江新城滨康路一端，门牌号为587。远远望去，普康公司大楼造型宛若一本打开的大书。这是当年构想大楼造型时，毛江森冒出的灵感：人生与社会就是一本永远读不完的大书。

从贺仓山村走出来的那位白发老者至今年近米寿，再过三四年就是人生的鲐背之年啦。但他还在进出滨康路587号这幢建筑。每个星期一清晨，毛江森都会准时出现在普康公司办公室。他感觉到自己的确有些老了，有时走起路来略显蹒跚，耳朵也有些重听。但他坚持着，风雨无阻。

公司墙上那条“为消灭甲肝而奋斗”的红色标语，光鲜仿若昨日刚刚书写。这是毛江森40年前立下的宏愿，后来成为他每日三省其身的标尺。

在办公室坐上一会儿。待人们上班后，毛江森把高管们逐个找来，了解疫苗生产或新产品研制开发的情况，提出自己的意见。对个别员工反映的问题和需求，他会提出自己的处理建议，督促落实。

毛江森知道，普康公司现在一切正常。2019年，普康公司可生产甲肝疫苗900万人份左右，累计生产甲肝疫苗总数已达1.8亿人份。由他拍板上马并指导研制的子宫颈癌治疗性疫苗（HPV疫苗）已获准进入临床实验阶段，不久或许可以面世。同样，由普康公司研制的狂犬病改进型疫苗正进入最后攻关阶段。普康公司第一代老员工已陆续到龄退休，新鲜血液正源源不断地补充进来。

应当说，普康公司目前一切正常，没有他毛江森要操心或担忧的事。但即便这样，毛江森还是忍不住每周一来公司上班。他不是不放心，也没有什么重大问题需要亲自处理。他只是想来看一看正常运转中的企业，闻一闻甲肝疫苗的气息，就满足了，就放心了。

眼下，毛江森已在办公室听完汇报。他很满意，没有什么要说的。于是，他起身向甲肝疫苗生产车间走去。走着，走着，走着，毛江森慢慢走进一个弥漫着药味的空间，走进那一片迷人的白色之中。

毛江森的背影越来越远，越来越小。不，在人们眼中，毛江森的背影瞬间显得高大起来，漫满那个乳白色的空间……

结语

采访创作毛江森院士传记的过程，是总结汲取毛江森院士学术成就的过程，也是学习理解毛江森院士精神意志的过程。

我们先引用中国科学院白春礼院长在给毛江森院士八十寿诞贺信中的总体评价：

> 欣逢您八十华诞，我谨代表中国科学院、中国科学院学部主席团并以我个人名义，向您致以最诚挚的祝贺和良好的祝愿！对您几十年来为推动祖国科技事业所作出的重要贡献表示崇高敬意！
>
> 作为我国著名病毒学家，您长期从事病毒学、干扰素和疫苗的研究。自20世纪50年代末开始从事脊髓灰质炎病毒、疫苗和细胞培养技术研究，为发展脊髓灰质炎活疫苗作出重要贡献。率先在我国开展干扰素研究，提出病毒感染时“信息有可能从RNA传递给DNA”，是当时国际上认识到遗传信息有可能逆转录的极少数科学家之一。建立和系统研究了乙型脑炎病毒——鸡胚细胞干扰素产生系统，开拓了我国干扰素研究工作。培养出甲肝减毒活疫苗毒株并制成安全有效的活疫苗，对于控制甲肝流行具有重大突破性意义。几十年来，您始终以促进国家科技事业发展为己任，虽已年届八十，仍辛勤耕耘在科研

工作第一线，为推动国家科学事业发展作出重要贡献。

您严肃认真的科学态度、孜孜不倦的工作精神，是广大科技工作者学习的榜样。衷心恭祝您生日快乐、健康长寿、阖家幸福！

纵观毛江森院士科研生涯和工作履历，我们认为其杰出贡献有二：一是在世界上第一次分离出甲肝 H_2 病毒株，并研制成功甲肝减毒活疫苗，造福国人及世人；二是在国内率先践行科研院所产业化，探索出科工贸一体化新路子，成为全国科研单位改革转型的典范。

作为一名科学家，毛江森院士具有其独特的人生境界与精神品格。

其一，为国为民。学医为民、科研为国，这是毛江森院士的初衷，也是贯串其一生的思想情感主线。诚如法国著名科学家路易斯·巴斯德（Louis Bardes）所言：科学虽没有国界，但是学者却有自己的祖国。毛江森院士以自身言行告诉人们，科学家有身份归属的问题，有为谁服务的问题，还有情感倾向的问题。毛江森院士的可敬之处在于，他服从祖国和人民的需要，学社会之所需，做民生之所急，提出“为了消灭甲肝”这一宏大目标，并牢记初心、贯串始终。最终，把国家之需、民生所盼、人类所益、个人所长结合起来，臻于完美，可为师范。

其二，独立创新。科学研究的本质是一种创新活动，毛江森院士深悟此道。他赞同独立的科学思想与科学思维，服膺孔夫子提出的“学而不思则罔、思而不学则殆”的古训。从不人云亦云，亦步亦趋；从不作假虚饰，夸夸其谈。他在自己所从事的科研领域提出许多具有创新意义的科学思想，在甲肝疫苗领域取得了举世公认的成果，在突发的重大疫情面前敢于亮出自己的见解，体现了一位科学家的创新精神与创新思维，也向全社会传递了真知、良知。卓然一家，堪称大器。

其三，坚持坚忍。毛江森院士是一位有大志向的人，也是一位有天分的人。但更为可贵的，毛江森院士不是一位常立志而是立长志的人。一旦设定目标、认准方向，就坚定不移、始终不渝。但凡做事，不是先想到其难，而是立志如何克服。犹如古人所吟唱的那样：“虽九死其尤未悔”“衣带渐宽终不悔”。无论是生活境遇，还是科研难关，毛江森院士走的不是一条笔直平坦、鲜花铺地的大道，而是一条曲折坎坷、荆棘丛生的小道，甚至是前无古人、荒无人烟的原始丛林。毛江森院士的成功固然有时代的、社会的、团队的种种因素，但不可否认的是，毛江森院士个人的坚持与坚忍起到了决定性作用。毛江森院士用其人生再次印证了卡尔·马克思（Karl Heinrich Marx）的那段名言："在科学上没有平坦的大道，只有不畏艰险、沿着陡峭山路攀登的人，才有希望到达光辉的顶点。"

其四，淡泊名利。人的一生会有诸多诱惑，毛江森院士的人生旅途也曾有过种种名的诱惑和利的考验。他原本可以弃医从政，或许官至高阶；他原本可以占股上市，或许数以亿计。但他钟情科研、挂虑民生。上半生甘于清贫、乐于学问，下半生安于寂寞、耻于浮躁。一生孜孜于学问、欣欣于实验、耿耿于实效，视名声如浮云，弃巨款似敝屣，体现了一位老科学家的高尚情操。

毛江森院士以其毕生实践告诉社会、告诉人们、告诉后来者：什么是科学家？怎样成为一名科学家？仅有科研成果的人还不能算是科学家，真正意义上的科学家是科学思想 + 独立人格 + 科研成就三位一体的人。

上述概括及表述，恐远不及毛江森院士精神世界与人格品位的百分之一二。但仅就上述四点而言，值得当代人尤其是年轻人学习和汲取之处已多多。

附录一　毛江森年表

1933 年

1 月，出生于浙江省江山县（1987 年撤县设市）贺仓村一个农户家庭，曾用名毛维书，后改名毛江森。

1939 年

7 月，就读江山清湖镇贺仓村小学，学习成绩优异。

1942 年

2 月，转入清湖镇中心小学高小部，住校学习。

1945 年

7 月，考入江山县立中学初中部，学习成绩优异。

1948 年

7 月，江山县立中学初中部毕业。

9 月，考入私立杭州新群高级中学，学习半年。后因病休学。

1949年

1月，考入浙江省立杭州高级中学春季班。爱好数理专业。

1950年

参加杭州高级中学组织的农业劳动，被评为校劳动模范。

1951年

1月，加入中国新民主主义青年团。

9月，以高中毕业同等学力考入国立上海医学院，在内科班学习。

1953年

2月，担任国立上海医学院院团委组织部副部长（半脱产，两年）。

10月，加入中国共产党，成为中共预备党员。

1955年

2月，辞去国立上海医学院院团委组织部副部长职务，降级插班学习，担任学生年级党支部副书记。

1956年

在上海第一医院、中山医院、妇产科医院、上海市立传染病医院等实习。

1957年

7月，从国立上海医学院毕业。

9月，被分配到中国医学科学院病毒系工作，担任研究实习员。

同年，与国立上海医学院同班同学张淑雅结为夫妇。

1958年

年初，被下放到北京市昌平县上苑乡一个自然村进行劳动锻炼。期间，在当地抢救一名病危儿童，被评为全国卫生系统先进工作者，后出席表彰大会并受到周恩来总理等中央领导同志接见。

下半年，回到中国医学科学院病毒学研究所，继续研究工作。

1959 年

参加顾方舟团队从事的脊髓灰质炎病毒、疫苗和细胞培养技术研究，系攻关组骨干。侧重研究我国研制的首批脊髓灰质炎活疫苗的免疫学效果和在小儿肠道内繁殖的动态，取得满意结果。发现其他肠道病毒对疫苗繁殖的干扰，为我国研制成功脊髓灰质炎活疫苗提供了依据。

4 月，大儿子毛子旭出生。

1960 年

与北京协和医院何申共同培养出人胚肾传代细胞（MERN 株）。MERN 株系国人建立的第一株至今仍用于病毒工作的传代细胞。

父亲毛甲美因病去世。

1961 年

完成了我国脊髓灰质炎减毒活疫苗的免疫学效果及病毒增殖动态研究，并撰写研究论文。

冬天，因患乙型肝炎病休 3 个月。

1962 年

以第一作者身份在《中华医学杂志》上发表《小儿口服脊髓灰白质炎单价活疫苗（Sabin 氏减毒株）的免疫学效果 I 血清学反应》《小儿口服脊髓灰白质炎单价活疫苗（Sabin 氏减毒株）的免疫学效果 II 活疫苗病毒在小儿肠道内的繁殖动态》等论文。

被国际著名病毒学家、我国医学病毒学奠基人黄祯祥教授招为助手。率先在我国开展干扰素研究，为我国干扰素研究奠定基础。发现乙型脑炎病毒——鸡胚细胞是良好的干扰素产生系统。

1963 年

5 月，晋升为中国医学科学院助理研究员。

9 月，以第一作者身份在《微生物学报》发表《重水（D_2O）对脊髓灰白质炎减毒株及有毒株在组织培养中繁殖的影响》《一株人胚肾传代细胞（MERN 株）的生长和对肠道病毒的敏感性》等论文。

发现重水能明显增加病毒的热稳定性，并阐明其机制。

1964 年

9 月，在中国医学科学院基础医学所生物化学系进修，并在北京师范大学旁听物理化学课。师从酶学专家李士谔，从事RNA转译表达方面的研究。

10 月，以第一作者身份在《微生物学报》上发表论文《流行性乙型脑炎－鸡胚单层细胞系统中干扰素的产生动态》。

从事大鼠肝中色胺酸吡咯酶 RNA 表达的研究工作 6 个月后，对知名美籍华裔学者牛满江等人提出的研究成果表示质疑。

转入病毒感染细胞机理研究，阅读到美国国家科学院院报（PNAS，1964）中 Temin 教授的研究简要报告，提出“遗传信息有可能从 RNA 传给 DNA”的问题，成为当时国际上认识到遗传信息有可能逆转录的少数科学家之一。

1965 年

在中国医学科学院《国外医学动态》上发表论文《病毒感染细胞机理》，较为系统地阐述了其关于遗传信息及细胞机理的科学理念。

9 月，回到病毒学研究所，继续从事研究工作。

1966 年

9 月，随“六·二六”医疗队去湖北乡下防病治病（半年）。

1969 年

因“文化大革命”赋闲在家。

1970 年

1 月，被下放到甘肃省康县岸门口公社卫生院工作，担任卫生院党支部书记。

5 月，女儿毛子敏出生。

年底，在医疗实践中发现当地百姓患有严重的克汀病，开始调查研究地表元素与地方病的关联，写成报告寄给国家卫生部，建议重视环境特别是地表元素和微量元素与某些地方病及肿瘤病之间的关系，呼吁对地方病进行深入研究。

1971 年

组织甘肃省康县岸门口公社卫生院全院医生开展麻疹药物实验，使当地患者明显减少。

7 月，小儿子毛子安出生。

在实际科研工作中，抵制全国性研究老年慢性气管炎疫苗的风潮。

1972 年

9 月，调到甘肃省卫生防疫站，从事病毒研究工作。

1974 年

被甘肃省卫生防疫站派往陇西县调查疑似“出血热”疫情，推断该病由发霉救济粮内病菌引起，否定了“出血热”说法，呼吁停止食用发霉的救济粮，使当地许多婴幼儿幸免于难。后将调查结果逐级上报，并由兰州大学生物实验室从救济粮中分离出能破坏人体凝血机制的毒素，证实其判断。

1975 年

赴昆明参加会议。得知美国科学家 Temin 教授等因证实了 RNA 逆转录酶的存在而获得诺贝尔生理学或医学奖的消息，解开了他对“遗传信息有可能从 RNA 传给 DNA”的疑团。

1976 年

随甘肃省医疗卫生队奔赴唐山大地震灾区进行医疗救助。在救灾中受伤，获得表扬。

1977 年

开展病毒性肝炎的动物模型实验。

联系调回浙江事宜。

1978 年

获甘肃省先进科技工作者奖。

1 月，调至浙江人民卫生实验院工作，全家落户杭州。

3 月，先后赴杭州、宁波、绍兴、苏州、常州一带农村开展蹲点式疾病调查，深入了解当地甲肝流行肆虐的严重状况，促使其确定把治疗甲肝作为科研主攻方向。

10 月，率队赴甲肝大流行的杭州市郊袁浦公社，收集到大量含甲肝病毒的粪便，并进行甲肝病毒分离和病毒抗原检测。

1979 年

1 月，担任浙江人民卫生实验院流行病研究所副所长、副研究员。

1 月，在河北医学院用电子显微镜第一次观测到甲肝病毒颗粒。

以第一作者身份在《浙江人民卫生实验院院报》第一期发表论文《甲型肝炎患者粪便中排甲型肝炎病毒抗原动态的放射免疫研究》，这是毛江森撰写的第一篇有关甲肝病毒研究的论文。

3 月，“建立放射免疫沉淀反应检测甲型肝炎病毒”荣获浙江省科技成果二等奖。

获浙江省卫生厅先进工作者。

1980 年

5 月，“甲型肝炎病毒抗原提取成功及其在排毒规律和血清学诊断方面的应用”获浙江省人民政府颁发的1979年度优秀科学技术成果一等奖。

6月，以第一作者身份在《微生物学报》发表论文《从患者粪便中分离的甲型肝炎病毒抗原》。

11月，在 *The Journal of Infectious Diseases* 发表 Patterns of Shedding of Hepatitis A Virus Antigen in Feces and of Antibody Responses in Patients with Naturally Acquired Type A Hepatitis。研究工作受到国际关注，400多位国外专家、学者来信索求论文，希望开展合作研究。

1981年

年初，由其团队研制的甲肝试剂药盒推出，先后在全国17个省（市）40个卫生单位试用。

研究并寻找容易获得的对人甲肝病毒易感的动物——红面猴。在红面猴、恒河猴等动物体内开展甲型肝炎病毒实验，建立动物模型，成功分离纯化出HAV颗粒。

以第一作者身份在 *The Journal of Infectious Diseases* 发表 Susceptibility of Monkeys to Human Hepatitis A Virus，在《中国科学》发表《甲型肝炎病毒实验感染猕猴的研究》，在《实用内科杂志》发表《甲型肝炎病毒分离与培养》等论文。

被评为“浙江省卫生系统先进工作者”。

1982年

团队开展的甲肝病毒在体外组织培养细胞中增殖获得成功，被命名为甲肝病毒 H_2 毒株。

9月，被评为“浙江省劳动模范”。

11月，“甲型肝炎病毒实验感染红面猴、恒河猴和用红面猴分离甲型肝炎病毒”研究工作被国家卫生部评为二等奖甲级科学技术成果。

1983年

6月，卫生部委托浙江人民卫生实验院在杭州举办全国“甲肝血清学诊断及病原检测进修班”，向全国推广甲肝试剂药盒。25 个省（市、区）医疗机构人员到会。其团队在进修班上作了介绍和操作示范。

11 月，其甲肝病毒方面的研究成果受到国外关注，美国国立卫生研究院邀其作为访问科学家赴美。期间，访问了杜克大学医学院、贝勒医学院、哈佛大学儿童医院等。

被评为“国家级中青年有突出贡献专家”。

应邀出席甘肃省委省政府召开的关于纪念陇西救人事件庆祝和奖励大会。

1984 年

1 月，获国务院授予的“全国先进工作者”。

4 月，浙江人民卫生实验院流行病研究所更名为浙江人民卫生实验院医学微生物研究所，任所长。

10 月，结束美国国立卫生研究院访问科学家行程，回国继续从事甲肝疫苗研发工作。

设计出获得安全有效减毒株的方法，创用了新生猴肾单层细胞增殖 HAV 和传代、低温减毒和低温适应于二倍体细胞等一系列方法，成功获得遗传稳定、对人安全和免疫效果良好的甲肝病毒减毒株，被命名为 H_2 减毒株。

以第一作者身份在《微生物学报》发表论文《甲型肝炎病毒在一株传代细胞（MERN 株）中的增殖》。

“甲型肝炎 IgM 抗体诊断药盒”获浙江省人民政府颁发的 1983 年度优秀科学技术成果三等奖。

1985 年

与中国医学科学院医学生物学研究所和中国药品生物制品检定所开展疫苗研制合作。

1986 年

负责国家“七五”重大科技攻关 214 项目“甲肝疫苗和甲肝诊断试剂

的研制”。

研制成功第二代甲肝 IgM 抗体诊断药盒。

7 月，研制出我国首批试验性疫苗——甲肝 H_2 株减毒活疫苗。

8 月，在《浙江医学》上发表论文《高敏感性及特异性的甲型肝炎 IgM 抗体诊断药盒》。

1987 年

在酶联免疫分析基础上，用组织培养的 HAAg 建立了检测甲型肝炎病毒抗体的试剂盒。

3 月，担任浙江医学研究院研究员。

5 月，在《中华传染病》杂志上发表论文《杭州地区部分人群甲型肝炎抗体的调查》，对人群免疫状况进行调查分析，并提出甲肝大流行的预测与警示。

5 月，对 12 名志愿者进行首次甲肝减毒活疫苗（H_2 株）人体实验，取得成功。

6 月，担任浙江医学研究院副院长。

8 月，赴加拿大埃德蒙顿参加第七届国际病毒学大会。

8 月，考察访问美国 MERCK 公司、杜克大学及威斯康星大学。

9 月，在《浙江医学》上发表论文《甲型肝炎病毒抗体检测试剂盒》。

12 月，担任中国人民政治协商会议浙江省第六届委员会委员。

被评为“全国卫生文明先进工作者”。

1988 年

春季，其对甲肝大流行的预测获得证实：上海暴发了甲肝大流行，31 万人集中发病。

4 月，组织进行第二期共 127 人（6–12 岁）的甲肝减毒活疫苗接种，取得成功。

7 月，领导团队成功研制出甲肝减毒活疫苗，成为具有国际领先地位的成果和世界上最早选育成功及完成人体实验观察的甲肝活疫苗。卫生部陈敏章部长在北京主持鉴定会，通过了甲肝活疫苗（H_2株）鉴定。

9 月，浙江省医学科学院微生物研究所撤销，成立病毒病研究所，任病毒病研究所所长兼生物工程所所长。

组织团队进行第二批试验性减毒活疫苗的制备，共生产合格疫苗 10 万人份。

1989 年

组织进行第三期共 1 万余人（6–12 岁）的甲肝减毒活疫苗接种，取得成功。

1 月，被聘为卫生部肝炎专家咨询委员会委员。

9 月，浙江省医学科学院病毒病研究所因在“七五”国家重点科技攻关专题“甲肝减毒活疫苗研制”执行过程中作出优异成绩，获得国家计委、科委、财政部颁发的集体荣誉证书。

10 月，筹建国家甲肝减毒活疫苗毒种工业性试验基地。

被国务院授予“全国先进工作者”称号。

“甲型肝炎减毒活疫苗毒种”获浙江省人民政府颁发的 1988 年度浙江省科学技术进步奖一等奖，获国家卫生部科学技术进步一等奖。

以第一作者在 *The Journal Of Infectious Diseases* 上发表论文 Primary Study of Attenuated Live Hepatitis A Vaccine（H_2 Strain）in Humans。

1990 年

4 月，赴美国休斯敦参加第七届国际病毒性肝炎及肝病会议，并主持甲肝疫苗专题研讨会。

8 月，筹建浙江普康生物技术公司。

8 月，赴苏联参加第八届国际病毒学会议，并主持肝炎疫苗专题研讨会。

11 月，被卫生部授予“全国卫生系统优秀留学回国人员”。

1991 年

2 月，向葛洪升等浙江省政府领导汇报甲肝疫苗生产情况。

3 月，起草向浙江省卫生厅申请生产甲肝疫苗的请示报告，提出在浙江省医学科学院批量生产甲型肝炎减毒活疫苗。

5 月，受到时任中共中央政治局常委李瑞环同志的接见，并听取其对甲肝疫苗研制和扩大生产的指示。

7 月，担任浙江省医学科学院院长、院党委副书记。

7 月，筹建成立科技经济实体——普康公司，担任董事长。

9 月，被授予国家“七五”科技攻关突出贡献荣誉证书。

10 月，获得国务院特殊津贴。

11 月，当选中国科学院学部委员。

1992 年

9 月，主持普康公司生产的首批高科技产品甲肝疫苗上市仪式，卫生部批准批量生产和大规模使用甲肝减毒活疫苗。

10 月，当选为中国共产党第十四次全国代表大会代表。

担任中国人民政治协商会议浙江省第七届委员会委员。

1993 年

以其为主研制的“甲型肝炎减毒活疫苗毒种”获国家科学技术委员会颁发的国家发明二等奖，被收入《中华人民共和国重大科技发明成果选集》。同时，“甲型肝炎减毒活疫苗毒种及其制造方法”获国家专利局颁发的专利证书。

3 月，受邀访问印度，并与 Talwar 教授等印度科学家进行合作会谈。

4 月，赴香港洽谈甲肝疫苗出口事宜。

1994 年

11 月，赴瑞士参加世界卫生会议。

为家乡捐资种植板栗苗 10 万株。

1995年

“毛江森发明甲肝减毒活疫苗”被两院院士评为中国科技界十大新闻之一。

为家乡江山市清湖镇贺仓村捐资30万建设“维书小学”。

6月，陪同时任中共中央政治局常委、全国人大常委会委员长乔石同志视察普康公司，汇报有关甲肝疫苗的研制生产情况。

6月，被浙江省卫生厅机关党委评为年度优秀共产党员。

8月，主持召开甲肝疫苗获准生产文号新闻发布会。

1996年

为家乡维书小学捐资，更换学生课桌和教师办公设施。

1997年

向上海医学院捐赠128万元人民币，设立“毛江森奖教基金”。

当选为中国共产党第十五次全国代表大会代表。

为家乡捐资修路建桥。

1998年

10月，与他人共同发明的“含有稳定剂的甲型肝炎减毒活疫苗制备方法”获国家发明专利证书。

12月，当选为浙江省高等院校重点学科建设评估委员会委员。

出席江山中学60周年校庆并讲话。

1999年

4月，当选为浙江省医学科学院学位评定委员会主席。

5月，参加杭州高级中学百年华诞庆典，并代表杭州高级中学校友讲话。

7月，应邀访问南非，商谈合作事宜。

2000年

1月，担任国家新药安全评价研究重点实验室主任。

3月，在浙江省政府主导的普康公司股份化改制中，其个人获得普康公司2000万股，成为中国高额持股的科学家之一。

3月，卫生部原部长钱信忠书赠挂轴“千岩竞秀，万壑争流”。

4月，出席浙江省医学科学院院庆50周年并讲话。

6月，陪同时任中共中央政治局常委、国务院副总理李清岚视察浙江省医学科学院、普康公司并汇报情况。

陪同时任浙江省省委书记张德江视察浙江省医学科学院、普康公司并汇报情况。

陪同时任中共中央政治局委员、上海市市委书记黄菊，市长徐匡迪视察普康公司并汇报情况。

10月，担任温州医学院院长顾问。

12月，担任浙江省科技咨询委员会委员。

12月，组织团队研制出第一批冻干甲肝疫苗。

2001年

6月，向浙江省卫生厅和省委组织部请辞浙江省医学科学院院长及党委副书记职务，获批准。后被聘为浙江省医学科学院名誉院长，继续担任病毒所所长。

9月，提出浙江省医学科学院院训“创新、服务”。

9月，经国家“九五”攻关课题“规范性甲型肝炎减毒活疫苗现场效果考核”卫生部专家组鉴定，认为由其为主研制的我国首创的甲肝减毒活疫苗具有很好的安全性、免疫原性和保护效果，其抗体阳转率达90%以上，甲肝疫苗的保护效果达95%，疗效达国际先进水平。

10月，以其为主创设的“含有稳定剂的甲型肝炎减毒活疫苗及其制备方法”“冷冻干燥甲型肝炎减毒活疫苗及制备方法”获国家发明专利。

12月，以其为主研究的“甲肝减毒活疫苗保护效果及免疫策略”课题获国务院颁发的国家科学技术进步奖二等奖。

2002 年

5 月，参加中国科学院第十一次院士大会，并作学术报告《病毒病的生态性控制与治疗》。

由其主持的“甲肝减毒活疫苗保护剂和冻干疫苗的研究”项目获浙江省科学技术奖一等奖。

受邀访问日本静冈大学。

2003 年

3 月，“非典”期间，通过新华社、电视台向上级领导提出对“非典”的分析和判断并提出对策建议。

4 月，在接受新华社采访时，提出防治“非典”的若干办法。

4 月，接受浙江电视台“院士说健康”栏目采访，播出“毛江森院士谈病毒与‘非典’”。

4 月，带领疫苗研制专家团队前往印度国家卫生实验中心考察交流，洽谈合作事宜。

与浙江大学刘子阳团队合作，建立在生物大分子中测定氘含量的简便方法。

2004 年

以其为主创设的“证实生物样品结构中氢氘置换以及测定氘百分含量的方法”获得欧洲专利。

2005 年

3 月，组织在浙江杭州滨江高新技术开发区新建普康生物医药园和甲肝疫苗出口生产基地。

4 月，陪同时任浙江省省委书记习近平同志视察浙江省医学科学院、普康公司并汇报有关情况，听取对公司的发展及甲肝疫苗生产开发的重要指示。期间，就浙江省科学和技术发展战略向省委省政府建言献策。

5 月，出席浙江省医学科学院院庆 55 周年大会并致辞。

6 月，以其为主研制的“甲肝病毒中国株和减毒株的培育及互补脱氧核糖核酸序列”获国家发明专利证书。

7 月，出资在温州医学院设立“毛江森奖学金、助学金”。

12 月，以其为主研制的甲肝疫苗出口印度。这是我国第一个具有自主知识产权且经过国际标准论证正式出口国际市场的疫苗。同时远销危地马拉、乌兹别克斯坦、菲律宾、泰国等国。

2006 年

1 月，主持浙江普康生物技术股份有限公司拥有自主知识产权的甲肝活疫苗进入国际市场庆祝会。

6 月，参加温州医学院研究生毕业典礼并作学术报告。

9 月，由其为主发明的“生物样品结构氢氘置换的证实及氘百分含量的测定方法”获国家发明专利证书。

2008 年

2 月，以其为主研制的甲肝疫苗被正式纳入国家计划免疫。

4 月，被评选为 2007 年浙江省科学技术奖重大贡献奖获得者，获得奖励人民币 50 万元。

5 月，组织发动浙江省医学科学院、普康公司员工向汶川地震灾区捐款。

9 月，向杭州高级中学捐献所获的 50 万元奖金，设立“毛江森奖励教育基金”。

11 月，出席温州医学院建校五十周年庆祝大会。

2010 年

受北京协和医院邀请，出席医学转化中心成立仪式。

2012 年

11 月，赴衢州市疾病预防控制中心考察指导。

2013 年

7 月，以浙江省医学科学院的发展状况为例，着眼实施创新驱动发展战略，就科研人员评价、科研成果转化、科研体制改革和管理创新等问题向省委、省政府、省卫生厅建言献策，获省委、省政府领导批示。

9 月，在衢州市疾病预防控制中心设立“毛江森院士专家工作站”。

2014 年

1 月，收到中国科学院院长白春礼先生祝贺其八十华诞的贺信。

2016 年

“毛江森院士专家工作站”获衢州市优秀工作站。

2018 年

4 月，回家乡参加江山人发展大会。

5 月，为衢州市疾病预防控制中心捐资设立“毛江森院士家乡青年公卫奖励基金”。

7 月，在浙江省医学科学院办理退休手续。

10 月，在中组部、中宣部开展的“弘扬爱国奋斗精神、建功立业新时代”活动中，接受浙江日报等多家媒体采访。

11 月，出席浙江省医学科学院建院 90 周年庆祝大会，并被授予“终生成就奖”。

入选浙江省改革开放四十年标杆人物。

2019 年

5 月，出席浙江省杭州高级中学 120 周年庆典。

9 月，浙江省省委书记车俊到其家中走访慰问，并代为颁授由中共中央、国务院、中央军委颁发的“庆祝中华人民共和国成立 70 周年”纪念章。

坚持每周到普康公司上班。

附录二　毛江森主要论著目录

[1] 顾方舟，毛江森，李雪东，等. 国产脊髓灰白质炎口服活疫苗的病毒学，血清学及流行病学的一些研究资料 [J]. 中华医学杂志，1962，第 5 号，312–315.

[2] 毛江森，刘宗芳，王见南，等. 小儿口服脊髓灰白质炎单价活疫苗（Sabin 氏减毒株）的免疫学效果 I 血清学反应 [J]. 中华医学杂志，1962，第 7 号，411–414.

[3] 毛江森，沐桂藩，王政，等. 小儿口服脊髓灰白质炎单价活疫苗（Sabin 氏减毒株）的免疫学效果 Ⅱ 活疫苗病毒在小儿肠道内的繁殖动态 [J]. 中华医学杂志，1962，第 7 号，414–417.

[4] 毛江森，孙白英，刘金莲，等. 一株人胚肾传代细胞（MERN 株）的生长和对肠道病毒的敏感性 [J]. 微生物学报，1963，9（1）：42–47.

[5] 顾方舟，张炳瑞，毛江森，等. A large-Scale Trial with Live Poliovirus Vaccine（sabin's strain）Prepared in China [J]. Chinese Medical Journal，1963（3）：131–137.

[6] 曾毅，毛江森. 人羊膜细胞培养方法的研究 [J]. 微生物学报，1963，9（1）：48–52.

[7] 顾方舟，毛江森，沐桂藩. Coxsackie 病毒对脊髓灰质炎活疫苗病毒在

小儿肠道内繁殖的影响 [J]. 中华医学杂志，1963，49（2）：86−88.
[8] 毛江森，顾方舟. 重水（D_2O）对脊髓灰白质炎减毒株及有毒株在组织培养中繁殖的影响 [J]. 微生物学报，1963，9（1）：65−69.
[9] 毛江森，黄祯祥. 流行性乙型脑炎病毒皮下感染小白鼠后脑组织中抑制物质的初步观察 [J]. 微生物学报，1963，9（3）：247−251.
[10] 毛江森，杭长寿，黄祯祥. 流行性乙型脑炎病毒——鸡胚单层细胞系统中干扰素的产生动态 [J]. 微生物学报，1964，10（3）：339−343.
[11] 毛江森. 病毒感染细胞的机理 [J]. 国外医学动态，1965，6（4）：1−11（总 193−203）.
[12] 毛江森，黄祯祥. Studies on the Enhancement of Virus Titre of Japanese B encephalitis Virus Propagated in Chick Embryo Cells by D_2O and its Possible Mechanism [J]. SCIENTIA SINICA，1965（6）：885−890.
[13] 毛江森，黄祯祥. 流行性乙型脑炎病毒感染性核酸（RNA）感染鸡胚细胞干扰素产生的动态 [J]. 微生物学报，1965，11（3）：326−329.
[14] 毛江森，黄祯祥. 重水（D_2O）对流行性乙型脑炎病毒在鸡胚细胞繁殖的作用及其机制的研究 [J]. 微生物学报，1966，12（1）：24−28.
[15] 毛江森，黄祯祥，杭长寿. 温度和 pH 对流行性乙型脑炎病毒——鸡胚细胞系统干扰素的产生和病毒繁殖的影响 [J]. 微生物学报，1966，12（2）：152−157.
[16] 毛江森，经文采，丁占初，等. 甲型肝炎患者粪便中排甲型肝炎病毒抗原动态的放射免疫研究 [J]. 浙江人民卫生实验报，1979(1)：1−7.
[17] 毛江森，余佩华，黄柏章，等. 从患者粪便中分离的甲型肝炎病毒抗原 [J]. 微生物学报，1980，20（2）：222−224.
[18] 毛江森，余佩华，丁占初，等. Patterns of Shedding of Hepatitis A Virus Antigen in Feces and of Antibody Responses in Patients with Naturally Acquired Type A Hepatitis [J]. The Journal of infectious diseases，1980，12（5）：654−659.
[19] 毛江森，经文采，丁占初，等. 甲型肝炎患者粪便中排甲型肝炎病毒抗原动态的放射免疫研究 [J]. 浙江医学，1980，2（1）：8−13.

[20] 谢汝英，毛江森．甲型肝炎血清学诊断的研究——巯基乙醇对甲型肝炎补体结合抗体的影响［J］．浙江医学，1980，2（1）：35-37.

[21] 毛江森，郭杏英，黄海鹰，等．甲型肝炎病毒实验感染猕猴的研究［J］．中国科学，1981（6）：765-772.

[22] 黄柏章，毛江森．甲型肝炎病毒的抗原的纯化和浮密度［J］．科学通报，1981（1）：57-60.

[23] 毛江森，郭杏英，黄海鹰，等．Studies on the Transmission of Human Hepatitis a Virus to Stump-tailed Monkey［J］. SCIENTIA SINICA，1981，24（11）：1590-1596.

[24] 毛江森．病毒性肝炎专题笔谈——甲型肝炎病毒分离与培养［J］．实用内科杂志，1981，1（4）：169-170.

[25] 郭杏英，毛江森，余佩华，等．甲型肝炎病毒实验感染猕猴的研究——恒河猴对甲型肝炎病毒的易感性［J］．中华微生物学和免疫学杂志，1981，1（2）：84-89.

[26] 余佩华，毛江森．补体结合试验和免疫黏附血凝试验应用于甲型肝炎的血清学检测［J］．浙江医学，1981，3（2）：44-47.

[27] 郁俊豪，丁宗武，黄柏章，等．应用酶联金葡菌A蛋白的ELISA方法检测甲型肝炎抗体的初步研究［J］．浙江医学，1982，4（1）：45-48.

[28] 毛江森，谢汝英，黄柏章，等．甲型肝炎病毒在一株传代细胞（MERN株）中的增殖［J］．微生物学报，1984，24（1）：86-91.

[29] 杨能宇，余佩华，毛江森，等．甲型肝炎病毒的隐性感染［J］．中华医学杂志，1986，66（9）：528-530.

[30] 余佩华，钮泽南，毛江森，等．高敏感性及特异性的甲型肝炎IgM抗体诊断药盒［J］．浙江医学，1986，8（4）：13-14.

[31] 毛子旭，柴少爱，毛江森，等．Observation of Hepatitis a Virus in Cell Culture by Thin Section Electron Microscope［J］. KEXUE TONGBAO，1987，32（19）：1356-1360.

[32] 毛江森，谢汝英，黄海鹰，等．甲型肝炎减毒活疫苗的研究——Ⅰ.

不同毒力毒株的猴体试验［J］. 中国科学，1987（6）：625–630.
［33］毛江森，陈念良，余佩华，等. 杭州地区部分人群甲型肝炎抗体的调查［J］. 中华传染病杂志，1987，5（2）：102–104.
［34］毛子旭，柴少爱，毛江森，等. 甲型肝炎病毒衣壳蛋白 SDS–PAGE 免疫分析［J］. 病毒学报，1987，3（1）：13–16.
［35］郭杏英，黄海鹰，毛江森，等. 甲型肝炎病毒在恒河猴中连续传代的实验观察［J］. 中华流行病学杂志，1987，8（5）：301–304.
［36］陈念良，余佩华，毛江森，等. 甲型肝炎病毒抗体检测试剂盒［J］. 浙江医学，1987，9（5）：8–9.
［37］黄海鹰，陈念良，毛江森，等. 甲型肝炎减毒株不同途径接种猴体的结果［J］. 中华医学杂志，1988，68（19）：588–589.
［38］董德祥，练幼辉，毛江森，等. The Trial Preparation of Attenuated Live Hepatitis a Vaccine［J］. CAMS and PUMC，1988，5（4）：189–202.
［39］毛江森，谢汝英，黄海鹰，等. Studies in Monkeys of Attenuated Hepatitis a Variants［J］. SCIENTIA SINICA，1988（3）：338–343.
［40］杨能宇，余佩华，毛江森，等. Inapparent Infection of Hepatitis a Virus［J］. American Journal of Epidemiology，1988，127（3）：599–604.
［41］毛江森，董德祥，陈念良，等. Primary Study of Attenuated Live Hepatitis A Vaccine（H_2 Strain）in Humans［J］. The Journal of Infectious Diseases，1989，159（4）：621–624.
［42］董德祥，毛江森，陈统球，等. 甲型肝炎减毒活疫苗的研究——Ⅱ. 实验性疫苗的研制［J］. 中国医学科学院学报，1989，11(1)：1–5.
［43］毛江森. 甲型病毒性肝炎疫苗研究的进展［J］. 上海医学，1989，12（2）：112–113.
［44］谢汝英，毛江森. 甲型肝炎病原学的研究［J］. 浙江医学，1989，11（1）：24–25.
［45］毛江森，陈念良，黄海鹰，等. 甲型肝炎疫苗研究进展显著［J］. 浙江医学，1990，12（2）：1–2.
［46］张淑雅，毛江森，黄海鹰，等. 甲型肝炎减毒活疫苗（H_2 减毒株）

在人体接种的安全性观察［J］. 中华医学杂志，1990，70（12）：682–684.

［47］毛江森，陈念良，黄海鹰，等. 甲型肝炎疫苗研究的重大突破［J］. 浙江省医学科学院学报，1990（1）：2–4.

［48］杨能宇，陈勇，毛江森，等. 甲型肝炎病毒减毒株 cDNA 的分子克隆［J］. 科学通报，1991（2）：147–150.

［49］毛江森，张淑雅. 甲型肝炎疫苗的应用前景［J］. 新医学，1991，22（1）：5–6.

［50］杨能宇，陈勇，毛江森，等. Molecular Cloning of Attenuated Hepatitis a Viral cDNA［J］. CHINESE SCIENCE BULLETIN，1991，36（22）：1916–1920.

［51］毛江森，陈念良，黄海鹰，等. Development of Live Attenuated Hepatitis a Vaccine（H_2–Strain）［J］. Chinese Medical Journal，1992，105（3）：189–193.

［52］刘春江，谢汝英，毛江森，等. 甲型肝炎减毒活疫苗（H_2 减毒株）接种后的中和抗体测定［J］. 浙江医学，1992，14（6）：12–13.

［53］陈念良，柴少爱，毛江森，等. 甲型肝炎减毒活疫苗 H_2 株的免疫效果［J］. 中华医学杂志，1992，72（10）：581–583.

［54］柴少爱，张杭春，毛江森，等. 甲型肝炎病毒 H_2 减毒株的某些遗传特征［J］. 中华医学杂志，1993，73（6）：335–337.

［55］毛江森，刘芳兵. 甲型肝炎减毒活疫苗研究与使用中的若干问题［J］. 浙江省医学科学院学报，1995（21）：1–2.

［56］陈勇，杨能宇，毛江森，等. 甲型肝炎病毒活疫苗 H_2 减毒株全基因文库的建立［J］. 中华医学杂志，1996，76（5）：342–344.

［57］毛江森，柴少爱，谢汝英，等. Further Evaluation of the Safety and Protective Efficacy of Live Attenuated Hepatitis a Vaccine（H_2–strain）in Humans［J］. Elsevier，1997，15（9）：944–947.

［58］忻亚娟，庄方成，毛江森. 中国的甲型肝炎流行及控制［J］. 中国公共卫生，1998，14（10）：579–580.

[59] 陈勇，洪艳，毛江森，等. 中国五省市甲型肝炎病毒基因分型的研究 [J]. 病毒学报，2000，16 (4)：309–312.
[60] 庄昉成，钱汶，毛江森，等. 甲肝减毒活疫苗（H_2 株）二针法免疫效果观察 [J]. 浙江预防医学，2001，13 (3)：3–4.
[61] 庄昉成，姜器，毛江森，等. 甲型肝炎减毒活疫苗（H_2 株）10 年流行病学效果观察 [J]. 中华流行病学杂志，2001，22 (3)：188–190.
[62] 陈勇，毛江森，洪艳，等. Genetic Analysis of Wild–type Hepatitis a Virus Strains [J]. Chinese Medical Journal，2001，114 (4)：422–423.
[63] 毛江森. 关于 Prion 中文定名的建议 [J]. 科技术语研究，2003，5 (1)：16.
[64] 庄昉成，柴少爱，毛江森，等. 冻干甲型肝炎减毒活疫苗（H_2 株）的接种与血清学观察 [J]. 浙江省医学科学院学报，2003 (55)：8–11.
[65] 庄昉成，柴少爱，毛江森，等. 冻干甲型肝炎减毒活疫苗 II_2 株的安全性和免疫原性研究 [J]. 中国计划免疫，2003，9 (6)：337–339.
[66] 庄昉成，毛江森. 中国控制甲型肝炎之前景 [J]. 中国计划免疫，2004，10 (3)：171–173.
[67] 毛江森，刘子阳，唐彩华，等. 病毒颗粒中氢氘置换的证实 [J]. 科学通报，2004，49 (1)：95–98.
[68] 毛江森. 毛江森院士谈 SARS [J]. 国外医学·流行病学传染病学分册，2005，32 (1)：1–3.
[69] 唐彩华，毛江森，刘子阳，等. A Method for Quantitative Determination of Deuterium Content in Biological Material [J]. Rapid Commun. Mass Spectrom，2005 (19)：838–842.
[70] 庄昉成，毛子安，毛江森，等. Persistent Efficacy of Live Attenuated Hepatitis a Vaccine (H_2–strain) after a Mass Vaccination Program [J]. Chinese Medical Journal，2005，118 (22)：1851–1856.
[71] 陈勇，洪艳，毛江森，等. 甲型肝炎病毒中国流行株 5’NCR 核苷酸序列异质性研究 [J]. 浙江省医学科学院学报，2005 (61)：195–

197.

[72] 庄昉成，杜晋彪，毛江森. 预防甲型肝炎的疫苗及其比较 [J]. 中国计划免疫，2007，13（1）：79–83.

[73] 唐彩华，毛江森，柴少爱，等. Molecular Evolution of Hepatitis a Virus in a Human Diploid Cell Line [J]. World Journal of Gastroenterology，2007，13（34）：4630–4635.

[74] 曾光，毛江森. 传染病的生态预防 [J]. 国际流行病学传染病学杂志，2008，35（1）：1–3.

[75] 忻亚娟，贺义惠，毛江森，等. 冻干甲型肝炎病毒活疫苗（H_2 株）诱导的人体特异性细胞免疫应答 [J]. Chinese Journal of Vaccines and Immunization，2008，14（3）：246–249.

[76] 庄昉成，毛子安，毛江森，等. 甲型肝炎减毒活疫苗（H_2 株）一针接种后免疫保护效果的 15 年观察 [J]. 中华流行病学杂志，2010，31（12）：1332–1335.

[77] 高孟，周康凤，毛江森，等. 肠道病毒 71 型灭活疫苗滴度的酶联免疫吸附检测方法 [J]. 国际流行病学传染病学杂志，2011，38（1）：13–16.

[78] 唐彩华，周康凤，毛江森，等. 肠道病毒 71 疫苗候选株 H3–TY 的遗传稳定性研究 [J]. 国际流行病学传染病学杂志，2011，38（4）：219–222.

[79] 庄昉成，陈念良，毛江森，等. 甲型肝炎减毒活疫苗（H_2 株）使用 23 年报告 [J]. 国际流行病学传染病学杂志，2011，38（5）：289–293.

[80] 陈念良，毛江森，黄卫新，等. 甲型肝炎减毒活疫苗冷冻干燥保护剂的研究 [J]. 国际流行病学传染病学杂志，2012，39（2）：73–75.

[81] 贺义惠，唐彩华，毛江森，等. 基质稀释同位素质谱法测定微量富氘生物样品 δD 值 [J]. 国际流行病学传染病学杂志，2012，39（4）：226–229.

参考文献

[1]《走近毛江森》编委会. 走近毛江森[M]. 杭州：浙江科学技术出版社，2019.

[2] 姬广武. 历史深处——“六二六”医疗队在陇原[M]. 甘肃：甘肃科学技术出版社，2013.

[3] David M. Knipe. Fields VIROLOGY (VOLUME ONE)[M]. 5th ed. Philadelphia: Lippincott Williams & Wilkins, 2006.

[4] 中国医学科学院病毒学研究所. 医学病毒学总论[M]. 上海：上海科技出版社，1965.

[5] 侯云德. 分子病毒学[M]. 北京：学苑出版社，1990.

[6] 闻玉梅. 现代医学微生物学[M]. 上海：上海医科大学出版社，1999.

[7]《上海医科大学志》编纂委员会. 上海医科大学志[M]. 上海：复旦大学出版社，2005.

[8] 赵锦铭，张霆. 我国医学病毒学发展简况[J]. 中国病毒学，2004(3)：293-297.

[9] 贾文祥. 医学微生物学[M]. 成都：四川大学出版社，2005.

[10] 科学家传记大辞典编辑组. 中国现代科学家传记（第三集）[M]. 北京：科技出版社，1992.

[11] 顾方舟口述，范瑞婷访问整理. 一生一事：顾方舟口述史[M]. 北京：商务印书馆，2018.

[12] 陈挥. WHO的中国使者：胡庆澧传［M］. 上海：上海交通大学出版社，2007.

[13] 顾方舟，毛江森，李雪东，等. 国产脊髓灰白质炎口服活疫苗的病毒学、血清学及流行病学的一些研究资料［J］. 中华医学杂志，1962，第5号，312-315.

[14] 毛江森，刘宗芳，王见南，等. 小儿口服脊髓灰白质炎单价活疫苗（Sabin氏减毒株）的免疫学效果Ⅰ血清学反应［J］. 中华医学杂志，1962，第7号，411-414.

[15] 毛江森，沐桂藩，王政，等. 小儿口服脊髓灰白质炎单价活疫苗（Sabin氏减毒株）的免疫学效果Ⅱ活疫苗病毒在小儿肠道内的繁殖动态［J］. 中华医学杂志，1962，第7号，414-417.

[16] 毛江森，孙白英，刘金莲，等. 一株人胚肾传代细胞（MERN株）的生长和对肠道病毒的敏感性［J］. 微生物学报，1963，9（1）：42-47.

[17] 顾方舟，张炳瑞，毛江森，等. A Large-scale Trial with Live Poliovirus Vaccine（sabin's strain）Prepared in China. chinese medical journal［J］. 1963（3）：131-137.

[18] 曾毅，毛江森. 人羊膜细胞培养方法的研究［J］. 微生物学报，1963，9（1）：48-52.

[19] 顾方舟，毛江森，沐桂藩. Coxsackie病毒对脊髓灰质炎活疫苗病毒在小儿肠道内繁殖的影响［J］. 中华医学杂志，1963，49（2）：86-88.

[20] 毛江森，顾方舟. 重水（D_2O）对脊髓灰白质炎减毒株及有毒株在组织培养中繁殖的影响［J］. 微生物学报，1963，9（1）：65-69.

[21] 毛江森，黄祯祥. 流行性乙型脑炎病毒皮下感染小白鼠后脑组织中抑制物质的初步观察［J］. 微生物学报，1963，9（3）：247-251.

[22] 毛江森，杭长寿，黄祯祥. 流行性乙型脑炎病毒——鸡胚单层细胞系统中干扰素的产生动态［J］. 微生物学报，1964，10（3）：339-343.

[23] 毛江森. 病毒感染细胞的机理［J］. 国外医学动态，1965，6（4）：1-11.

[24] 毛江森，黄祯祥. Studies on the Cnhancement of Virus Titre of Japanese B Encephalitis Virus Propagated in Chick Embryo Cells by D_2O and its Possible Mechanism［J］. Scientia Sinica，1965（6）：885-890.

[25] 毛江森，黄祯祥. 流行性乙型脑炎病毒感染性核酸（RNA）感染鸡胚细胞干

扰素产生的动态［J］. 微生物学报，1965，11（3）：326-329.
［26］毛江森，黄祯祥. 重水（D_2O）对流行性乙型脑炎病毒在鸡胚细胞繁殖的作用及其机制的研究［J］. 微生物学报，1966，12（1）：24-28.
［27］毛江森，黄祯祥，杭长寿. 温度和 pH 对流行性乙型脑炎病毒——鸡胚细胞系统干扰素的产生和病毒繁殖的影响［J］. 微生物学报，1966，12（2）：152-157.
［28］毛江森，经文采，丁占初，等. 甲型肝炎患者粪便中排甲型肝炎病毒抗原动态的放射免疫研究［J］. 浙江人民卫生实验报，1979（1）：1-7.
［29］毛江森，余佩华，黄柏章，等. 从患者粪便中分离的甲型肝炎病毒抗原［J］. 微生物学报，1980，20（2）：222-224.
［30］毛江森，余佩华，丁占初，等. Patterns of Shedding of Hepatitis A Virus Antigen in Feces and of Antibody Responses in Patients with Naturally Acquired Type A Hepatitis［J］. The Journal of Infectious Diseases，1980，654-659.
［31］毛江森，经文采，丁占初，等. 甲型肝炎患者粪便中排甲型肝炎病毒抗原动态的放射免疫研究［J］. 浙江医学，1980，2（1）：8-13.
［32］谢汝英，毛江森. 甲型肝炎血清学诊断的研究——巯基乙醇对甲型肝炎补体结合抗体的影响［J］. 浙江医学，1980，2（1）：35-37.
［33］毛江森，郭杏英，黄海鹰，等. 甲型肝炎病毒实验感染猕猴的研究［J］. 中国科学，1981（6）：765-772.
［34］黄柏章，毛江森. 甲型肝炎病毒的抗原的纯化和浮密度［J］. 科学通报，1981（1）：57-60.
［35］毛江森，郭杏英，黄海鹰，等. Studies on the Transmission of Human Hepatitis a Virus to Stump-Tailed Monkey［J］. Scientia Sinica，1981，24（11）：1590-1596.
［36］毛江森. 病毒性肝炎专题笔谈——甲型肝炎病毒分离与培养［J］. 实用内科杂志，1981，1（4）：169-170.
［37］郭杏英，毛江森，余佩华，等. 甲型肝炎病毒实验感染猕猴的研究——恒河猴对甲型肝炎病毒的易感性［J］. 中华微生物学和免疫学杂志，1981，1（2）：84-89.
［38］余佩华，毛江森. 补体结合试验和免疫黏附血凝试验应用于甲型肝炎的血清学检测［J］. 浙江医学，1981，3（2）：44-47.

[39] 郁俊豪，丁宗武，黄柏章，等. 应用酶联金葡菌 A 蛋白的 ELISA 方法检测甲型肝炎抗体的初步研究 [J]. 浙江医学，1982，4（1）：45–48.

[40] 毛江森，谢汝英，黄柏章，等. 甲型肝炎病毒在一株传代细胞（MERN 株）中的增殖 [J]. 微生物学报，1984，24（1）：86–91.

[41] 杨能宇，余佩华，毛江森，等. 甲型肝炎病毒的隐性感染 [J]. 中华医学杂志，1986，66（9）：528–530.

[42] 余佩华，钮泽南，毛江森，等. 高敏感性及特异性的甲型肝炎 IgM 抗体诊断药盒 [J]. 浙江医学，1986，8（4）：13–14.

[43] 毛子旭，柴少爱，毛江森，等. Observation of hepatitis a virus in cell culture by thin section electron microscope [J]. KEXUE TONGBAO，1987.10，Vol.32 No.19，1356–1360.

[44] 毛江森，谢汝英，黄海鹰，等. 甲型肝炎减毒活疫苗的研究——I . 不同毒力毒株的猴体试验 [J]. 中国科学，1987（6）：625–630.

[45] 毛江森，陈念良，余佩华，等. 杭州地区部分人群甲型肝炎抗体的调查 [J]. 中华传染病杂志，1987，5（2）：102–104.

[46] 毛子旭，柴少爱，毛江森，等. 甲型肝炎病毒衣壳蛋白 SDS–PAGE 免疫分析 [J]. 病毒学报，1987，3（1）：13–16.

[47] 郭杏英，黄海鹰，毛江森，等. 甲型肝炎病毒在恒河猴中连续传代的实验观察 [J]. 中华流行病学杂志，1987，8（5）：301–304.

[48] 陈念良，余佩华，毛江森，等. 甲型肝炎病毒抗体检测试剂盒 [J]. 浙江医学，1987，9（5）：8–9.

[49] 黄海鹰，陈念良，毛江森，等. 甲型肝炎减毒株不同途径接种猴体的结果 [J]. 中华医学杂志，1988，68（19）：588–589.

[50] 董德祥，练幼辉，毛江森，等. The Trial Preparation of Attenuated Live Hepatitis a Vaccine [J]. CAMS and PUMC，1988，5（4）：189–202.

[51] 毛江森，谢汝英，黄海鹰，等. Studies in Monkeys of Attenuated Hepatitis a Variants [J]. Scientia Sinica，1988（3）：338–343.

[52] 杨能宇，余佩华，毛江森，等. Inapparent Infection of Hepatitis a Virus [J]. American Journal of Epidemiology，1988，127（3）：599–604.

[53] 毛江森，董德祥，陈念良，等. Primary Study of Attenuated Live Hepatitis A Vaccine（H_2 Strain）in Humans [J]. The Journal of Infectious Diseases，1989，

159（4）：621-624.

[54] 董德祥，毛江森，陈统球，等. 甲型肝炎减毒活疫苗的研究——Ⅱ. 实验性疫苗的研制［J］. 中国医学科学院学报，1989，11（1）：1-5.

[55] 毛江森. 甲型病毒性肝炎疫苗研究的进展［J］. 上海医学，1989，12（2）：112-113.

[56] 谢汝英，毛江森. 甲型肝炎病原学的研究［J］. 浙江医学，1989，11（1）：24-25.

[57] 毛江森，陈念良，黄海鹰，等. 甲型肝炎疫苗研究进展显著［J］. 浙江医学，1990，12（2）：1-2.

[58] 张淑雅，毛江森，黄海鹰，等. 甲型肝炎减毒活疫苗（H_2 减毒株）在人体接种的安全性观察［J］. 中华医学杂志，1990，70（12）：682-684.

[59] 毛江森，陈念良，黄海鹰，等. 甲型肝炎疫苗研究的重大突破［J］. 浙江省医学科学院学报，1990（1）：2-4.

[60] 杨能宇，陈勇，毛江森，等. 甲型肝炎病毒减毒株 cDNA 的分子克隆［J］. 科学通报，1991（2）：147-150.

[61] 毛江森，张淑雅. 甲型肝炎疫苗的应用前景［J］. 新医学，1991，22（1）：5-6.

[62] 杨能宇，陈勇，毛江森，等. Molecular Cloning of Attenuated Hepatitis A Viral cDNA［J］. Chinese Science Bulletin，1991，36（22）：1916-1920.

[63] 毛江森，陈念良，黄海鹰，等. Development of Live Attenuated Hepatitis a Vaccine（H_2-Strain）［J］. Chinese Medical Journal，1992，105（3）：189-193.

[64] 刘春江，谢汝英，毛江森，等. 甲型肝炎减毒活疫苗（H_2 减毒株）接种后的中和抗体测定［J］. 浙江医学，1992，14（6）：12-13.

[65] 陈念良，柴少爱，毛江森，等. 甲型肝炎减毒活疫苗 H_2 株的免疫效果［J］. 中华医学杂志，1992，72（10）：581-583.

[66] 柴少爱，张杭春，毛江森，等. 甲型肝炎病毒 H_2 减毒株的某些遗传特征［J］. 中华医学杂志，1993，73（6）：335-337

[67] 毛江森，刘芳兵. 甲型肝炎减毒活疫苗研究与使用中的若干问题［J］. 浙江省医学科学院学报，1995（21）：1-2.

[68] 陈勇，杨能宇，毛江森，等. 甲型肝炎病毒活疫苗 H_2 减毒株全基因文库的建立［J］. 中华医学杂志，1996，76（5）：342-344.

[69] 毛江森，柴少爱，谢汝英，等. Further Evaluation of the Safety and Protective Efficacy of Live Attenuated Hepatitis a Vaccine（H_2-strain）in Humans [J]. Elsevier，1997，15（9）：944-947.

[70] 忻亚娟，庄方成，毛江森. 中国的甲型肝炎流行及控制 [J]. 中国公共卫生，1998，14（10）：579-580.

[71] 陈勇，洪艳，毛江森，等. 中国五省市甲型肝炎病毒基因分型的研究 [J]. 病毒学报，2000，16（4）：309-312.

[72] 庄昉成，钱汶，毛江森，等. 甲肝减毒活疫苗（H_2 株）二针法免疫效果观察 [J]. 浙江预防医学，2001，13（3）：3-4.

[73] 庄昉成，姜器，毛江森，等. 甲型肝炎减毒活疫苗（H_2 株）10 年流行病学效果观察 [J]. 中华流行病学杂志，2001，22（3）：188-190.

[74] 陈勇，毛江森，洪艳，等. Genetic Analysis of Wild-type Hepatitis a Virus Strains [J]. Chinese Medical Journal，2001，114（4）：422-423.

[75] 毛江森. 关于 Prion 中文定名的建议 [J]. 科技术语研究，2003，5（1）：16.

[76] 庄昉成，柴少爱，毛江森，等. 冻干甲型肝炎减毒活疫苗（H_2 株）的接种与血清学观察 [J]. 浙江省医学科学院学报，2003（55）：8-11.

[77] 庄昉成，柴少爱，毛江森，等. 冻干甲型肝炎减毒活疫苗 H_2 株的安全性和免疫原性研究 [J]. 中国计划免疫，2003，9（6）：337-339.

[78] 庄昉成，毛江森. 中国控制甲型肝炎之前景 [J]. 中国计划免疫，2004，10（3）：171-173.

[79] 毛江森，刘子阳，唐彩华，等. 病毒颗粒中氢氘置换的证实 [J]. 科学通报，2004，49（1）：95-98.

[80] 毛江森. 毛江森院士谈 SARS [J]. 国外医学流行病学传染病学分册，2005，32（1）：1-3.

[81] 庄昉成，毛子安，毛江森，等. Persistent Efficacy of Live Attenuated Hepatitis a Vaccine（H_2-strain）after a Mass Vaccination Program [J]. Chinese Medical Journal，2005，118（22）：1851-1856.

[82] 陈勇，洪艳，毛江森，等. 甲型肝炎病毒中国流行株 5’NCR 核苷酸序列异质性研究 [J]. 浙江省医学科学院学报，2005（61）：195-197.

[83] 庄昉成，杜晋彪，毛江森. 预防甲型肝炎的疫苗及其比较 [J]. 中国计划免疫，2007，13（1）：79-83.

[84] 唐彩华，毛江森，柴少爱，等. Molecular Evolution of Hepatitis a Virus in a Human Diploid Cell Line [J]. World Journal of Gastroenterology，2007，13(34)：4630–4635.

[85] 曾光，毛江森. 传染病的生态预防 [J]. 国际流行病学传染病学杂志，2008，35(1)：1–3.

[86] 忻亚娟，贺义惠，毛江森，等. 冻干甲型肝炎病毒活疫苗（H_2 株）诱导的人体特异性细胞免疫应答 [J]. Chinese Journal of Vaccines and Immunization，2008，14(3)：246–249.

[87] 庄昉成，毛子安，毛江森，等. 甲型肝炎减毒活疫苗（H_2 株）一针接种后免疫保护效果的 15 年观察 [J]. 中华流行病学杂志，2010，31(12)：1332–1335.

[88] 高孟，周康凤，毛江森，等. 肠道病毒 71 型灭活疫苗滴度的酶联免疫吸附检测方法 [J]. 国际流行病学传染病学杂志，2011，38(1)：13–16.

[89] 唐彩华，周康凤，毛江森，等. 肠道病毒 71 疫苗候选株 H3–TY 的遗传稳定性研究 [J]. 国际流行病学传染病学杂志，2011，38(4)：219–222.

[90] 庄昉成，陈念良，毛江森，等. 甲型肝炎减毒活疫苗（H_2 株）使用 23 年报告 [J]. 国际流行病学传染病学杂志，2011，38(5)：289–293.

[91] 陈念良，毛江森，黄卫新，等. 甲型肝炎减毒活疫苗冷冻干燥保护剂的研究 [J]. 国际流行病学传染病学杂志，2012，39(2)：73–75.

[92] 贺义惠，唐彩华，毛江森，等. 基质稀释同位素质谱法测定微量富氘生物样品 δD 值 [J]. 国际流行病学传染病学杂志，2012，39(4)：226–229.

[93] 陈炬. 用市场经济理论指导卫生改革——访浙江医学科学院院长毛江森 [N]. 健康报，1992–10–15.

[94] 勒玮，宋九如. 为了摘掉“肝炎大国”帽子——毛江森的科研模式探析 [N]. 健康报，1995–05–25.

[95] 乔耀辉，倪崖. 忠诚于造福人类的事业——浙江省医学科学院侧记 [N]. 香港商报，1999–06–27.

[96] 宋九如. 浙江 10 年观察证实甲肝疫苗保护率 100% [N]. 健康报，2000–01–12.

[97] 冯颖平，王瀛波. 毛江森院士获 2000 万元股份——甲肝疫苗创造巨大价值技术要素参与收益分配 [N]. 浙江日报，2000–03–09.

[98] 朱立毅，何玲玲．病毒学专家提醒与野生动物保持一定距离［N］．新华网，2003-04-25.
[99] 余丽．把知识变成资本［N］．今日早报，2008-10-03.
[100] 毛江森．我有一个心愿［N］．浙江日报，2009-09-22.
[101] 李文芳．誓为苍生驱瘟神——记甲肝疫苗研发者、中国科学院院士毛江森［N］．浙江日报，2018-10-09.

后记

由中国科协等有关部门组织开展的老科学家学术成长资料采集工程，为科学家立传，为人民画像，是一项立足时代、意义深远的科技文化工程。中国科学院院士、浙江省医学科学院名誉院长、著名病毒学家、我国甲肝疫苗发明者毛江森有幸列入传主名单，可谓实至名归、众望所归。

根据采集工程要求，浙江省医学科学院在2017年年初成立了以吕杭军院长为负责人的毛江森传记采集小组，着手开展资料收集、实物采集、口述采访、录音录像的前期工作。后因种种缘故，采集工作略显迟滞。

2019年4月，经吕杭军牵线搭桥，采集小组邀约到中国作协原副主席、作家陈崎嵘先生加盟，采集工作由此得以延续。具有较高思想认识水准、较强把握事物能力、丰富创作实践经验的陈崎嵘先生主导了传记内容的采访、搜集及创作等，使得采集工作的针对性、实效性明显增强，创作进度明显加快，在较短时间内形成了符合要求的传记文本。

在本传记完稿之际，采集小组要向所有为完成本采集工作任务的人员表示真诚谢意。

首先，要感谢毛江森院士的创造发明及其对采集工作的大力支持。没有毛江森院士研制出甲肝减毒活疫苗，就没有传主，就没有后来的一切。从这个意义上说，毛江森院士作为传主名副其实，作为第一位被感谢者理所应当。传记只是传主生平业绩的记录。皮之不存，毛将焉附？传主才是传记的真正作者。且毛江森院士高风亮节、谦逊低调、平和细心，不顾年事已高，多次接受采访，给采集小组成员留下了难以磨灭的印象，亦成为采集创作的动力源之一。

其次，要感谢毛江森院士的家人。其夫人张淑雅医师一生无怨无悔、默默无闻地支持毛江森院士的研究工作，成为科学家后面那位不能忘却、不可或缺的女人。在采访中，张淑雅医师娓娓叙说、拾遗补缺，给传记增色不少。毛江森院士长子毛子旭教授、次子毛子安总经理则为采集小组回忆其父其事，畅谈家教家风，使采集小组人员体会到科学与儒学的某些相似、做科学家与为人父的多重矛盾。

再次，要感谢毛江森团队及其同学、同事和友人。胡庆澧、陈念良、柴少爱、黄海鹰、庄昉成、何浙生、钱汶、忻亚娟、陈翠娥、方春福、王茵、顾刘金、刘春江等，有的是毛江森院士多年的同学好友，有的是毛江森院士工作中的得力助手，更多的是甲肝疫苗破土而出的参与者或见证人。他们对毛江森院士学习、科研、工作、生活的回忆及补叙，使得毛江森院士的科学家形象呈现出历史感、立体感、丰满感。此处，还必须写上浙江大学人文学院中文系许志强教授，他先后采访毛江森院士及家人6次，录下572分钟采访视频，为采集小组积累了丰富的原始资料。应向伟、吕国昌、徐裂3位先生撰写了9篇记叙文章，从不同侧面和角度记录下毛江森院士的人生印迹，为采集小组提供了不少素材。中国疾控中心档案馆李连玉女士特意翻找出年代久远的文档，帮助采集小组人员窥见历史陈迹。杭州高级中学校办主任高利先生视作己事，多次提供图片史料，让撰写者有所遵循。

当然，还必须感谢浙江省医学科学院的领导和采集小组工作团队。吕杭军院长在繁忙的领导工作之中拨冗转身，多次过问采集工作，一起商量传记主题、结构和基调，还亲自出面联系采访对象，协调各方关系，终致采集计划得以落地落实。老院长张幸从紧张的科研活动中腾出时间，热情接受采访，详细介绍情况。院党委原书记施培武同志刚退出领导班子，即参与采集工作，并亲率采集小组远赴康县、兰州走访故人、踏看现场。院办林丽君副主任担负具体组织策划协调之责。她事无巨细、不厌其烦、一一落实，使得采集工作进展顺利。办公室沈瑶琦、张艺潇两位女士拾遗补缺、陪同采访，做了大量记录、搜集工作，并为主编选传主年表、照片和论文篇目，为传记增光添色。普康公司王军舟秘书多次帮助联系采访对象，安排查阅文档，亦付出了辛劳。

最后，需要说明两点：

其一，根据传记作品文学性的需要，撰稿人在创作上作了新的尝试。采用多种文学手法，以故事加点评的结构，形象体现传主作为杰出科学家的思想境界、人生追求、性格特点、外貌神态、语言风格，力图刻画出独特的“这一个”，并描述清“这一个”与当今时代、与整个社会、与周边他人的关系，努力让传记作品生动、精彩、好读。目的自然是希望有更多的人阅读本传记，更多的人了解本传主。

其二，根据传记作品真实性的要求，撰稿人依据史料和采访，对传主的某些生平轶事、时间节点、过程缘由进行审核与考证，作了必要的改动与订正，以期记录传主的真实人生，保持传记的真实性与严谨性。可以说，本传记是关于传主最详尽、最准确、最权威的文字著述。

采集工作实践告诉我们，就像甲肝疫苗研制成功是由领军人物毛江森院士主导、各种资源综合集聚所致一样，毛江森传记的采集撰写也是在采集小组领导的协调下，由各方人士勠力同心、密切合作的结果。它更多地体现为一种集体创作，留下的多是时代光影与社会印痕。

如能达至上述效果，那采集小组也就算不辱使命了。

毛江森传记采集小组办公室

2019 年 11 月 15 日

谨记于杭州天目山路

老科学家学术成长资料采集工程丛书

已出版（110种）

《卷舒开合任天真：何泽慧传》
《从红壤到黄土：朱显谟传》
《山水人生：陈梦熊传》
《做一辈子研究生：林为干传》
《剑指苍穹：陈士橹传》

《情系山河：张光斗传》
《金霉素·牛棚·生物固氮：沈善炯传》
《胸怀大气：陶诗言传》
《本然化成：谢毓元传》
《一个共产党员的数学人生：谷超豪传》

《含章可贞：秦含章传》
《精业济群：彭司勋传》
《肝胆相照：吴孟超传》
《新青胜蓝惟所盼：陆婉珍传》
《核动力道路上的垦荒牛：彭士禄传》

《探赜索隐　止于至善：蔡启瑞传》
《碧空丹心：李敏华传》
《仁术宏愿：盛志勇传》
《踏遍青山矿业新：裴荣富传》
《求索军事医学之路：程天民传》

《一心向学：陈清如传》
《许身为国最难忘：陈能宽传》

《此生情怀寄树草：张宏达传》
《梦里麦田是金黄：庄巧生传》
《大音希声：应崇福传》
《寻找地层深处的光：田在艺传》
《举重若重：徐光宪传》

《魂牵心系原子梦：钱三强传》
《往事皆烟：朱尊权传》
《智者乐水：林秉南传》
《远望情怀：许学彦传》
《没有盲区的天空：王越传》

《行有则　知无涯：罗沛霖传》
《为了孩子的明天：张金哲传》
《梦想成真：张树政传》
《情系粱菽：卢良恕传》
《笺草释木六十年：王文采传》

《妙手生花：张涤生传》
《硅芯筑梦：王守武传》
《云卷云舒：黄士松传》
《让核技术接地气：陈子元传》
《论文写在大地上：徐锦堂传》

《铃记：张兴铃传》
《寻找沃土：赵其国传》

《钢锁苍龙　霸贯九州：方秦汉传》
《一丝一世界：郁铭芳传》
《宏才大略　科学人生：严东生传》
《虚怀若谷：黄维垣传》
《乐在图书山水间：常印佛传》
《碧水丹心：刘建康传》

《我的气象生涯：陈学溶百岁自述》
《赤子丹心　中华之光：王大珩传》
《根深方叶茂：唐有祺传》
《大爱化作田间行：余松烈传》
《格致桃李半公卿：沈克琦传》
《躬行出真知：王守觉传》
《草原之子：李博传》
《我的教育人生：申泮文百岁自述》
《阡陌舞者：曾德超传》
《妙手握奇珠：张丽珠传》
《追求卓越：郭慕孙传》
《走向奥维耶多：谢学锦传》
《绚丽多彩的光谱人生：黄本立传》

《此生只为麦穗忙：刘大钧传》
《航空报国　杏坛追梦：范绪箕传》
《聚变情怀终不改：李正武传》
《真善合美：蒋锡夔传》
《治水殆与禹同功：文伏波传》
《用生命谱写蓝色梦想：张炳炎传》
《远古生命的守望者：李星学传》
《探究河口　巡研海岸：陈吉余传》
《胰岛素探秘者：张友尚传》
《一个人与一个系科：于同隐传》
《究脑穷源探细胞：陈宜张传》
《星剑光芒射斗牛：赵伊君传》
《蓝天事业的垦荒人：屠基达传》

《善度事理的世纪师者：袁文伯传》
《“齿”生无悔：王翰章传》
《慢病毒疫苗的开拓者：沈荣显传》
《殚思求火种　深情寄木铎：黄祖洽传》
《合成之美：戴立信传》
《誓言无声铸重器：黄旭华传》
《水运人生：刘济舟传》
《在断了A弦的琴上奏出多复变最强音：陆启铿传》
《化作春泥：吴浩青传》
《低温王国拓荒人：洪朝生传》
《苍穹大业赤子心：梁思礼传》
《仁者医心：陈灏珠传》
《神乎其经：池志强传》
《种质资源总是情：董玉琛传》
《当油气遇见光明：翟光明传》
《微纳世界中国芯：李志坚传》
《至纯至强之光：高伯龙传》

《弄潮儿向涛头立：张乾二传》
《一爆惊世建荣功：王方定传》
《轮轨丹心：沈志云传》
《继承与创新：五二三任务与青蒿素研发》
《材料人生：涂铭旌传》
《寻梦衣被天下：梅自强传》
《海潮逐浪　镜水周回：童秉纲口述人生》

《淡泊致远　求真务实：郑维敏传》
《情系化学　返璞归真：徐晓白传》
《经纬乾坤：叶叔华传》
《山石磊落自成岩：王德滋传》
《但求深精新：陆熙炎传》
《聚焦星空：潘君骅传》
《采数学之美为吾美：周毓麟传》
《神经药理学王国的“夸父”：金国章传》
《情系生物膜：杨福愉传》
《敬事而信：熊远著传》